创意旅游：
文化建设与旅游产业的融合

刘 英 著

辽宁大学出版社
Liaoning University Press

图书在版编目（CIP）数据

创意旅游：文化建设与旅游产业的融合/刘英著
—沈阳：辽宁大学出版社，2022.6
ISBN 978-7-5698-0745-5

Ⅰ.①创⋯　Ⅱ.①刘⋯　Ⅲ.①旅游文化—旅游业发展
—研究—中国　Ⅳ.①F592.3

中国版本图书馆 CIP 数据核字（2022）第 084158 号

创意旅游：文化建设与旅游产业的融合
CHUANGYI LÜYOU：WENHUA JIANSHE YU LÜYOU CHANYE DE RONGHE

出 版 者：辽宁大学出版社有限责任公司
　　　　　（地址：沈阳市皇姑区崇山中路 66 号　邮政编码：110036）
印 刷 者：沈阳海世达印务有限公司
发 行 者：辽宁大学出版社有限责任公司
幅面尺寸：170mm×240mm
印 张：12.75
字 数：222 千字
出版时间：2022 年 6 月第 1 版
印刷时间：2022 年 6 月第 1 次印刷
责任编辑：冯 蕾
封面设计：徐澄玥 孙红涛
责任校对：郝雪娇

书 号：ISBN 978-7-5698-0745-5
定 价：78.00 元

联系电话：024-86864613
邮购热线：024-86830665
网 址：http://press.lnu.edu.cn
电子邮件：lnupress@vip.163.com

前　言

　　旅游与文化之间的联系具有天然性，促进旅游产业和文化产业相互融合，必然会充分发挥两者的优势，相得益彰，共同走向繁荣。伴随着经济社会的发展与人民生活水平的提高，越来越多的人开始追求一种以文化享受为主要内容的旅游活动，旅游产业与文化产业融合具有极大的发展潜力。

　　积极发展文化旅游对促进文化消费有着重要作用，要想实现旅游产业与文化产业的融合，需要切实采取措施准确把握两大产业间的关系，实现共同繁荣。这样不仅可以使我国的旅游业实现转型，也可以不断提升我国的文化软实力与文化自信，进而成为文化强国。除此之外，加强文化与旅游的联系，开创创意旅游，不仅可以加快旅游业的发展，对文化进行深度耕耘，还可以满足全国人民的消费需要，传承文化遗产，扩大中国文化对世界的影响。

　　现阶段，我国文化资源正被大力挖掘，文化旅游市场也在逐渐扩大，文化建设与旅游产业的融合恰逢其时。国家关注文化与旅游产业全面融合发展。政府值得在此方面投入更多关注和资金，引导文旅企业在影视、农业、体育等行业找寻一定的合作伙伴，结合双方的优势，在发展文化旅游产业的同时，用两大产业融合后的前景打动投资者，带动影视、农业、体育经济，实现共同发展、共同富裕。由于影响旅游产业与文化产业融合发展的因素较多，涉及的行业种类多、产业链杂，发展中存在的问题多，因此需要结合现今我国旅游产业与文化产业的现状，尊重市场的发展规律，本着发挥优势的原则，加强旅游业与文化产业的融合，做出与发展规律相一致的选择。

　　本书属于文旅方面的著作，包括文化与旅游的基本理论、旅游产业与文化产业的融合机理、特色文化与创意旅游产业的融合发展、乡村文化与乡村旅游的融合、体育文化与生态旅游的融合、影视文化与旅游产业的融合等内容。全书以文化和旅游为核心，详细论述了二者的融合发展机理和不同种类文化与旅游产业融合发展的对策，对文旅相关方面的研究者与从业人员具有学习和参考价值。

目 录

第一章 文化与旅游的基本理论 / 001

　　第一节 文化与旅游概述 / 001

　　第二节 文化旅游产业发展的背景与现状 / 012

　　第三节 文化旅游产业的市场研究 / 016

第二章 旅游产业与文化产业的融合机理 / 025

　　第一节 文化产业与旅游产业的关系 / 025

　　第二节 影响文化产业与旅游产业融合的因素 / 028

　　第三节 文化产业与旅游产业融合发展的动力机制 / 038

　　第四节 价值链视角下旅游产业与文化产业的融合分析 / 046

第三章 特色文化与创意旅游产业的融合发展 / 053

　　第一节 特色文化与创意旅游概述 / 053

　　第二节 特色文化产业与创意旅游研究现状 / 064

　　第三节 特色文化与创意旅游融合发展的路径——以辽宁大连为例 / 071

第四章 乡村文化与乡村旅游的融合 / 083

　　第一节 乡村旅游与美丽乡村建设 / 083

　　第二节 乡村休闲文化与乡村旅游的融合 / 096

　　第三节 田园文化与乡村旅游融合的路径 / 109

第五章 体育文化与旅游产业的融合 / 121

　　第一节 体育文化与生态体育旅游 / 121

　　第二节 体育产业与旅游产业融合发展的现实基础 / 128

　　第三节 文化创意产业与体育旅游产业的融合 / 141

第六章　影视文化与旅游产业的融合　/　154

　　　　第一节　影视文化与旅游产业发展的关系　/　154

　　　　第二节　影视剧对旅游目的地文化传播的影响　/　162

　　　　第三节　影视文化产业与旅游产业融合发展的路径——以重庆影视旅游
　　　　　　　为例　/　172

参考文献　/　195

第一章　文化与旅游的基本理论

第一节　文化与旅游概述

一、文化概述

（一）文化的定义

1.广义的文化

广义的文化，又称"大文化"，重点在于人和自然的本质区分，认为凡是人类有意识地作用于自然界与人类社会的一切活动及其结果都属于文化。换言之，文化就是"人化自然"，即人类发挥主观能动性，把智慧、创造性和感情注入自然，使自然成为被人所理解、沟通与利用的对象。梁漱溟是我国著名的文化学家，他曾提出："文化，就是吾人生活所依靠之一切……文化之本义，应在经济、政治，乃至一切无所不包。"庞朴是我国当代著名历史学家、文化史家、哲学史家、方以智研究专家，他主张从物质、制度和心理三个层面把握文化要领和内涵。总之，文化应该是包罗万象的。在这个意义上说，我们认为文化泛指人类在长期的历史发展过程中创造和形成的语言文字、性格特征、社会心理、传统道德、生活方式、思维模式及社会生产力水平等物质和精神要素及其相互作用的结果与表现。

2.狭义的文化

狭义的文化被称为"小文化"，它的意义主要是排除广义文化概念中有关物质性的部分，将文化限定在人类精神创造活动及其结果层面。显然，狭义的文化是指人类创造的精神文明成果，包括文字、文学、思想、学术和教育等精神领域。实际上，狭义的文化相当于广义文化中的精神财富。

（二）文化的结构层次

1.文化结构层次的划分

关于文化的结构层次，有以下几种观点。

两分说：物质文化和精神文化。

三分说：物质文化、制度文化、精神文化。

四分说：物质文化、制度文化、行为文化（风俗习惯等）、精神文化（思想与价值等）。

2.各层次文化释义

（1）物质文化

物质文化是人类所从事的物质产品创造活动及其劳动产品的总和。由人类加工自然创造的各种器物，即"物化的知识力量"，构成物质文化层。它具有可感性的特征，即它是有形的、具有物态实体的文化事物，是文化创造的物质基础及表现。从文化的结构层次看，物质文化处于文化结构的表层。

（2）制度文化

制度文化是人在社会实践与人际交往中，为了处理与解决各种社会矛盾、调整人与人之间的社会关系而建立的各种社会规范、准则、法律的总和，是人创造的符合人生存的社会环境，以及人与人之间关系的规范和准则，包括经济制度、婚姻制度、家族制度、法律制度、宗教社团以及教育、艺术组织等。制度文化处于文化结构的中层。

（3）行为文化

行为文化是人在社会实践特别是在人际交往中约定俗成的习惯与定式，表现在日常生活中的民风民俗是其常见形态，它具有鲜明的民族性和地域性特点。

（4）精神文化

精神文化为人类在长期社会实践与意识活动中创造、提炼同时升华出来的价值观念、审美情趣、宗教信仰与思维方式的总和。它是以观念形态呈现的文化现象，具有抽象性和相对独立性的特征，因而精神文化处于文化结构的深层。

需要说明的是，文化的各个层次实际上是一个有机整体，它们相互制约、相互影响、相互作用，并在一定条件下相互转化，因而互为表里，不能割裂。这里只是为了给分析文化内涵提供一个切入点，才分层论析的。

二、旅游概述

（一）旅游产业

长期以来，国内外学术界对旅游业是否具有产业属性一直存在激烈的争论。现代旅游业对国家和地区的政治、经济、文化和环境产生了日益重要的影响，因而人们才逐渐将旅游业提升到产业的高度去研究。国内学者的主流观点认为旅游业是一项产业，但人们对旅游产业概念的界定尚未达成共识，存在以下几种不同表述。

马波指出，旅游产业是一种外延比较宽泛的消费趋向性产业，从功能上可以看作一个为旅游者服务的经济系统。张辉认为，旅游产业在向旅游市场提供相似的产品或服务时，各厂商之间存在竞争的现象反映出旅游业具有产业的属性。此外，张凌云和程锦等人也分别基于各自的专业视角对旅游产业的概念做出了表述。

通过对上述主要观点进行分析和总结，本书认为旅游业是一项产业，并对其概念做出以下界定：旅游产业是以旅游资源为依托，以旅游设施为基础，以旅游活动为中心①，通过提供旅游产品和服务而满足旅游者各种需求的综合性产业。因此，旅游业的概念可以简化为在旅游活动中提供直接或间接服务的行业和企业，最大限度地追求经济利益是其本质属性。

（二）旅游的本质

谢彦君认为，"旅游的本质是审美与愉悦，古今中外的旅游莫不如此，这是所有旅游都必须具备的内核，否则就不称其为旅游"。叶朗认为，"旅游，从本质上说，就是一种审美活动"。就构成现代旅游主要组成部分的消遣旅游而言，"旅游从本质上可以说是一种以审美为突出特征的休闲活动，是综合性的审美实践"。旅游的实质是人类为实现自我超越和愉悦身心的目的而采取的一种特殊的生活方式，是人类追求自身价值实现的文化意识反映。简明而言，"旅游在本质上是以获得人身的自由感、精神上的解放感和特定的满足感等身心愉悦感受为目的的一种特殊的生活经历"，"旅游的本质是以经济支付为手段，以审美和精神愉悦为目的的文化消费活动"。陈才在对旅游现象的基本矛盾进行分析的基础上提出，"旅游在本质上是人们非职业性地前往异地，对景观（包括活动）身临其境的探索和体验活动"，并进一步解释"探索是身临其境地了解景观，满足好奇心与探索欲望，体验则主要是感受景观（活动）中的愉悦感（包括审美愉快和世俗愉悦）"。王兴斌认为，"旅游在本质上是向游客提供一种离开惯常居住地的新鲜经历以及一种以一定的物质条件为依托的服务。旅游者得到的是游历过程中的印象、感受和体验，而不是具体的资源和设备"。

① 汪艳，程鹏，方微.新型城市化下旅游与文化产业融合研究[M].南京：河海大学出版社，2019.

旅游活动由于涉及政治、经济、文化等诸多方面，其表现既多样又复杂。由于旅游研究的多学科性和旅游现象本身的复杂性，学术界对旅游的本质尚无一个统一的认识，看法多种多样。自意大利罗马大学的马里奥蒂（A.Mariotti，1927）在他的《旅游经济讲义》一书中首先从经济学角度对旅游现象做了系统的剖析和论证以来，各个学术流派便针对这一问题争论不休。

1. 从经济学的角度

经济学派认为，旅游是一种经济现象，是一种具有重要经济意义的活动，旅游过程中的食、住、行、游、购、娱都存在着旅游经营者的供给行为和旅游者的消费行为，旅游行为与经济密切相关。葛立成认为，"从社会学、心理学、文化学和历史学等角度出发，人们认为旅游属于一种社会交往、一种心理体验、一种文化活动或一种历史现象，但从本质上说，旅游是一种经济活动，是旅游者的经济行为"。诚然，旅游活动与经济密切相关，但是从经济学的角度认识的旅游本质，只是看到了旅游行为与经济之间的联系，并没有真正触及旅游的实质和原因，因而它并没有揭露旅游的本质。

2. 从美学的角度

对于从美学的角度来阐释旅游的本质，谢彦君认为，"旅游在根本上是一种主要以获得心理快感为目的的审美过程和自娱过程，是人类社会发展到一定阶段时人类最基本的活动之一"。冯乃康先生则更加明确地认为，"旅游的基本出发点、整个过程和最终效应都是以获取精神享受为指向的"。因此，"旅游不只是一种经济活动，更是一种精神活动，这种精神生活是通过美感享受而获得的。因此，旅游又是一种审美活动，一种综合性的审美活动"。王柯平也认为，"旅游是一项综合性的审美活动"。而俞孔坚则指出，"观光旅游是景观信息的探索和景观知觉过程，是一种景观审美活动"。对于从旅游者获取美感和愉悦的角度来确定旅游的本质的方法，我们不禁要提出这样的问题：是否凡是能够给旅游者带来美感和愉悦的活动都是旅游活动呢？显然，答案是"否"。比如，在家养花、养鱼同样能给旅游者带来美感和愉悦，可是这却不是旅游。既然如此，那么旅游本质的特殊性和唯一性该从何谈起呢？

3. 从人类学的角度

美国著名旅游人类学家纳尔逊·格雷本在 1983 年率先提出这样一种观点，即"旅游是具有仪式性质的行为模式与游览的结合"。他在其代表作

《旅游人类学》一文中，探讨了旅游和传统生活中各种周期性仪式与阶段性洗礼在实际意义方面的类似性。他认为，"年度性的旅游度假与结婚仪式、毕业典礼等一样，是人生当中必须经历的仪式，而那些带有自我考验性质的艰苦旅游，如探险旅游、野外生存等，则属于一种界标式的人生通过仪式，经过这种'仪式'的考验，人们会变得高兴、愉悦，并创造出一种新的精神面貌"。从人类学视角来界定旅游的本质，无疑会使我们更加全面而深入地把握旅游的本质，但是将旅游视为人生必然要经历的一种"仪式"，其绝对化有待商榷。

此外，还有观点从其他角度来阐释旅游的本质。例如，从体验的角度，有学者认为，"旅游是个人以旅游目的地为剧场，旨在满足各种心理欲求所进行的短暂休闲体验活动"。从表现学的角度来看，旅游的本质是"旅游主客体相互作用中，旅游行为所表现的一切关系的总和"。

可见，根据以上对旅游本质从不同角度的界定和分析，我们得出，在目前对旅游本质的定义和规定中，不同的学术观点，或是只抓住了旅游的某一特征或属性，或是未能从旅游现象中抓住和揭露旅游的本质，不同程度地表现出泛化性或绝对化。

（三）旅游动机中的文化因素

旅游系统作为社会系统，它的结构是与当时的社会政治状况和经济发展水平相适应的，其功能是与社会文明程度相关联的。旅游系统内部客观存在的规则和社会组织之间存在的秩序都源于文化。

文化通过人的意志表现和行为，将意识内容转移到物质产物上，并通过社会组织形式和群体行为得以体现。文化可以被感受、被领悟、被认识。文化笼罩着人类社会活动的各个方面，并作用于人的思维活动过程。同样，文化对旅游系统也会产生影响，"借助于"各种方式渗透到旅游过程的方方面面。

文化影响着旅游系统内部存在的交换，影响着系统与外部世界的交换，内、外部交换的结果又成为文化的新内容。对于任何有机系统，各部分之间发生交换以及系统环境成分与系统发生交换时，其交换的内容是物质、能量和信息。旅游系统也不例外。由于旅游系统是社会性系统，在它的内外交换中，文化信息是基本交换内容之一。在旅游系统中，文化背景相同的部分，遵循同一个文化传统，受同一种文化的规范。例如，现代新加坡在国民经济实现飞跃的基础上，运用法律手段营造了和平、清洁的社会生活环境。在新加坡，人们随地吐痰、乱扔废弃物的陋习受到约束，为人所不齿的行为得到改正。因此，新加坡最初依赖法律所形成的在环境卫生方面的良性循环，已逐步转化为普遍的环境意识并成为现代新加坡文化的一部分。对于异种文化背景的人来说，当地人的"榜样行为"模式自然而然地起着行为规范的作用。

旅游作为一种另类的生活方式，与文化联系紧密，吃、住、行、游、娱、购等各个侧面都反映出其与文化的密切关系。无论是旅游者主体的人格、旅游行为的动机目的，还是旅游经营者、旅游产品等都无不与文化相关。历史上许多著名人物的文化成就都得益于旅游，如中国春秋时期的思想家孔丘、古希腊历史学家赫罗多托斯、中国汉代史学家司马迁、中国唐代诗人李白、中国明代地理学家徐霞客、英国博物学家达尔文等。在他们的旅游过程中，从关于旅游活动最初的酝酿到旅游活动的结束，都打上了文化的烙印。1994年版的《中国大百科全书·人文地理学》中称："旅游与文化有着不可分割的关系。而旅游本身就是一种大规模的文化交流，从原始文化到现代文化都可以成为吸引旅游者的因素；游客不仅汲取游览地的文化，同时也把所在国的文化带到游览地，使地区间的文化差异日益缩小。"绘画、雕刻、摄影和工艺作品是游人乐于观赏的项目；戏剧、舞蹈、音乐和电影也是旅游者夜晚生活安排的节目；诗词、散文、游记、神话、传说和故事，又可以将旅游景物描绘得栩栩如生。在沈祖祥看来，"旅游是一种文化现象，一个系统，是人类物质文化生活和精神的一个最基本的组成部分，是旅游者这一旅游主体借助旅游媒介等外部条件，通过对旅游客体的能动的活动，为实现自身某种需要而作的非定居的旅行的一个动态过程复合体"，"旅游属于文化范畴，是文化的一个内容"。

"文化，从本质上说是人与环境（包括自然环境和社会环境）相互作用的结果。"[①]人们依据自身特定的生存环境构建自己的文化，这种文化对应于当地特有的生产、生活方式以及在此生产力水平下的资源利用方式，同时表现为群体共同的认知观念、道德伦理、文化传统、民俗民风、交际语言、行为准则以及目标追求等社会心态，构成当地相对稳定的社会文化系统，形成了各地文化的专用性和差异性。文化的差异性是旅游存在的前提条件。美国著名心理学家马斯洛认为"人的需要是不断地从低一级向高一级发展

---

① 李伟.民族旅游地文化变迁与发展研究[M].北京：民族出版社，2005.

的"，当人们满足了衣、食、住等基本需要之后，随着生产力水平的日益提高、生活质量的不断改善及"城市病"的日益蔓延，旅游已经成为人们放松心情、暂时逃脱城市牢笼的重要方式和需要。而各地区、各民族多样的文化，满足了现代社会人们的这些需要，人们纷纷前往异地追寻另类文化。同时，旅游目的地独具魅力的风土人情、民居建筑、服饰风格、宗教信仰和文学艺术等提升了当地旅游产品的等级，吸引了大量客源。这种目的地文化的巨大差异，使旅游者对其充满了向往，推动了当地旅游业的发展。

三、文化在旅游中的本质体现

文化学的奠基者泰勒认为，"文化是一个复杂的总体，包括知识、信仰、艺术、道德、法律、风俗以及人作为社会一员所获得的一切其他才能和经验"。很明显，泰勒主张的是广义的文化概念。人类学家霍贝尔认为，文化是"表征社会成员特征和不受生物遗传影响的行为模式的综合体系……文化并非由遗传预先决定，它不是本能……文化完全是社会创造的结果，它只有通过交往和学习才能得到传播和保存"。人类学家克罗伯和克拉柯亨认为，关于文化的定义不少于160种，且这些定义都各不相同。因此，他们从中总结出自己的看法，即"文化由清晰的或含糊的模式组成，靠某些符号系统传播，它构成人类组织的重要成就，也包括具体的人工制品，文化的基本核心包括传统（指历史上得到的和经过选择的）思想，特别是与此相关的社会准则；而文化体系可以看成是行为的产物，同时又是行为的制约因素"。

冯乃康认为，"在旅游活动过程中，不管是就旅游需求角度的旅游者来说，还是从旅游供给者的角度来看，旅游活动本身是一种文化活动，它具有很强的文化属性"。而"文化，从本质上说是人与环境（包括自然环境和社会环境）相互作用的结果"。人类社会的一切事物和现象都与文化紧密关联。人们对旅游活动价值的认识来源于旅游实践，这种价值认识具有文化共性意义，反映在个人对旅游价值认识中的价值观带有文化种属的印迹。尤其是贯穿于具体旅游选择中的价值意识更体现了当事人的文化背景所带来的影响。总体来说，个人的旅游感受涉及饮食习惯、生活习惯、行为准则、审美、时间支配以及经济开销等方面，无论哪一方面都是依据本体文化的一般标准和观念体系并在做出比较后得到的。

本体文化对观察者观察事物的观点和方法起着主导作用。异体文化对观察者的影响则是使其有可能更新、审视、调整原有的观念意识。当人们通过交流或通过传媒接受新知识、捕捉信息、充实自己对客观世界的认识，并对自己原先的知识体系重新进行调整的时候，所涉及的文化因素以及相异的文化内容势必成为主观意识变化的重要影响源。由此造成的思维模式变化，甚至是极其细微的变化，都标志着决定人的行为取向的观念和意识基础的变异。尽管这种变异常常是不为人所察觉的，但终归意味着在人的意识体系中有些东西被吸收进来，又有些东西被修正或扬弃。通过交流，人们彼此间的影响形成社会效应，从而推动一定社会环境中特定群体意识形态的变化。在狭义文化层面的文化交流中，各种文化所特有的能量或由于顺应时事的推陈出新而得到补充，或因无法通过调和达到推动社会进步的目的而被削弱。这就意味着在特定环境中，各种文化对社会公众的影响不是等量的，也并非一成不变。

人与人之间通过交流实现沟通。一个旅游者的一次旅游经历的结束，并不意味着相关文化作用的完结。通过交流，旅游者的感受将不同程度地被传达给其他人。一个人旅游的经历及感受会以言语语言或非言语语言的方式去影响别人，并且可能在一切适宜的场合完成对他人的宣传；而不论其是否具有明确的目的性，接受信息的人都会成为信息的再次传播者，从而形成逐次非定向的信息扩散。可以推知，旅游者的经历、感受在理论上可能的影响范围可以是整个人类。正是由于旅游对人类的有益性，有利于旅游活动扩大化的信息才能在人际交往中得到有效传递。当社会政治经济条件、时间条件具备之后，舆论的力量转化为实践行为的力度就会自然而然地得到加强，其结果就是使旅游渐渐成为人类生活方式的一部分。

人们旅游的具体形式各不相同。无论旅游者采取怎样的形式、出于怎样的目的去旅游，也无论旅游者是在本体文化环境中还是在非本体文化环境中旅游，这些情况能够被加以区别地进行概念化处理的共同基点就是，在可称为旅游者的人身上必定发生了旅游的行为事实。在旅游活动中出现的信息作用过程不应机械地被理解为只是与旅游相关的信息过程。原因在于旅游给旅游者带来的变化不过是转变了生活空间，改变了生活内容和节奏，变换了人物角色，但他们并未脱离社会，而且出现在旅游者身边的人和事也并非都是以旅游活动为转移的。因此，存在于旅游活动中的信息是关于社会的、文化的、人的，而不纯粹是关于旅游的。也就是说，旅游活动只是社会生活的一部分，旅游者所接收的信息是社会信息、文化信息。

综上所述，旅游的本质是文化过程，其总的效应是使不同文化的交流具体化、广泛化。旅游是指现代社会生活中，人们为了满足自身的文化需求，追求和向往的一种另类的文化生活方式。马歇尔·伯曼认为，旅游"是一种至关重要的体验方式——关于空间和时间、关于自我和他人、关于生活的可能性与危险性的体验"。从这个角度我们可以发现，旅游实际上"是一个以消费时间与空间的方式，以了解他人、观看他人的方式，以憧憬奇遇、凝视奇景的方式了解自我的过程"。在这个过程中，"我们将置身于与固有的生存环境完全不同的地方，跨越国界，进入异文化并观察、观看他者的生活方式与文化，同时重新审视在旅游时处于彼岸的自己的工作与生活"。因此，我们可以认为旅游实质上是文化自身的"游历"，这个过程是随着旅游者对异地空间的文化感知而产生的一种文化变迁。

四、文化在旅游业发展中的意义

文化与人类的物质生活及精神生活有着密切的关系，文化的核心内容是人类在长期适应和改造自然的过程中所形成的思维模式和行为模式。思维模式包含在观念、信仰、知识和价值中，是看不见的，只有当它诉诸行为时才能表现出来；行为模式存在于人的行为和人类创造的各种物质形态中，是可见的、经验性的、可以把握的。我们对文化的研究往往从可见的行为开始，透过行为洞察其内在的价值观念。

（一）文化与旅游的关系总述

文化渗透在人类活动的各个领域。旅游是一种休闲活动。在旅游中，游客可以暂时脱离传统文化义务的约束，不受世俗礼仪的支配，投身到一种新的文化关系中去。旅游文化是包含在旅游活动中的人类物质和精神活动成果的总和，同时它也是一种可供观赏和参与，并使观赏者及参与者都能深刻感受到的文化，它有非常明确的展示性与选择性，并且很多艺术特色也包含在里面。旅游的本质是一种精神文化活动，是满足旅游审美需求的社会文化现象，既是文化创造，同时又是文化消费的一种活动[①]。随着社会文明的进步，人们对精神生活的需求愈发强烈，旅游者将越来越不满足来自山水景物的浅层观赏，而是追求从文化的高品位上，从自然、人文景观与文化的契合点上去获得一种审美愉悦，探求和感悟一种文化的深厚底蕴。

---

① 朱运海.襄阳文化旅游发展研究[M].武汉：华中科技大学出版社，2014.

1. 旅游与文化的关系

（1）旅游活动的出现是人类文化发展到一定水平的产物；

（2）旅游是人谋求身心需求得到满足的行为过程，是一种文化现象；

（3）文化是刺激人们产生旅游动机的根本因素；

（4）旅游行为过程是信息作用过程。

大众化旅游局面的形成是人类精神文明和物质文明发展到一定程度的必然结果。当人们普遍拥有可随意支配的剩余收入、有可支配的用于非劳动的自由时间、有可供选择的有吸引力的异地生活空间的时候，旅游才能转化为一种人类的短期生活方式。因此，旅游活动是一种特定情况下特定形式的文化活动。刺激旅游动机的因素包括直接和间接的旅游经验，大众传媒的宣传，国家政治、经济、外交活动产生的影响，宗教因素，种族、民族因素，社会活动因素，商业因素，学术因素以及生态环境因素。其中，绝大多数旅游动机的刺激因素是文化性质的，文化是造就旅游群众基础的重要因素。旅游行为过程以旅游者旅游行为事实的发端为起点，以旅游行为的终结为终点。交换信息的诸方包括旅游者、与旅游者接触的人，而信息源包括人、景、物。信息作用指对信息接收者（包括对社会组织）的直接和间接作用。在旅游行为过程中，无论是有意识的还是无意识的信息交换，也无论是有意向对信息进行接收还是反应式接收，都会对旅游者产生信息作用。"旅游者的出现也会对与之相遇的人构成刺激，他（她）的行为将传递出自身背景文化的信息。"同时，旅游信息对与旅游有关的社会组织的行为也会产生必然的影响。因此，旅游活动中发生的信息过程不可避免地会对信息接收者在知觉文化差异方面产生刺激。人们对文化差异的知觉及做出的反应构成了文化交流过程中值得注意的内容。旅游行为过程和发生于其后的信息转移、传播和信息"放大"形成了狭义的文化过程。这一文化过程使大众化旅游发挥了文化交流与传播的社会功能。

概括地说，旅游活动是文化的一种表现形式，是狭义的文化过程，是现代文化生活的一部分。旅游的属性主要是文化。文化是旅游的社会环境，是维系旅游并使之走向大众化的精神因素。

2. 旅游对人类文化的影响

自有旅游活动以来，从旅游活动中受益的不仅是旅游者本身，就其对人类文化产生的宏观影响来看，主要有以下几个方面：

（1）旅游活动有利于对人才的造就；

（2）旅游活动是文化交流和文化传播的一种作用方式；

（3）新型旅游观念与意识促进了人类文化的发展；

（4）旅游作为一种行为方式，丰富了文化的外延。

旅游引发诗人、画家等艺术家的创作灵感，使其向社会奉献出传世之作；旅游使学者获得实地知识，丰富了学者们对客观世界的认识，让他们的工作成果有益于人类文明。旅游活动有助于不同文化群体间的相互了解，促进人类文化进步。现代大众化旅游给现代社会生活造成了强大的冲击，使某些现代生产方式、生产关系条件下的反传统意识得到了有效支撑。例如，主张保护自然环境、反对以牺牲生态平衡为代价发展工业的意识，因发展旅游事业的利益而得到加强。现代旅游在客观上对全球性"社会可持续发展"行动是一种有力的支持。

3.文化旅游的影响

旅游现象是一种文化现象。总体来说，文化对旅游活动具有深刻的意识活动方面的影响：

（1）文化提供了规范旅游者行为的基础；

（2）各种文化因素不同程度地发挥着刺激旅游动机的作用；

（3）人类文化的全面交流得益于旅游活动的开展，同时为消除旅游障碍提供了越来越有利的条件。

旅游行为也受到一般社会生活规则的限制，庞杂的观念体系约束着人们对旅游内容的追求和对旅游方式的选择。人们的社会意识促使旅游日益成为一种较高文化层次的短期生活方式，或者说是自然选择的法则推动了旅游向较高文化层次的短期生活方式的方向发展。另外，各民族文化、地缘文化被人们视为旅游活动中期待了解的对象。

（二）文化与旅游业的可持续发展

旅游是人类社会经济及文化发展到一定阶段的产物。旅游业作为朝阳产业，具有旺盛的、持续发展的势头。而旅游业本身又是一种经济性很强的文化事业，在一定意义上，一次旅游活动就是一次广义的文化交流。旅游业能否持续发展取决于人们对其内涵——文化的认识和保护。

1.文化的魅力是旅游可持续发展的底蕴

根据马斯洛的需求层次理论，人们满足温饱的需求之后总会追求更高层次的享受。这不仅出于人们对自然的好奇心，更是出于对自我实现的需要，即在旅游过程中探索、界定和提高自我的价值。旅游文化是实现价值的脉络，如旅游者可以通过人文景观印象来识别外来文化与自身文化的区别以及相同之处，享受外来文化的精髓，进而重新认识自身文化，并提高自身的文化素质。

2. 文化是旅游可持续发展的源泉

"社会的发展是以文化为生产依据的，可持续的社会必然要求可持续的文化——生态文化作为发展的源泉，因而旅游文化的可持续必将成为旅游可持续发展的基础。"通过开拓旅游资源的文化潜力，提高文化品位，重新审视旅游资源被赋予的价值，为旅游主题的自我实现提供新的价值依据，奠定旅游的资源和客源市场。只有这样，经济、社会和环境效益才能协调统一。

3. 文化旅游相互促进，共同发展

天底下没有无文化的旅游，人类文化共荣与趋同是社会发展的大趋势。旅游活动的发展对人类文化共荣与趋同的作用是积极的，意义是深远的。人们已经意识到这一点，并且看到它的积累效应在与日俱增。在人类历史上，不同文化的交流、冲突、变界、衍生和融合，不外乎两类方式——激烈方式与和缓方式，即使是在相同文化背景的人类群体内，文化过程也是按照这两类方式进行的。战争引起的文化现象多属于激烈方式，而旅游活动引起的文化现象属于和缓方式。旅游作为易于为不同文化群所接受的和缓文化交流方式，对旅游者个人、旅游地，甚至对整个人类文明都是有益的。

第二节　文化旅游产业发展的背景与现状

一、文化旅游产业发展的背景

从学术研究的角度来看，文化旅游产业的发展仅仅经历了不到20年的时间，但从实际的发展情况来看，文化旅游产业在我国经济发展中已经占有重要地位，已经成为经济社会发展中最具活力的新兴产业。就其迅速发展的背景来看，主要有以下几个方面的因素。

（一）坚实的经济基础

旅游产业的兴起与人们生活水平的提高和有空闲时间密切相关，它是经济社会迅速发展的必然产物。没有经济基础作保障，旅游难以发生，也不可能出现旅游产业，更不可能出现文化产业。根据马斯洛的需求层次理论，旅游者的消费需求是建立在物质需求和精神文化追求基础之上的。坚实的经济基础是旅游产业和文化产业赖以存在的基本条件，没有了坚实的经济基础，文化旅游产业就失去了生存的沃土。按照国际经验，一个国家旅游需求急剧膨胀的基础条件是人均国民收入超过 1000 美元，而这也只限于观光。如果想要度假、休闲，人均国民收入则需达到 2000 美元。当人均国民收入达到 3000 美元的时候，度假需求会普遍产生。国民收入的不断提高促使人们对精神文化方面的需求越来越高，人们对旅游质量及层次的要求也逐渐提高。文化旅游作为旅游的高端产品，它的出现给旅游业带来了新的生机和商机。

（二）市场需求的转型

旅游市场的需求随着经济发展水平的提高和物质生活的日渐富足逐渐发生变化，从传统的"观光游"转向"休闲体验游"。越来越多的旅游者追求旅游的文化性、体验性。旅游者的这种追求为旅游业的发展带来了良好的契机，也为文化旅游产业开拓了巨大的市场。旅游文化产品不仅能满足旅游者休闲娱乐的需求，更重要的是能带给旅游者深度的文化体验。

（三）丰富的文化旅游资源

文化旅游产业的发展离不开丰富的文化资源。我国幅员辽阔、历史悠久，正好具备这种坚实的资源基础。既有丰富的古代人文旅游资源，如人类文化遗址、古城阙遗址、古陵墓等，又有现代人文旅游资源，如游乐园林、主题公园、康体运动设施等；既有悠久的古代历史文化遗迹，又有鲜活的现代生活场景；既有具象的历史、现代人文吸引物，又有抽象的民间风情、传说典故。我国世界级旅游资源丰富，并且国家级、省级、县级及地方各类文化旅游资源数量及类型也较为丰富。

（四）旅游产业的转型升级

市场经济的发展、旅游者需求的转变，要求旅游业也进行相应的转型升级[①]。其中，文化与旅游产业的深度融合已经成为旅游业转型升级的重要方向和内在动力。要想凸显旅游产业的文化性，就必须深度挖掘旅游资源的文化内涵，加快旅游资源的转型升级，提升旅游产品的文化品位，实现旅游产品的差异化、品牌化。

（五）文化和旅游的天然耦合性

文化和旅游之所以具有天然的耦合性是因为它们同属于第三产业经济，

① 陆羔喆.中国文化旅游的多维研究[M].北京：中国商务出版社，2016.

在产业边界和产业属性方面具有相似性。除此之外，二者在外部环境氛围，如文化旅游需求、文化旅游产品供给、文化旅游服务供给以及旅游文化产业等的作用下，融合度不断推进和深入。这种天然的耦合性成为文化旅游产业发展的巨大推动力。

对当前的许多旅游者来讲，旅游的目的已经发生了变化，在选定一个旅游目的地的时候，尤其是历史人文类的旅游目的地，可能在去之前就已经查阅了相关的资料，对历史现场提前进行了了解。对旅游目的地的区域和城市发展而言，这些景点是一个城市具有独特魅力的历史依托。鉴于此，城市对景点的历史文化发掘就不能只停留在口头上，还需要进行更深入的、更系统的文化价值发掘和整理。只有这样，才能满足旅游者的诉求，才能吸引旅游者停留在此地。此外，城市还可以增加文化产业链的环节，增加与旅游者互动的机会，积极发掘这些旅游资源的文化价值，对这些文化价值及时进行梳理。这样一来，不仅会对当地的文化发展做出贡献，也会对当地城市的发展产生深刻的影响。

二、文化旅游产业的发展现状

文化旅游涵盖古迹游览、民俗体验、宗教文化旅游、饮食文化旅游、艺术欣赏旅游、休闲娱乐旅游等。因其涉及面广、关联度高、带动性大、辐射力强，文化旅游产业逐渐成为经济社会发展中最具活力的新兴产业。目前，我国文化旅游业在旅游业和文化产业合力发展的驱动下，呈现出持续快速的良好发展态势。

（一）文化旅游融合持续推进

文化与旅游的融合早期是一个激发演化的过程，文化与旅游的融合更多地是由市场需求而产生的一种主动融合。随着经济社会的不断发展以及文化产业和旅游产业发展思路的不断拓展，文化产业和旅游业的融合趋势将更为明显。当今时代，文化与经济日益交融。文化在为经济发展提供强大精神动力的同时，其经济功能明显增强，经济的文化含量也在不断提高，文化在综合国力竞争中的地位和作用越来越突出，文化产业对促进经济增长和经济发展方式转变的贡献越来越大。旅游是文化性质的经济产业，又是经济性质的文化产业。充分发挥文化在促进经济发展中的重要作用，一个重要途径就是推动文化产业与旅游产业在融合中实现提升：旅游产业以文化为底蕴，促进文化资源的资本化与产业化；文化产业以旅游为重要载体，展示文化的内涵和魅力，实现文化的经济价值。

目前，文化产业与旅游融合发展的经典模式大致有六类：

第一类是基于文化保护的文化（文物）展示模式。利用特色的历史文化遗存、民族文化、民族手工艺开展特色旅游，目前国内大部分的文化遗址、古城、古镇、古村落都属于这一类。

第二类是文化主题公园开发模式。例如，深圳锦绣中华民俗村、世界之窗、宋城等。

第三类是文化旅游房地产模式。以文化和旅游打造品牌，凝聚人气，由此提升地产市值。深圳华侨城是这一模式的典型代表。

第四类是创意策划包装的艺术开发模式。例如，"印象"系列、禅宗少林音乐大典等。

第五类是文化创意产业园开发模式。例如，798艺术区、宋庄、桂林接力数码动漫中心等。

第六类是高科技模拟创新模式。例如，应用数字仿真模拟和动画合成等技术创新的历史文化巨片《圆明园》。

（二）文化旅游产业格局基本形成，业态不断创新

传统观光类文化旅游产业地位稳固，主要以历史文化景点和民俗文化为依托，其形式主要包括文物景点旅游、民俗风情旅游、革命圣地旅游、宗教寺庙旅游等。现代文化旅游产业不断发展，在传统文化旅游业基础上，依托信息技术和现代管理理念，致力于满足消费者多方位的需求，是借助信息技术的文化旅游新业态。现代文化旅游产业的产品体系由文化旅游产品和文化旅游服务两部分构成[1]。产品部分又可以分为核心产品和外延产品。核心产品是以文化实体为基础的各类文化旅游景区、主题公园、文化展示区、博物馆等；外延产品则主要是为了满足消费者购买、纪念、收藏等需求而设计开发的书刊、影视作品、网络产品、旅游纪念品等。服务部分又可以分为专业服务和公共服务。专业服务主要是那些需要专业技术支持的文化服务，如文化演出服务、网络技术服务、文物保护服务等；公共服务主要是大众文化旅游消费提供的各类基础服务，如旅游信息服务、餐饮酒店服务、旅游交通服务、旅游通信服务等。

---

[1]　张宏梅，赵忠仲.文化旅游产业概论[M].合肥：中国科学技术大学出版社，2015.

（三）全国性文化旅游产业集团"初露端倪"

目前，中国出现了多家致力于打造全国影响力的文化旅游集团。其中，华侨城集团已经在全国布局并开始运营文化旅游项目（华侨城度假综合体和欢乐谷项目）；世界 500 强之一的万达集团，由房地产开发转型做文化旅游开发，其开发的长白山国际旅游度假区一期已经运营，其他项目正在建设中；今典集团的亚龙湾红树林度假世界、三亚湾红树林度假世界已经开业运营，其他项目正在建设中；西安曲江文旅集团是中国较早开发文化旅游的集团，目前其项目仅局限在西安；宋城集团上市后，在业界的影响力大增，目前在三亚、丽江、九寨沟、泰安、武夷山等区域进行扩张；灵山文化旅游集团发展战略明确提出成长为"中国著名文化旅游产业集团"，并开始在山东、上海、陕西进行品牌扩张。

但同时我们也应清醒地看到，当前我国文化旅游产业还存在一些问题，如文化旅游产业的体制冲突（计划体制向市场体制转轨）、文化旅游资源的管理障碍（"画地为牢"、多头管理等）、相关法律法规不健全等。

因此，我们认为文化旅游产业的有效发展需要各个环节、各个部门有机配合，只有这样才能将产业做大做强。

第三节　文化旅游产业的市场研究

一、文化旅游市场细分

（一）旅游市场细分的概念

在旅游企业发展早期，其营销对象并不加以区分，而是整个客源市场。随着旅游业的发展，同行业竞争的加剧，游客需求的提高，旅游企业逐渐认识到：只有选择部分重点市场，有针对性地进行营销和服务，才能既让游客满意，又能获得高额回报。

旅游市场细分是旅游业市场营销活动的一个重要环节[①]，只有根据相关因素对旅游市场进行仔细的研究，才能准确区分不同旅游产品对不同市场的适宜程度，为旅游企业的经营提供便利。

（二）文化旅游市场细分的作用

首先，将旅游者细分为若干特定的类型，对营销者而言，能够获得关

---

① 魏日，程丛喜. 旅游市场营销 [M]. 武汉：武汉大学出版社，2012.

于旅游行为、旅游偏好的更翔实的资料。通过对这些资料的分析研究，有利于营销者合理配置旅游资源，从而获取最佳营销效果。

其次，兴趣的多样化使旅游者的需求越来越多样，这些兴趣反映在特定目标市场的追求者数量大大增加。分析在特定旅游目标市场中增加的旅游消费者人数，有利于发掘市场机会，开拓新的旅游市场。

最后，旅游市场细分及其相应的定位，对营销及策略管理有显著的积极作用。它有利于旅游企业制定和调整营销组合策略，增强应变能力，对旅游营销中确定经营方向，取得有利竞争地位起着重要作用。

因此，旅游市场细分是旅游目标市场营销的前提，它为旅游营销者认识市场、研究市场从而为其确定目标市场提供依据。

（三）旅游市场细分的依据

许多权威人士用不同的指标划分和分析旅游市场，这些评价指标概括起来可以划分为四个主要类型：地理细分、人口细分、心理细分和行为细分。

1. 地理细分

地理细分（geographic segmentation）是指旅游市场按照旅游者的来源地进行划分，它可以是不同的区域范围，如国家、地区、省、市、县，甚至可以是一个地段。这种细分是较传统的方法，但至今仍普遍应用。由于旅游者的需求和偏好会因其居住地的不同而出现地区差异，地理细分对依据地理特征的基本研究确立旅游目的地的一、二、三级市场和选择促销区域十分有利。

2. 人口细分

人口细分（demographic segmentation）是指根据各种人口变量，如年龄、性别、家庭人口、家庭生命周期、收入、职业、教育、宗教、种族、国籍等把市场分割成不同的群体。人口细分是市场细分中最流行的方法。它为营销决策者提供了一种对旅游者非常直接有效的分类方法，在旅游业中具有较高的使用价值。由于旅游者的愿望、偏好和习惯与人口变量高度相关，所以人口变量往往比别的变量更容易定义和测量。人口变量在测量所期望的目标市场中影响着促销媒体的选择等因素，人口变量是最常用的变量。

3. 心理细分

心理细分（psychographic segmentation）是指按社会阶层、生活方式或个性特征等把旅游者分成不同群体。这种细分与地理细分和人口细分相比，能为理解旅游者的行为提供更深刻的信息。心理特征在帮助断定市场及确定采取何种对策时很有效，它对旅游营销规划初始阶段寻找旅游目标市场及制定旅游项目起积极作用。与人口变量和地理变量一起，心理变量可以为一个特定的旅游目标市场制定目标策略提供依据。

4.行为细分

行为细分（behavioral segmentation）是指根据旅游者对产品的了解程度、态度、使用及反应把旅游者划分成不同群体。旅游购买行为包括旅游者的购买动机、购买状态、购买频率，以及对产品及品牌的信赖程度、对服务的满足程度、对广告的敏感程度等。

（四）旅游市场细分的原则

旅游市场细分的方法很多，标准不一。有效的旅游市场细分，要便于旅游企业认识旅游市场，发掘新的市场机会。为获得较大的经济效益，旅游企业确定各类细分市场时应遵循以下原则。

1.可衡量性

可衡量性是指各细分市场的需求特征、购买行为等要能被明显地区别开来，各细分市场的范围、规模等是可以衡量的。这包括两层含义：一是所选择的细分标准要能被定量地测定，能明确划分各细分市场的界限；二是所选择的细分标准要与旅游者的某种或某些购买行为有必然联系。这样才能使各细分市场的购买行为特征被明显地区分开来，为针对不同细分市场制定有效的营销策略提供依据。

2.可进入性

可进入性是指旅游企业可以利用现有的资源去占领按某种标准细分后的子市场，以达到有效促销和分销的目的。这些细分市场上的旅游者在易于接触和沟通方面应具有相似之处，以便旅游企业较经济地、有效地与这些潜在顾客接触沟通。

3.可盈利性

可盈利性是指各细分子市场的容量必须具备一定的规模，达到值得旅游企业采取有针对性的营销措施的程度，使企业有利可图。也就是说，细分后的子市场要有足够的潜在需求，旅游企业为之设计的专门的营销方案在经济上是可行的。

4.稳定性

旅游市场细分是一项复杂而细致的工作，要求细分后的子市场具有相对稳定性，以便旅游企业制定长期的营销战略，从而有效地开拓并占领目标市场，获得预期的经济效益。细分子市场变化太快或太大会使制定的营销策略很快失效，使旅游企业市场营销活动前后脱节，给旅游企业带来很大的风险。细分后的子市场不仅要保持稳定的收益，还必须有发展潜力，使旅游企业不断扩大生产和提高竞争力。

二、文化旅游市场需求分析

（一）文化旅游需求的定义

1.需求

所谓需求就是人们在一定条件下从事某些事情的欲望。从经济学的角度来看，需求的产生能够促进购买力的提高，但若只有购买的需求和欲望，而没有购买的能力，则不能产生购买行为，购买水平自然也不会很高。

2.旅游需求

旅游需求指的是具有一定消费能力的人为了满足自身对旅游活动的欲望，愿意在一定时间和一定价格下购买旅游产品的行为。旅游需求是旅游市场形成的根本基础，也是反映旅游市场的现实需求状况、分析市场变化和预测需求趋势的重要依据。而从旅游需要到旅游实现之间是存在障碍的，旅游者只有克服了这些障碍，才能使潜在的旅游需要转化为对旅游者和旅游商品经营者都有现实意义的旅游需求。因此可以说，旅游需求是一个经济化了的概念，是一个在旅游者旅游购买决策系统中以相当清晰的特征表现出来的概念。

3.文化旅游需求

根据旅游需求的概念，我们将其延伸至文化旅游领域，就可以大致了解文化旅游需求的概念，即文化旅游需求是"具有一定支付能力的旅游者为了满足他们对文化旅游活动的欲望，愿意在一定时间和价格条件下购买文化旅游产品的数量"[1]。

不同的文化旅游者会对不同的文化特色和文化氛围产生兴趣，如对盛唐文化感兴趣的旅游者会去西安感受盛唐文化氛围；对道教感兴趣的旅游

---

[1]　陆嵩喆.中国文化旅游的多维研究[M].北京：中国商务出版社，2016.

者会去武当山等道教圣地瞻仰道教文化风采；对古代皇权感兴趣的旅游者会去北京感受明清时代的帝王生活，探究古代政治文化等。

（二）文化旅游需求产生的条件

文化旅游需求产生的条件包括社会、经济、心理等，将这些条件综合起来，可将其分为主观条件和客观条件两类。

1. 主观条件

对于文化旅游需求而言，其产生的主观条件就是旅游者的动机。动机是激励人们行动的主观因素，只要是能推动人们去从事某项活动，并使活动指向一定目标以满足个人需要的愿望或志愿的都是动机。旅游动机也是动机的一种，它能够促使旅游者决定到何处旅游、做何种旅游。因此，旅游动机也是旅游者文化旅游需求产生的条件，旅游者只有具备文化旅游的动机，才会开展文化旅游活动。

2. 客观条件

对于旅游者而言，其文化旅游需求产生的客观条件主要包括可自由支配收入、闲暇时间，以及交通运输的发展。

可自由支配收入主要指的是扣除全部纳税及社会消费（如健康人寿保险、老年退休金、失业补贴的预支等），以及日常生活必须消费部分（衣、食、住、行等）之后所余下的收入部分。可自由支配收入决定着旅游者进行文化旅游的支付能力，不仅会对其能否成为旅游者产生直接影响，而且会对其消费水平和消费结构产生重要影响。此外，还会影响旅游者对旅游目的地及旅游方式的选择等。

闲暇时间主要指的是在日常生活、工作、学习和其他必需的时间之外，可以自由支配、从事消遣娱乐或自己乐于从事的任何其他事情的时间。旅游活动的开展需要旅游者有时间，而对于大多数自主开展文化旅游活动的旅游者而言，都需要一定数量而且比较集中的闲暇时间才有可能实现外出旅游。因此，闲暇时间也是文化旅游活动开展的必要客观条件。

交通运输的发展为旅游者提供了诸如飞机、高铁等现代化的交通工具，不仅大大缩短了旅程的时间，而且随着运输成本的降低，也缩小了旅游的经济距离。而旅程时间与经济距离的缩短，会大大减少旅游者在旅途中的劳累感及单调感，使其有足够的时间和精力享受旅游活动所带来的乐趣。这些都有利于推动旅游需求的不断增长。

（三）文化旅游需求规律分析

文化旅游需求的产生和变化受多种因素的制约和影响，但对其产生决定性影响的因素是文化旅游产品的价格、旅游者的闲暇时间和可自由支配收入，这三个因素会对文化旅游需求产生影响，使其形成一定的规律。即在其他因素不变的情况下，文化旅游产品的需求量与文化旅游产品的价格成负相关，与旅游者的闲暇时间和可自由支配收入成正相关，而这一规律可以用下列函数表示：

$$D=f(P, I, T)$$

其中，D 指文化旅游需求量；P 指文化旅游产品的价格；I 指旅游者的可自由支配收入；T 指旅游者的闲暇时间。

首先，就文化旅游产品的价格来说，按照一般的经济学理论，普通商品的需求量与其价格之间存在反方向变动的关系。这就是需求规律或需求法则。对于文化旅游产品来说，总体上这个规律仍然适用，因而文化旅游产品的价格与文化旅游需求量的关系如图 1-1 所示。

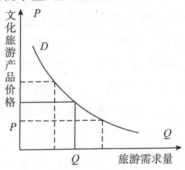

图 1-1　文化旅游产品的价格与文化旅游需求量的关系

在图 1-1 中，曲线 D 为文化旅游需求价格曲线，P 代表旅游价格，Q 为旅游需求量。在不同的价格条件下，人们对文化旅游产品的需求量是不同的；随着文化旅游产品价格的上升，旅游需求量下降。因此，文化旅游需求价格曲线 D 是一条自左上向右下倾斜的曲线。

其次，就旅游者的可自由支配收入来说，在其宏观影响因素既定的情况下，其与文化旅游需求量的关系，基本上可以认定是正相关的关系。文化旅游需求量相对于旅游者可自由支配的收入变动所产生的变化幅度，即经济学意义上的文化旅游需求的收入弹性，可用图 1-2 表示。

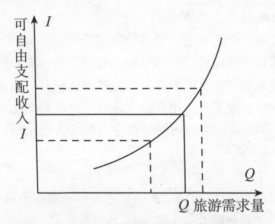

图 1-2　经济学意义上的文化旅游需求的收入弹性图

图 1-2 中的曲线为文化旅游需求随可自由支配收入变动曲线，I 代表可自由支配收入，Q 代表旅游需求量。在不同的可自由支配收入下，人们对文化旅游产品的需求量是不同的；随着可自由支配收入的上升，旅游需求量上升。因此，文化旅游需求随可自由支配收入变动曲线是一条自左下向右上倾斜的曲线。文化旅游需求量随着可自由支配收入的增加而增加。

最后，就旅游者的闲暇时间来说，随着社会生产力的发展，人们的劳动时间逐渐缩短，闲暇时间不断增多，这也使其文化旅游需求不断增长。因此，可以说旅游者的闲暇时间与文化旅游需求量存在正相关性，其关系如图 1-3 所示。

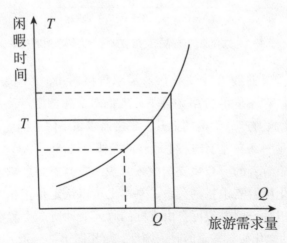

图 1-3　旅游者的闲暇时间与文化旅游需求量的关系

图 1-3 中的曲线为文化旅游需求随闲暇时间变动曲线，T 代表闲暇时间，Q 代表旅游需求量。在不同闲暇时间下，人们对文化旅游产品的需求量是不同的；随着闲暇时间的上升，旅游需求量上升。因此，文化旅游需求随闲暇时间变动曲线是一条自左下向右上倾斜的曲线。文化旅游需求量随着闲暇时间的增加而增加。

（四）文化旅游需求实现的客观障碍

文化旅游需求一般是指现实的有效需求，它是旅游者充分的旅游购买力和明确的购买倾向（旅游偏好）的现实结合。如果不存在客观的其他障碍，这种结合立即就能引发旅游商品的购买行为。然而，在实践中，文化旅游需求的实现却会受到很多因素的阻碍。这些阻碍因素主要包括以下几个方面。

1. 空间障碍

文化旅游活动是一种异地性行为，要开展这项活动，旅游者需要在居住地和旅游目的地之间进行跨越。尽管旅游者对文化旅游的需求在很大程度上决定了旅游者是否会开展文化旅游活动，但在启程之前，客观的空间障碍还是会对旅游者的文化旅游需求形成阻碍。因此，在实践中我们可以发现，一般情况下，文化旅游目的地与旅游者居住地之间的空间距离越大，两地之间的自然与文化差异越大，旅游者的不安心理越强，从而对旅游者旅游需求的实现形成障碍。

2. 时间约束

旅游者文化旅游需求的实现需要一定的时间支持，在任何社会中，自由时间这种财富的分配都不是相等的。因此，对某些人来说，时间上的无余裕成了他们旅游的"拦路虎"。如果时间不够充分，旅游者就无法开展旅游活动，其文化旅游需求也就无法实现。

3. 身心障碍

文化旅游活动能怡情悦性，使人获得生理和心理机能的恢复和发展。但不幸的是，它又往往反过来以旅游者具有健全的体魄和良好的心智为前提，身体孱弱的旅游者不能走远，心智不全的旅游者又难以体会旅游的乐趣。因此，身心障碍也就成为旅游者旅游需求实现的障碍。

4. 文化差异

文化旅游活动是以文化为载体的，需要旅游者有一定的文化基础。因此，旅游者若对该文化不了解，自然就难以体会其中的内涵，也不会对文化旅游产生需求。所以在现实生活中，虽然不少旅游者会去异国他乡旅游，且其旅游行为本身就是冲着不同的文化差异而去的，但倘若文化旅游目的地的文化环境与自己所居住地区的文化环境在语言、社会规范、社会制度等方面有着难以调和的对立或沟通障碍，那么旅游者就会遏制自己想了解异域他乡文化的欲望，而转向其他渠道如读书、看电视等，来满足自己对这些奇异文化的需求。可见，存在于不同文化圈之间的这种客观的文化隔阂会在一定程度上阻碍旅游者文化旅游需求的实现。

三、文化旅游需求预测

相对于许多旅游业发达的国家而言，我国的旅游业尚处于发展初期，其占国民经济的比重远远低于旅游业发达的国家。因此从长远来看，我国的旅游产业发展潜力较大。文化旅游业作为旅游业的一个分支，客观来说，其发展潜力也是巨大的。

作为一个文明古国，我国具有悠久的历史和丰富的文化旅游资源。这些旅游资源中，既有丰富的物质文化遗产，又有雄厚的非物质文化遗产。因此可以说，我国文化旅游产业的发展有着独特的优势。

随着人类社会的进步和人们文化素质的提高，随着旅游者旅游经验的日益丰富，人们价值观念和生活方式的转变，传统的大众观光型旅游产品已经不能满足人们更高层次的旅游需求，面对现代成熟的旅游者和日益多变的旅游需求，深入挖掘拥有丰厚资本的文化产业的内涵，提升旅游产品的品位已经成为发展旅游业的当务之急。在这种情况下，旅游产业与文化产业的结合已经成为一种必然趋势。根据目前文化旅游业的发展情况来看，虽然旅游者参加文化旅游活动的动机各不相同，但都以满足较高层次的精神文化的需求为目的，都希望能感受文化旅游目的地独特的文化特色和文化氛围，这就为文化旅游的发展提供了广阔的市场。可见，文化旅游作为一种深层次的旅游形式具有广阔的前景。

第二章　旅游产业与文化产业的融合机理

第一节　文化产业与旅游产业的关系

旅游业是世界各国公认的"永远的朝阳产业"，多数国家都将旅游产业作为其经济发展的重要组成部门，把旅游业纳入其国民经济发展规划中，作为其中一项重要的内容。旅游业是与拉动需求、提升供给相一致的产业，它与110多个行业相关，无论是对投资，还是对消费以及出口都有巨大的拉动作用。因此，作为经济新常态下的关键的新经济增长点，旅游业是经济发展强有力的"加速器"。同时，旅游产业可以有效改善供给。总量不足是目前旅游业存在的问题，结构性问题更加突出，旅游产品数量的增加与品质的提升，能有效推进供给侧结构性改革，从而解决现存的问题与矛盾，推动经济发展与产业转型升级。我国旅游产业快速发展，具有高度关联性特征，因而跨界融合、跨产业融合现象早已出现。旅游产业是以旅游资源为基础，以旅游者为对象，以旅游基础设施为基本保障，以旅游产业及相关行业服务者为引导，促进旅游活动的发展，并为其提供商品与服务的一项综合性较强的经济产业。吃、住、行、游、购、娱是旅游产业的六大特征与组成要素，涉及旅游交通、旅游景点住宿等方面。国内旅游、出境旅游及入境旅游构成了现有的旅游市场格局。

文化产业同样被定义为我国的"黄金产业"与"朝阳产业"。2016年，全国文化及相关产业增加值为30785亿元，占GDP比重为4.14%，这是统计局发布的2016年我国文化产业相关数据。从数据可以看出，我国文化及相关产业稳步增长，比重不断上升，有效促进了我国经济结构转型升级和经济平稳健康、可持续发展。同时，文化产业开始与其他产业融合，如文化产业与制造业的融合。然而，学术界对文化产业并没有统一的界定。为了便于对文化及相关产业的统计，同时为建立科学可行的文化及相关产业统计制度提供基础，2018年国家统计局颁布了《文化及相关产业分类（2018）》，这是在国家统计局2012年发布的《文化及相关产业分类》的基础上进行修订的，但是两个文件对文化产业的定义是一样的，即为社会公众提供文化、娱乐产品和服务的活动，以及与这些活动有关联的活动的集合。《文化及相关产业分类（2018）》将文化及相关产业分为9个大类，43个中类，146个小类，其中文化核心领域由六大类组成，分别为新闻信息服务、内容创作生产、创意设计服务、文化传播渠道、文化投资运营、文化娱乐休闲服务。而文化辅助生产和中介服务、文化装备生产、文化消费终端生产三大类组成了文化相关领域。

表2-1　文化及相关产业分类（2018）

	大类	中类
文化核心领域	新闻信息服务	1.新闻服务；2.报纸信息服务；3.广播电视信息服务；4.互联网信息服务
	内容创作生产	5.出版服务；6.广播影视节目制作；7.创作表演服务；8.数字内容服务；9.内容保存服务；10.工艺美术品制造；11.艺术陶瓷制造
	创意设计服务	12.广告服务；13.设计服务
	文化传播渠道	14.出版物发行；15.广播电视节目传输；16.广播影视发行放映；17.艺术表演；18.互联网文化娱乐平台；19.艺术品拍卖及代理；20.工艺美术品销售
	文化投资运营	21.投资与资产管理；22.运营管理
	文化娱乐休闲服务	23.娱乐服务；24.景区游览服务；25.休闲观光游览服务
文化相关领域	文化辅助生产和中介服务	26.文化辅助用品制造；27.印刷复制服务；28.版权服务；29.会议展览服务；30.文化经济代理服务；31.文化设备（用品）出租服务；32.文化科研培训服务
	文化装备生产	33.印刷设备制造；34.广播电视电影设备制造及销售；35.摄录设备制造及销售；36.演艺设备制造及销售；37.游乐游艺设备制造；38.乐器制造及销售
	文化消费终端生产	39.文具制造及销售；40.笔墨制造；41.玩具制造；42.节庆用品制造；43.信息服务终端制造及销售

可见，无论是文化产业，还是旅游产业，它们都有各自产业相对明确的边界，包括产品边界、技术边界、业务边界、市场边界等，各个企业之间没有明确的竞争关系。随着经济的发展、技术的进步，诸多因素如互联网的发展、体验经济的兴起等，文化产业与旅游产业出现了融合，且二者在融合过程中共同进步、协调发展。Fredriklin 等指出，产业之间的传统边界正在模糊，企业和产业层面同时展开了产业融合，其主要过程包括知识融合、技术融合、应用融合和产业融合。

随着经济的发展，人们的收入水平逐渐提高，消费水平也相应提升，体验经济应运而生。游客在进行旅游行程的选择时，不仅仅停留在以往的基本层面的旅游需求上，而是更加注重精神的享受、灵魂的探索与追求，于是文化的需求不断增长。而文化产业与旅游产业融合产生的新型业态——文化旅游，作为一种与以往旅游不同的、较新的以及含有较高知识水平的旅游形式，日益受到旅游从业者及旅游者的关注。以往人们是 3S（阳光、海水和沙滩）的虔诚爱好者，而如今，3S 的爱好者们也开始寻求其他活动，如当地的建筑遗产和文化体验以及类似的体验。从全球范围看，一半多的旅行都与活态文化、建筑遗产及艺术息息相关。世界旅游组织认为每年大约有一半的国际旅游者都会进行文化遗产旅游。英国旅游产业发达，是很多旅游者选择的旅游目的地，其旅游产业在很大程度上依赖遗产地和文化活动。英国旅游局关于国际度假旅游者的研究表明，超过一半（59%）的国外度假者会参观历史建筑、著名的纪念物、教堂和城堡；41% 的人会参观博物馆和艺术画廊；还有其他与文化、遗产有关的活动，如停留在历史建筑研究祖先（2%），参观文学、音乐或电影所在地（3%），参观公园和花园（41%）。早在 20 世纪 90 年代末，就有一项关于外来旅游者的类似研究，发现大约有 37% 的游客认为参观遗产地在到英国旅游的决策中具有重要作用。

国内旅游、出境旅游及入境旅游是现代旅游业的三大支柱，且具有一个最显著的特征——基于人类创造的遗产。大部分全球旅行都包含过去的文化内容，每年都有数以百万计的人在参观文化旅游吸引物、遗产节事活动和历史场所，而文化也成为人们选择旅游目的地的重要考量因素。可见，文化是旅游的灵魂。同时，国内及国际旅游产业是文化产业的最佳载体，是文化交流的重要中介，它向旅游者提供了一种了解历史和其他社会的现实生活的体验机会，从而促进文化的传播，使得文化资源向资本化与产业化转化，提高文化在经济发展中的地位，从而促进国家文化软实力的国际影响力的提升以及文化自信的提升。

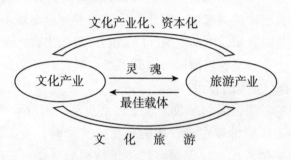

图 2-1　文化产业与旅游产业的关系

第二节　影响文化产业与旅游产业融合的因素

解决文化产业和旅游产业融合问题，要抓住影响两者融合的主要因素，找出制约融合的主要矛盾。融合发展的过程就是掌握主要因素，遵循矛盾运动规律，解决矛盾的过程。

从经济活动过程看，再生产是由生产、交换、分配、消费等环节构成的，是在一定体制、政策等环境中实现的。根据文化产业和旅游产业融合发展特征，影响文化产业和旅游产业融合发展的因素有人、文化、技术、经济等产业因素和市场、体制、机制、政策及其互动等因素，这些因素在文化产业和旅游产业融合发展及市场供给等过程中产生作用。基于此，文化产业和旅游产业融合发展的影响因素可分为：第一，内部因素，即文化旅游供给、文化旅游需求，对需求、供给产生直接影响的产业组织、产业布局等产业内部因素；第二，外部因素，即体制、机制、政策等产业外部因素。关于它们各自在文化产业和旅游产业融合发展中的作用与地位及其相互关系，在"文化产业和旅游产业融合发展机理"部分予以呈现，如图2-2所示。

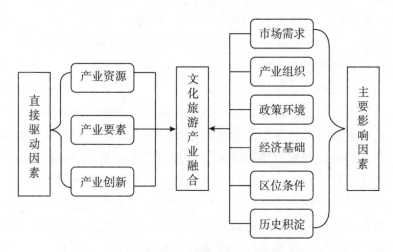

图 2-2 影响文化旅游产业融合的要素

一、供给要素分析

文化产业—旅游产业融合系统的供给条件即旅游产业与文化产业的融合能力，是由旅游企业、文化企业和文化旅游产品共同决定的，也是文化产业—旅游产业融合的基础性力量[①]。本节从产业发展、人才要素、资本资源、文化旅游资源和产业融合创新五个层面来剖析旅游产业与文化产业融合供给条件方面的作用因子。

（一）产业发展层面

第一，创意为基础。文化产业与旅游产业的融合，即将文化作为一种新经济形态，文化是旅游产业与文化产业融合的核心要素，创意是旅游产业与文化产业融合的基础，这也是和其他产业融合的最大区别所在。

在全球经济进入以知识为核心竞争力的时代背景下，文化创意和科技创新正成为现代经济增长的双引擎，"创意"更被认为是决定经济效益的关键因素。斯坦福大学经济学家保罗·罗默就曾经提出，"真正推动 20 世纪 90 年代巨大繁荣的不是充沛的资金投入或高科技创业潮，而是各种蓬勃而出的人类的创意"。创意会衍生出无穷的新产品、新市场和财富创造的新机

---

① 龚维玲.文化产业与旅游产业融合发展研究：以南宁市为例 [M].南宁：广西科学技术出版社，2015.

会，所以创意才是推动一国经济发展的原动力。理查德·佛罗里达认为，从经济学的角度看，创意也是一种资本形式，可称为"创意资本"。人们的新理念、新技术、新商业模型、新文化形式和新产业都是"创意资本"。

　　文化产业与旅游产业的广度融合、深度融合和多元融合，在很大程度上也是创意性思维推动的结果。在产业分立的思维下，人们把关注的焦点更多地放在了各产业的内部；文化产业按照原来的惯性思维来认知和经营自己，把外来旅游者排斥在文化市场之外；旅游产业按照旅游资源本体论来经营旅游产品。创意思维使得文化旅游的产业资源、产业要素、产业运营可以围绕不断变化的需求进行动态组合，从而促进产业的不断创新。从某种意义上来说，创意思维的引入对文化旅游产业来说是一种发展模式的创新，是对传统的产业发展逻辑的颠覆。创意思维使人们用独特的眼光看待事物及事物之间的联系，从关注资源的本体利用转变为关注资源的跨界利用，从关注原有市场转变为关注对方市场，从关注部分转变为关注整体，从而有效地推动了文化产业和旅游产业的融合，使得文化旅游产业在融合中相互推动、相互促进，更具活力。

　　第二，产业发展阶段和程度是关键。文化产业与旅游产业融合是文化产业和旅游产业发展到一定程度的产物，因而文化产业和旅游产业的发展现状和发展阶段对文化旅游产业融合起着关键作用。

　　文化旅游的消费结构是文化产业与旅游产业融合发展的作用因子。从世界文化旅游业发展的经验来看，"购"和"娱"的比例越大，当地的文化旅游产业就发展得越好。文化产业通过创意和技术利用，提升了文化产业的娱乐性，成为对旅游者具有极大吸引力的文化旅游产品。例如，深圳东部华侨城的一系列文化娱乐产品，提升了景区的品位，增强了游客的参与体验性，形成了对游客的巨大吸引力。文化旅游产品的特性决定了其巨大的娱乐价值和购物引力。因此，文化旅游消费结构中"购"和"娱"的消费高低反映着文化旅游业的发展情况。

　　文化旅游发展程度是文化产业与旅游产业融合的影响因素。文化旅游发展程度包括文化旅游产业发展阶段、文化旅游人次、文化旅游收入、文化旅游景区、文化旅游企业数等产业整体环境，其中文化旅游产业发展阶段是主要的作用因子。如果文化旅游产业发展处于初级阶段，当地的文化旅游产品主要停留在简单的观光阶段，则文化产业和旅游产业通过创意进行融合是缺乏动力的。产业整体环境是衡量文化旅游发展程度的重要指标，影响着产业融合的生存空间。如果当地的文化旅游市场活跃、种类丰富，则证明产业融合的生存环境良好。一般文化旅游产业发达的地区，文化旅游产业的融合力或融合程度相对较高，如云南丽江、浙江杭州、四川成都、陕西西安等地区。

文化旅游产业市场化程度的高低对产业融合起着重要作用[①]。文化旅游产业市场化程度越高，对文化旅游者的需求信息掌握得越多，市场化使得旅游产业和文化产业融合的可能性越高。

（二）人才要素层面

人才是一个国家发展的主体，是推动行业、产业发展最重要的因素，其素质的高低、质量的好坏以及数量的多少，对新型城镇化与文化旅游产业融合的形成与发展有直接影响。因此，新型城镇化与文化旅游产业的融合发展要保持鲜活的生命力及可持续发展，必须要有人才的支撑，这是其基础前提及重要保障。新型城镇化与文化旅游产业融合发展，对复合型人才的需求较高，即不仅要具有一定的文化底蕴，同时还要有一定的技术储备，只有这样，在二者融合发展过程中研发出来的产品等才会有深刻的文化内涵，同时又不乏专业性，从而更好地吸引文化旅游者。同时，在人才选择上还必须注重创意人才的引进，产业的融合发展离不开创意，只有好的创意才能开发出好的符合市场需求的产品，从而更好地促进新型城镇化与文化旅游产业的融合发展。此外，还需要专门的新型城镇化方面的人才，这类人才对新型城镇化的了解更深刻、更全面，对其进程与自身特点的把握更准确，可以在二者融合发展过程中给予专业性的意见与建议，并在大方向上指导其前进，从而使得新型城镇化的发展更有地域特色，更具文化内涵，同时又能有效促进文化旅游产业的快速发展，更好地满足社会及市场的需求。总之，高素质的复合型人才是保障新型城镇化与文化旅游产业融合发展的重要基础。因此，在人才的选择上，要注重文化与创意，一定要注重创意人才、文化人才、新型城镇化方面人才的培养与引进。

（三）资本资源层面

哪里有市场，哪里就有资本，因为资本总是受利润驱使的，盈利的行业指引着资本的流向。文化产业本来就是当代的"黄金产业"与"朝阳产业"，其资本流入不断增多。而旅游产业作为成熟的、世界各国发展的重要

---

① 李锋.文化产业与旅游产业的融合与创新发展研究[M].北京：中国环境科学出版社，2014.

支柱产业，无疑吸引着资本的大量投入。文化旅游作为一种新型业态，越来越受到全世界文化旅游爱好者的追捧，在初创期到成长期的过渡阶段，大量相关者进入该产业，资本随之流入，文化旅游服务者也想方设法不断开发新产品来满足人们的需求，同时增强其竞争力与生命力，因而其资本是相对充裕的。此外，国家鼓励推动新型城镇化的发展，无论是在政策上还是在资本上都大力扶持。因此，可以说新型城镇化与文化旅游产业的融合发展是现今资本流向的重要领域。因此，要注意完善投融资渠道，合理分配资本，以充足的资本保障二者的发展，这是促进新型城镇化与文化旅游产业融合的重要因素。

（四）文化旅游资源层面

文化赋予旅游以内涵。文化具有很强的地域性、历史性及民族性特征。在长期的发展过程中，各地区、各民族都积累了有着鲜明的自我特色的文化资源，不仅包括传统的文化资源，也包括现代的文化资源。随着旅游业的发展，体验经济的出现，旅游市场出现了新的需求，产生了文化旅游，从而促使区域丰富的文化资源与旅游产业相融合，形成新的资源要素——文化旅游资源。文化旅游资源为新型城镇化的发展提供了资源基础，一个地区如果有丰富的文化旅游资源，则可以形成规模，出现产业集聚，从而促进新型城镇化的进程，使得新型城镇化的发展具有更多、更深厚的文化内涵，为新型城镇化与文化旅游产业的融合发展提供更好的环境，从而推动其对周边城镇与乡村的辐射带动作用。

（五）产业融合创新层面

创新是从新思想的产生到产品设计、生产、销售等一系列活动，是知识的创造、转换和应用的过程，既包括产品创新、技术创新、管理创新、组织创新，也包括服务创新、文化创新等。而文化旅游产业融合创新具有其自身的复杂性，它不是人们通常所理解的"研究—开发—生产—营销"这样一种线性模式，而是各个部门相互渗透、相互影响、相互作用的结果，体现出一种非线性的特点。本书依据文化旅游产业融合创新的复杂性和规律，以及构成要素的功能特征、作用形式，将创新要素分为创新主体要素、创新环境要素、文化旅游资源要素三部分，并构建出文化旅游产业融合创新体系基本框架，如图2-3所示。

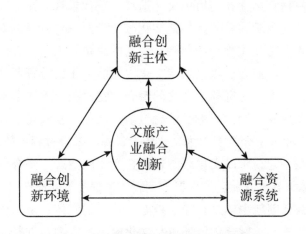

图 2-3　文化旅游产业融合创新体系基本框架

1. 创新主体

文化旅游产业融合创新的主体是指具有社会实体结构、直接承担创新功能的实体性创新要素，包括文化企业、旅游企业、民众、政府、中介组织、高校及科研机构七个要素。

2. 创新环境

创新环境是指与文化旅游产业融合创新活动相关的各种政治、经济、自然、社会以及其支持产业和机构的发展状况等诸多方面因素相互交织、相互作用而形成的有机整体，是创新主体进行创新的一切外部条件的总和。创新环境本身不能融合创新文化旅游产品，但是缺少了创新环境的支撑，创新活动也很难开展。因此，创新环境是文化旅游产业融合创新体系运行的必不可少的因素。创新环境对创新主体和创新活动起服务和支撑作用。

创新环境分为硬环境和软环境。硬环境是指具有社会实体结构、支持创新活动而不具有直接创新功能的实体性创新要素，如信息、知识、资金、人才、技术等有效流动所必需的金融机构、人才教育培训机构、基础设施、技术支持平台、图书资料、信息平台及其他服务系统等。软环境是指不具有社会实体结构、支持创新活动而不具有直接创新功能的非实体性环境要素，如市场环境、文化氛围、文化活力、政策法规、创新投入、教育基础、文化意识等。

3. 资源系统

本书中，文化旅游资源是指对文化旅游者具有吸引力的，具有旅游价值的资源，包括自然存在、历史文化遗产、现代景观、无形的文化及旅游服务条件等。资源所承载的文化是文化旅游产业融合创新的对象。文化旅游资源禀赋并不是文化旅游产业融合创新的决定性因素，却是创新活动的载体和基础之一。拥有优越、独特文化内涵的文化旅游资源往往更能激起人们的联想、创意，更有利于文化的融合，它对融合主体参与创新活动的积极性与主动性有一定的影响，使融合活动比较容易获得成功。另外，政府、民众、企业、中介组织因为文化旅游资源在融合过程中的保护、开发、利用而联结在一起，所以文化旅游资源是文化旅游产生融合创新体系中的一个重要因素，在文化旅游产业融合创新体系中起基础性作用。

总之，融合创新主体是直接承担融合功能的实体，是文化旅游产业融合创新体系的核心；融合创新环境是文化旅游产业融合创新体系的外在空间，是文化旅游产生融合的"母质"；文化旅游资源系统既是融合的对象，又对融合主体的融合创新活动具有反作用。

二、需求要素分析

文化旅游产品的需求是旅游产业与文化产业融合的根本原因[①]。融合性文化旅游产品有别于"走马观花"式的旅游产品，文化旅游者需要从原来的观光旅游者转变为文化体验者，获得独特的文化体验，这是旅游者参与融合性文化旅游活动的最大主观诉求。市场需求分析主要面对消费者，可以通过分析文化旅游者的特征来确定其作用因子。

（一）旅游者的需求趋势

旅游者的需求趋势对于任何旅游产品来说都是很重要的。如果产品属于发展趋势之中，则产品更容易兴盛；如果产品属于发展趋势之外，产品的兴盛就需要更多的努力。未来旅游产品注重创意、表现手法及追求高品位，科教旅游、休闲娱乐型旅游、体验型旅游、特种旅游是未来旅业发展的新趋势。这些需求趋势表明融合性文化旅游产品的发展潜力巨大，也就是说，旅游产业与文化产业融合的潜力很大。

（二）文化消费的结构变化

文化消费是指人们根据自己的主观意愿，选择文化产品和服务来满足精

---

① 汪艳，程鹏，方微.新型城市化下旅游与文化产业融合研究[M].南京：河海大学出版社，2019.

神需要的消费活动。文化消费的基本特征体现在两个方面：一方面，它所满足的是消费主体的精神需要，即使主体感到愉悦、满足；另一方面，它满足主体需要的对象主要是精神文化产品或精神文化活动，如美丽的风景和感人的艺术品。但文化消费者还需要通过接受教育、培训等使自身的人力资本增值，这也正是文化消费非物质一面的体现。在知识经济条件下，文化消费被赋予了新的内涵。

随着人们收入水平和人文素养的提高，文化产品消费者数量越多，消费层次越高，旅游产业与文化产业融合发展的空间就越大，这一点和旅游者的需求趋势作用类似。文化产品的消费群体具有明显特征：一是追求个性和时尚；二是具有较高的艺术鉴赏力；三是年轻人显示出强劲购买力。文化产品消费群体本身就是创意爱好者，必然对新奇、个性的创意性文化旅游方式感兴趣。因此，文化产品消费者数量和特征影响着文化产业与旅游产业的融合发展。

（三）当地人员流量

当地人员流量包括当地常住人口、国内旅游者和境外旅游者三部分。一个地区的文化产业、旅游产业和文化旅游产业是相互关联的，文化产业、旅游产业和文化旅游产业发达的地区往往是文化氛围浓郁、人气旺盛且比较时尚的地方，这有助于人们产生灵感和创意。同时，旅游地人流越密集，为旅游产业与文化产业通过创意实现融合提供的市场空间越大。国内旅游者和境外旅游者将形成一个具有巨大潜力的旅游消费市场，同时本城居民也是一个不可小觑的市场，而且本城居民对区域内的旅游项目的消费次数更多。因此，当地人员流量积极地影响着文化旅游产品的消费。

三、知识要素分析

所谓知识的扩散，指知识创造或者知识重构中所产生的新知识，它往往会引发更大范围内的组织学习和变化。过去由于产业间交流互动较少，知识的扩散往往在产业内进行，随着产业的发展、技术的进步、信息时代的到来及其进程的不断加快，出现了知识的跨产业扩散。换言之，产业融合实际上就是产业与产业之间知识的扩散，跨产业的知识运用就是其突出表现，而产业间知识基因的不断交叉、渗透、融合，导致了产业融合的出现与发展。

新型城镇化表现出新的特征与属性，而随着国家政策的引导及对公众的宣传，使得新型城镇化的相关概念及要求得以扩散，让更多的人了解到何谓新型城镇化。同时，文化旅游产业所具备的知识要素与知识体不仅适用于其本身的发展，也与新型城镇化的发展相适用，而新型城镇化也同样具备文化旅游产业发展所需的一些知识要素与知识体，即新型城镇化与文化旅游产业知识要素与知识体能够相互适用，对两个产业都有使用价值，因而新型城镇化与文化旅游产业融合出现新的供给，推动了两个产业间知识的扩散，同时又反作用于两者的融合发展。此外，随着市场竞争的不断增强，知识不断扩散。无论是新型城镇化的发展，还是文化旅游产业的发展，都力图拥有更多的知识要素与资源，从而在产业发展中拥有竞争的相对优势。随着新型城镇化、文化旅游产业的发展，人们受教育程度的不断提高，出现了对物质精神文化更高的需求，同时人们也意识到新型城镇化的新特征，因而不再像过去那样盲目追求城镇人口数量的增加，也不再是粗略地进行观光旅游，文化内涵、以人为本便成了更多人解读的方向。知识的不断扩散使得新型城镇化与文化旅游产业融合发展成为必然，从而出现新的供给与需求。

四、环境要素分析

文化产业与旅游产业的融合是在一定的环境中进行的，环境也是文化旅游产业融合的土壤，决定了产业融合的发展态势。

（一）宏观环境

宏观环境，即支持文化产业与旅游产业融合发展的客观大环境，是社会、经济、文化与自然环境的统一，也是旅游产业与文化产业融合发展的基础性条件。宏观环境对文化旅游吸引力的塑造具有很强的辅助作用；对旅游产业与文化产业融合的产生与发展也具有推动或制约作用；同时，对旅游产业和文化产业部门的决策行为和融合性文化旅游活动质量产生深刻影响，直接影响旅游产业与文化产业融合的健康发展。

（二）区域文化环境

文化环境包括两层意思：一是作为旅游者的无形吸引物，即指吸引文化旅游者的文化氛围，包括文化形象、文化情境和文化空间；二是作为推动旅游产业—文化产业融合所需要的文化氛围[①]。文化环境对于一个旅游地

---

① 张彦辉，李伟，喻珊. 河北曲阳石雕文化生态研究 [M]. 保定：河北大学出版社，2014.

来说是至关重要的，尤其是对于融合性文化旅游份额较大的旅游地，积极、独特、创新的旅游风貌往往使得旅游者感觉耳目一新且富有激情，对旅游地留下积极印象，进而流连忘返。对于旅游产业与文化产业的融合，最重要的是旅游环境是否是包容型旅游地。融合性的文化旅游项目，尤其是那些规模较大的融合性文化旅游项目，如横店影视城、东部华侨城等落地后，社会就业结构必然受到影响，个人的平衡、社会生活和制度的稳定性以及传统价值都会受到冲击，而这种冲击和变化要求人们能够去适应，使旅游的发展和人们的愉悦程度进入一个良性循环。宽松愉悦型旅游目的地的构建能提高社区居民的幸福度，利于创新的产生，这对旅游产业与文化产业的融合是十分重要的，因为两者融合形成的文化旅游产品的最大特点就是"文化创意"，整个社区融合能力的提高不仅会使此类旅游产品的消费量提高，也会使此类产品涌现更多。

（三）消费社会环境

文化旅游的社会特性决定了文化旅游消费活动是一个社会运动的过程。文化旅游产业存在产品性与艺术性、意识性的矛盾，经济效益与社会效益的矛盾；文化管理存在市场机制作用与政府规制、管理和调节的矛盾；文化旅游消费存在社会价值取向、民族风俗习惯、消费空间时间与个人需求的矛盾。我国目前文化旅游消费经济政策不到位，消费法制体系不健全，消费管理体制不顺畅，消费管理不善，文化旅游市场秩序不规范，文化旅游基础设施、消费信息安全等宏观消费环境需要根本提升。

五、制度要素分析

制度障碍主要包括产业政策管制、产业管理管制和市场垄断结构。我国文化产业、旅游产业的管理体制一直以来都是条块分割与行业壁垒并存的体制，各产业和行业出于各自管理目标的需要形成了各自的政策和制度规定，如风景名胜区属于建设部，文物景点属于文物保护部门，各商业接待单位隶属于各行各业，它们在纵向体制上必须遵循上级管理部门的管制，但在横向关系上又共同构成服务中的不同模块。由于各自所处市场的竞争与垄断的程度不同，其他产业企业要素进入时面临不同的制度障碍，不利于融合的推进。例如，以携程为代表的网络企业在融合旅行社业务中就遇到了部分旅行社的抵制和进入的审批障碍，其中既涉及原有管制规定的存废问题，也涉及对融合以后政策管制的调整问题；再比如，体育产业与旅游产业的融合中就遇到了体育产业严格管制的制度障碍。如果不变革这些政策与管制，就难以推进文化旅游产业融合的进程，从而错失提升文化旅游产业竞争力的大好机会。

第三节　文化产业与旅游产业融合发展的动力机制

文化产业与旅游产业的融合是其产业系统的内部动力和外部推力两方面共同作用的结果，在这两方面的共同作用下，文化产业与旅游产业的产业结构不断合理化、高级化，从而推动两大产业的发展和进步，进而实现两者融合的最终目的。

一、文化产业与旅游产业融合的内部动力

（一）产业关联性强

文化产业与旅游产业具有高强度的产业关联性。一方面，文化产业具有较强的产业渗透度和关联度，随着体验经济的兴起，几乎任何产业对文化的需求都与日俱增，它能够直接或者间接地带动旅游业、信息业、制造业等相关联动产业的发展；另一方面，旅游产业本身也是一个关联度极强的产业，旅游产业不仅包括饮食、住宿、交通、游览、购物、娱乐等与之相关的基础产业，还包括通信、服务、金融保险以及其他与之有着密切联系的产业。可以说旅游产业的发展依托其他产业和部门的支持，但同时也为其他产业和部门的发展提供动力和市场。

一般来说，产业间的关联性与彼此之间的资源利用率是成正比的，关联性越强则彼此之间的资源利用率越高，反之亦然。其实在旅游产业发展的过程中，旅游产业生产销售文化产品以及旅游者购买享受文化的过程都属于文化产业，特别是旅游产品的生产和消费更是牢牢地建立在文化产业之上；反过来，在文化产业发展的过程中，那些主要生产文化旅游产品以及为旅游者提供游览鉴赏文化旅游产品的文化企业，又在一定程度上扮演了旅游的角色，发挥着旅游的作用。因此，与旅游业相关的文化产业是否发达直接影响旅游产业的兴衰，而与文化相关的旅游产品的开发是否得当，又直接关系到文化产业的发展，二者是相辅相成、一损俱损、一荣俱荣的关系。

由此可见，文化是旅游业的灵魂，在旅游产业中加入文化的元素，能够使旅游产业具有更大的文化价值，从而产生更大的利润空间；而旅游是

文化的载体，文化产业可以利用旅游产业这个平台来发展，从而扩大文化产业的发展前景。正是这两个产业之间高强度的产业关联性，为两者的融合提供了内部动力，只有把文化产业与旅游产业完美地融合起来构建成互为一体的产业体系，才能更大地发挥两者的优势，形成双赢的局面。

（二）产业边界模糊

文化产业和旅游产业这两个产业的边界都是比较模糊的，都极具开放性和延展性，并且都包含了很多行业和内容。其中，旅游产业就是一个以旅游活动为中心为旅游者提供直接或间接服务的行业，而文化产业则是一个提供文化产品和文化服务的行业。从表面上看，两者似乎没有关联，但是在现实生活中，两者产业边界的模糊性使得这两个产业之间更加容易发生交叉、渗透、融合。例如，在文化产业中那些专门为旅游者提供影像图书、文化产品的企业发挥着旅游的作用；而旅游产业中又有一些企业以文化资源作为旅游景点来促进文化产业的发展，其实这些在本质上都是文化产业。由此可见，正是这两个产业的边界模糊促进了两者的融合发展，并逐渐形成新的产业、新的增长点。

（三）旅游资源观的改变

在过去人们的固有观念中，旅游资源就是优美的自然景观，对旅游资源的开发大多局限于山水名胜间。这种观念限制了旅游资源的范围，也局限了旅游资源的开发思路和范围。随着时代的发展和人们观念的转变，人们对旅游资源也有了新的认识。现在人们认为只要是对旅游者构成吸引力和对旅游经营者具有价值的自然事物、文化事物和社会事物等都可以被称为旅游资源。在新时代经济下，人们更加需要精神上的满足和享受，而文化产业作为一个处于价值链高端的产业，以其独特的信息、知识、理念等对旅游者产生了巨大的吸引力。把文化产业融入旅游产业中，可以拓宽旅游资源的范围，如由文化产业衍生出来的主题公园、文化产业园、音乐节、影视基地、动漫乐园等都吸引了大量游客，满足了旅游者精神上的追求。由此可见，正是人们旅游资源观的改变，促使了文化产业与旅游产业的融合发展。

（四）消费需求的提升

根据马斯洛的需求层次理论，文化产品消费就是高层次的消费。随着体验经济的兴起，人们在满足身体生理需求之后，越来越注重精神上的享受，对文化的需求也越来越高，旅游业只有不断地调整自身的产品和服务，才能满足旅游者日益增长的需求。但是，旅游目的地本身存在空间上的局限性，因此往往不能满足旅游者希望在旅游中陶冶情操、增长知识、体验生活的复合需求。

文化产业与旅游产业的融合正是为了适应人类不断提高的旅游需求而产生的，旅游业应该汲取发达国家和地区的成功经验，同步提升两大产业的品质。一方面，为了满足旅游者更高层次的精神和消费需求，旅游业要不断丰富和拓展自己的文化内涵，提高整体素质；另一方面，文化产业要借助旅游市场的力量传播文化，从而推动整个文化产业不断向前发展。只有这样才能满足旅游者的多样化需求，扩大市场空间，从内部推动文化产业和旅游产业融合发展。

二、文化产业与旅游产业融合的外部推力

文化产业与旅游产业的融合除了要有内部的动力，还必须要有外部的推力。英国学者凯万·斯科尔斯（Kevan Scholes）和格里·约翰逊（Gerry Johnson）在他们的著作《公司战略教程》中提出了 PEST 分析法，该方法是战略咨询顾问用来帮助企业检阅其外部宏观环境的一种方法，本节将借鉴这种方法对文化产业与旅游产业融合的外部推力进行分析。不同行业和企业根据自身特点和经营需要，对宏观环境因素分析的具体内容会有差异，但一般都从政治（political）、经济（economic）、社会（social）、技术（technological）这四个影响企业的主要外部因素进行分析。下面就从政策支持、经济推动、社会发展、技术创新这四个方面对文化产业与旅游产业融合发展进行分析。

（一）政策支持

近年来，国家为了更好地支持文化产业与旅游产业的发展出台了一系列政策文件，加大了支持力度，为两大产业的融合发展营造了一个良好的外部环境。

文化产业的繁荣发展作为整体社会文化发展的载体，是社会经济发展的重要支撑。因此，加快文化产业的发展有着重大意义。2002 年，党的十六大首次提出了积极发展文化事业和文化产业，做出了深入推进文化体制改革、进行文化产业战略部署的决定；中共中央、国务院在《关于深化文化体制改革的若干意见》中指出文化产业在综合国力竞争中的地位和作用越来越突出，要从全面落实科学发展观的角度深化文化体制改革；中共中

央办公厅、国务院办公厅印发的《国家"十一五"时期文化发展规划纲要》中对进一步加快文化建设、推动文化体制改革做出了部署，推动了文化与经济、政治、社会的协调发展；2009年，国务院常务会议审议通过了《文化产业振兴规划》，这是我国第一部文化产业专项规划，它的通过标志着文化产业已上升为国家战略性产业。

旅游产业是我国国民经济的重要组成部分，加大对旅游业发展的支持，是经济社会发展的客观要求。国务院发布的《关于进一步加快旅游业发展的通知》中对加快旅游业的发展提出了一系列政策措施；国务院印发的《关于加快发展旅游业的意见》立足于当前、着眼于长远，从"大旅游"的战略角度对未来旅游业发展的主要任务进行了阐述，提出了一系列促进旅游业又好又快发展的具体政策措施，从国家战略决策高度对旅游业的发展进行了战略部署。

国家在对文化产业与旅游产业分别做出了一系列政策支持的同时，也对文化产业与旅游产业的融合发展加大了政策支持力度，出台了一系列发展政策和规划。文化部、国家旅游局在发布的《关于促进文化与旅游结合发展的指导意见》中提出了打造文化旅游系列活动品牌、利用非物质文化遗产资源优势开发文化旅游产品、加强文化旅游产品的市场推广等十项推进文化与旅游结合发展的主要措施；《中共中央关于深化文化体制改革推动社会主义文化大发展大繁荣若干重大问题的决定》提出了要正确认识文化与旅游的关系，要积极推动文化产业与旅游产业的融合，要大力发展文化旅游产业，利用旅游产业来带动文化消费，对两大产业的融合发展提出了新的要求；为深入贯彻落实党的十七届六中全会精神，国家旅游局发布了《关于进一步加快发展旅游业促进社会主义文化大发展大繁荣的指导意见》，明确指出只有大力发展旅游产业，使其成为国民经济的支柱产业和人民满意的服务业，才能为社会主义文化发展做出贡献。

以上一系列政策文件都表明党和政府对文化产业与旅游产业融合持积极、支持的态度，并为文化产业与旅游产业的融合发展提供了政策性的支持和导向。

（二）经济推动

当今世界，经济与旅游、文化相互交融的趋势日益明显，为文化产业与旅游产业的发展奠定了良好的经济基础。根据国际休闲与旅游发展的一般规律，当一个国家的人均GDP超过3000美元时，这个国家就将全面进入休闲消费、旅游消费时期。我国在 2010 年就全面进入了休闲消费时期，在这个时期内，人们对旅游产品的追求越来越多样化、精神化、体验化，单一的旅游产品已经难以满足旅游者的需求。在这种情况下，旅游业只有依靠文化资源，与文化产业融合发展，通过引入文化元素来提高自身魅力，才能找到新的出路，从而满足旅游者日益增长的需求。因此，经济的发展在一定程度上对文化产业与旅游产业的融合发展起到了推动作用。

随着我国经济的发展，文化产业与旅游产业的投融资环境与制度不断完善，到目前为止已经有多家文化企业和旅游企业通过发行股票募集资金，成功上市。与此同时，各地政府对文化企业和旅游企业设立专门的扶持发展基金；信用社、银行等金融机构也出台了一系列优惠措施来支持文化企业和旅游企业的发展，如降低贷款利息、加大授信力度等。

（三）社会发展

在文化产业与旅游产业的融合运作中，社会发展是主要的传导机制。在旅游产业发展初期，由于缺乏科学的指导思想，存在规划不合理、旅游资源开发过度、环境保护措施不力等一系列问题，造成了资源浪费、环境破坏等不良后果。在此背景下，党中央提出了科学发展观的理念，即"坚持以人为本，树立全面、协调、可持续的发展观，促进经济社会和人的全面发展"，着力建设资源节约型和环境保护型的"两型"社会。以前以资源浪费、生态环境破坏为代价，片面追求 GDP 增长的粗放式发展模式已经不能适应现代旅游业的发展，而应转向以资源节约、生态保护为原则，追求全面发展的集约型发展模式。在这种社会环境中，旅游产业也需要创新发展模式。文化产业是一种富含理念、思想、文化、创意等的服务型产业，随着经济水平的提高，人们不再担心物质的匮乏，而更加关心娱乐的享受和精神的追求，这无疑使文化产品对旅游者产生了无限的吸引力，同时也为旅游产业的发展提供了方向。在旅游中引入文化元素，提升旅游产品的文化内涵，开创了文化产业与旅游产业融合发展的新局面。

（四）技术创新

产业间发生融合的前提是技术的创新与融合，通过技术的渗透融合，原本不同的产业融合发展，从而形成一个新型的产业。在经济全球化的大背景下，传播速度与日俱增，应用范围显著扩大，融合程度不断加深。具体到文化产业和旅游产业中，我们可以发现高新技术正助推着两大产业渗透融合，把文化产业的技术创新融入旅游业中可以提高旅游业的科技含量，把旅游产业的技术创新融入文化产业后又可以创造全新的文化产业。因此，不管是信息技术的进步，还是交通技术和其他技术的发展，都为文化产业与旅游产业的融合提供了很好的条件。可以说，正是现代科技的不断发展和创新为文化产业与旅游产业的融合搭建了一个平台，使得两者的融合范围不断扩大，形成了全新的文化旅游业态，是两者融合的重要外在推力。

综合上述情况，我们不难发现，正是有这些政策方针、经济基础、社会发展趋势及技术支持等方面作为外部推力，才使得文化产业与旅游产业得以融合发展。

三、文化产业与旅游产业融合发展的相互推动力

（一）文化产业与旅游产业融合互动效应分析

融合互动是产业集成的一种有效形式，有助于在产业边缘地带激发出全新的产品，形成互生共赢的多重效应。旅游产业与文化产业可以相互依赖、相互促进、共同发展。因此，在融合发展过程中，旅游产业扩展了文化产业的发展空间，文化产业拓展了旅游产业的内涵和外延。首先，依托旅游开发挖掘文化，通过旅游这一载体传承、弘扬文化；其次，依托文化资源提升旅游文化内涵，加快旅游业的发展。最重要的是，通过旅游产业与文化产业的融合互动，可以实现文化的附加值，达到两大产业经济效益"双赢"的目的。实际上，两大产业的融合互动能够充分彰显区域文化，从而实现区域经济的最佳效应。

1. 旅游产业扩展文化产业的发展空间

文化产业依托旅游市场，以自己的独特方式和途径逐渐发展，旅游在这一过程中充当了显而易见的载体的作用[①]。文化通过旅游产业让更多的人对其有所认识和理解，由此促进文化的发掘与传承，实现文化资源的保值、增值甚至创新。因此，旅游是文化发展的强大推力。游客对传统文化的好奇心是旅游中挖掘文化资源的关键因素。要满足旅游者的需求，就得注重传统文化的传承与保护，让旅游者更清楚地认识到传统文化的延续与复兴的关键性，从而增强文化保护意识，推动文化体制的不断完善。

一个产业的发展需要以大规模的客源市场为支撑，而旅游业的最大优

---

① 辛欣. 文化产业与旅游产业融合研究：机理、路径与模式 [D]. 郑州：河南大学，2013.

势是具有庞大的客源市场。由于大部分旅游者的消费需求意向是异地的差异文化，这就促使旅游产业为文化产业提供观众，逐渐扩展文化产业的发展空间。目前，国内不少地区都在打造面向旅游业的文化演艺项目，如上海的"ERA—时空之旅"，而且通过旅行社的途径进行销售，打破了传统的营销模式，保障了一定的客源及收入，无限扩展了文化产品销售的市场空间。同时，文化产业通过旅游走向更大的平台，向市场化、规模化、精品化方向发展，充分实现了文化的经济效应。从目前来看，旅游市场的庞大消费群体是拉动文化产业发展的关键力量。

2. 文化产业拓展旅游产业的内涵和外延

旅游产业与文化产业是相互依赖、相互促进、共同发展的，两者密不可分。从旅游产业的角度看，蕴含文化因素的旅游产品与其他旅游产品有所不同，其更有吸引力，也更有市场竞争力。可见，旅游产业依托文化产业，不断优化升级旅游产品，满足旅游产业的多样化、个性化的市场需求，拓展了旅游产业的内涵与外延。

一方面，在旅游产业中注入文化，以文化的创新打造旅游文化产品，使静态的文化资源成为动态的文化旅游产品，从而延续了旅游产品的生命周期。文化的创新设计与文化资源的动态展示，提高了资源产品的吸引力，提高了旅游效益。最明显的是，文化的引入提升了旅游产业的文化内涵，文化产业的介入不断扩展旅游产业的外延。

另一方面，旅游产业具有明显的季节性，而且经常受气候的影响。这是困扰旅游产业发展的一个突出问题。在这种情况下，可以通过文化产业产品的介入解决此问题。文化是旅游的灵魂，能提升旅游的层次，关键是可以使旅游走内涵式发展道路。只有在文化与旅游产业融合发展上寻找突破口，将提升文化内涵贯穿旅游发展的全过程，才能改变游客走马观花式的传统观光旅游模式，促进旅游产业提质升级，从而实现门票经济向旅游目的地建设的转变，增强旅游地的核心竞争能力。

（二）文化产业与旅游产业融合发展的相互推动力

旅游和文化如同人的身体和灵魂，没有文化的旅游，失去了灵魂魅力，而没有旅游的文化，则失去了发展形态和活力。旅游产业和文化产业在本质上都具有经济性和文化性，在实际发展中，它们也密切关联、相互促进。总体而言，旅游产业对文化产业的发展具有引导和扩散作用，文化产业对旅游产业的发展则具有渗透和提升作用。

1. 旅游产业对文化产业具有引导和扩散作用

通过旅游的引导和扩散作用，区域文化通过旅游的形式得以彰显，以游客作为载体与外地文化进行交流和传播扩散；旅游的发展为文化资源的整合开发提供指导思路和依附载体，可充分挖掘和整合区域文化资源，促进区域文化产业结构体系不断形成并逐步完善，进一步促进其规模化与市场化，还可以促进民族文化和历史遗产的延续与弘扬，实现文化保护与开发的良性互动。

2. 旅游产业能促进文化资源的开发、保护与交流

文化资源的历史性、时代性、无形性和脆弱性等特点，注定了其发展的艰难性，需要外在的辅助条件。无形的历史文化和有形的文物遗迹很容易遭到现代文明的冲击而失去其原有的光芒，也容易受到自然环境的侵蚀而残缺不全、光辉不再。此外，随着时代的发展其价值也会不断地被忽视和淡化。面对文化保护和发展这个严峻的问题，政府出台了一系列保障文化发展的相关政策，并从财政上加大对文化开发与保护的投入，呼吁社会公众提高文化保护意识并参与其中。但是，财政投入的资金相对有限，对社会公众的调动作用也有限，不能完全满足实际需要，文化资源的开发与保护仍是文化产业发展的瓶颈。我国在漫长的历史长河中积累了丰厚的文化资源，其历史悠久、种类多样、内容丰富、独具特色，具有强大的吸引力。在当今旅游兴盛的时代，将文化资源开发打造成符合现代市场需要的旅游产品，具有巨大的经济价值。随着旅游产业的发展，文化资源的开发利用能带来可观的经济收入与较高的社会关注度，能为文化资源的保护提供充足的资金支持与社会重视。因此，旅游产业的快速发展可以解决我国文化保护与发展面临的严峻问题。

旅游是世界性的，每个地方都拥有不同的背景文化和地域文化，具有不同文化背景的游客在旅游中相互交流与沟通，促进了地区间文化的交流、传播与发展。各种博览会、展览会、学术交流会、景区体育比赛、主题公园等都是旅游与文化融合发展的表现形式。因此，旅游是无形文化的载体，为世界各地文化的交流与传播提供了途径。

3. 旅游产业扩大了文化产业的市场空间，增加了文化产品的销售量

旅游产业是世界性的大产业，每年全世界的游客高达几十亿人次，市场巨大。随着大众旅游的普及化发展，近些年来，旅游市场得到进一步扩大。旅游业涉及面非常广泛，与十多个产业相关联，其发展横跨三大产业，

与第一和第二产业融合形成的产业形态相对较少，包括农业观光旅游和工业旅游等产业形态；与第三产业中其他服务业的融合是最普遍的，形成了教育旅游、体育旅游、医疗旅游、节庆旅游、会展旅游、商务旅游、文化创意旅游、影视旅游等众多复合产业形态。旅游产业市场广阔，借助文化产业与旅游产业的融合发展，文化产品逐步进入旅游产业市场，随着不断的融合发展，其市场空间得到了空前扩展。例如，深圳华侨城集团创造了我国文化创意产业的经典，其欢乐谷、锦绣中华、世界之窗和中华民俗村四个旅游景区充分运用现代休闲理念和高新技术手段，创造性地将国际国内文化元素融入特定的旅游景区内，以满足人们参与、体验时尚旅游的需求和追求异域文化的好奇心。华侨城的各个旅游景区都有不同的文化内涵和定位，分别能满足不同年龄群体的需求，成功跨入旅游产业的市场范围。将旅游产业"文化化"，引领文化旅游经济的潮流，构筑更加完整的文化旅游产业链，开发更多具有创意性的文化旅游产品，拓展更广阔的市场空间，是其努力的主要方向。

第四节　价值链视角下旅游产业与文化产业的融合分析

一、价值链

"价值链"（value chain）的概念最先是由迈克尔·波特（Michael E. Porter）提出的，这一概念最早出现在其著名代表作《竞争优势》中。他认为，"每一个企业都是在设计、生产、营销、发送及辅助其产品的过程中进行种种活动的集合体，所有这些活动可以用一个价值链来表明"。企业的最终目的就是创造价值，获取最大的经济利益。因此，企业的每项生产经营活动都是创造价值的经济活动。为了达到这一目的，企业需要开展一系列主要生产活动，包括设计、生产、营销等，以及开展对产品起辅助作用的各种活动。波特把这些活动分成了两类，即基本增值活动和辅助性增值活动，如图2-4所示。

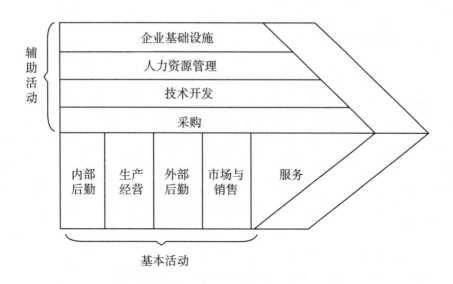

图 2-4　基本增值活动与辅助性增值活动

　　这些经济活动运动的过程就是创造价值的过程，即价值链。需要注意的是，各项生产活动要想成为价值创造环节，就必须使产品（服务）满足消费者需求，这时"价值链"才能真正形成。格拉斯和赛琪（Glass and Saggi）指出价值链是由一系列连续活动构成的，是从原材料到最终产品的一系列转换过程。同时，他们还认为价值链是由不同经济环节通过协作共同实现的，企业的发展不只是增加价值，还要创造新价值。

　　当然，波特在研究价值链的过程中只是从微观的角度来探究的，忽视了通过市场的运作来实现外部资源的整合。因此，波特的价值理论只适用于企业的内部运作，故而也称之为企业价值链。这种理论观点其实是非常传统的，事实上，价值链蕴含在由诸多价值链构成的价值体系中，而不仅仅存在于企业内部。目前，可以从两个层面来分析价值链：第一个层面，企业内部各业务单元之间所形成的企业价值链；第二个层面，产业内存在上、下游关联的企业之间形成的产业价值链。

　　波特的价值链理论在各国企业发展的过程中都得到了充分应用，但随着社会经济和科学技术的发展，其局限性越来越明显。由于这一理论是基于传统制造业而提出的，较为偏重以某一个企业作为对象进行企业内部价值活动研究，因而难以通过有效整合外部资源创造新价值。针对这一情况，很多学者开始对价值链理论进行新的探究，希望从不同的角度对价值链理论进行拓展和完善。

二、产业价值链

从产业视角对企业价值链进行研究是指将价值链的方法应用到产业层次上进行分析，是价值链理论在产业组织中的推广和应用。产业价值链不是随意组合的，而是为了满足消费者的某种需要，以技术、工艺、文化或模式等为核心价值而整合起来的关联体。产业链是在产业分工的基础上形成的一种横向的或纵向的协作关系，产业价值链则是产业链上各个企业通过一定的价值通道而形成的价值活动链，每个企业的价值链都是产业价值链的组成部分。产业价值链反映产业价值的发展方向，并以"创造价值"为最终目标。

产业价值链具有以下两个方面的属性：

第一，结构属性。它是指产业价值链在产品的"生产—流通—消费"过程中所涉及的各个环节、组织所构成的链式结构。

第二，价值属性。它是指产业价值链在产业链上、下游进行价值交换，上游环节向下游环节输送产品和服务，下游环节向上游环节反馈信息。

产业价值链大体可以划分为三个环节，即原材料生产与供应、中间产品生产、最终产品生产。三个环节之间互相联系，密不可分。这些环节又可以进一步划分为研发、采购、运营、销售、服务等活动。每个环节的互动都直接影响产业价值，但并不是每个环节都能创造价值。一般来说，真正创造价值的环节只有那么特定的几个，它们不仅是产业价值链上的"战略环节"，也是产业的利润所在。

三、旅游产业价值链

目前，学界是从"供给"的角度对产业进行定义的，生产相同产品或者提供相同服务的企业共同构成了产业；从"需求"的角度对旅游产业进行定义，"凡是生产或提供满足旅游消费者在旅游过程中所需要的食、住、行、游、购、娱等方面的产品和劳务的部门或企业的集合就为旅游产业"。从这个定义中，我们可以看出旅游产业价值链与传统产业价值链存在很大的区别，它是以旅游者为核心来提供旅游产品的。

旅游产业价值链是旅游产业上、下游企业承担不同的价值创造职能共同向最终消费者提供服务（产品）时形成的分工合作关系[①]。旅游产业价值链是产品从供应到消费的过程，是产品供应商向旅游消费者传递产品价值的过程。当然，在产品供应的时候必然会有产品中间商的参与。整个旅游产品供应的流程形成了一个紧密联系的价值链条。一方面，价值链条体现出"供给—需求"的关系，产业内的企业各自承担着创造价值的职能；另一方面，价值链条体现了旅游产业内部企业之间的分工合作关系。但不论是哪种关系，都是把消费者的需求放在首位的，满足消费者的需求才是价值链条存在的最大意义。因此，旅游产业价值链是为了满足旅游者旅游过程中的各种需求而形成的，是以旅行社为中心，同时由旅游景区、旅游交通、旅游餐饮、宾馆酒店、旅游娱乐、旅游商品等环节链接构成的，如图2-5所示。

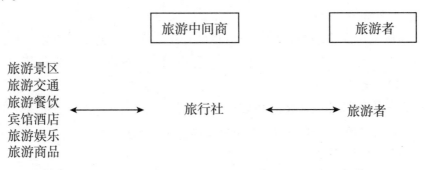

图2-5　旅游产业价值链

需要特别注意的是，一般产业的产业链是一种纵向加工链，是通过纵向增值产品的价值而形成的产业价值链；而旅游产业的产业链是一种横向的关系，是由食、住、行、游、购、娱等环节构成的组合产品，以满足旅游者的需求为最终目的，通过有效组织旅游活动而实现整体增值。

四、文化产业价值链

文化产业主要是通过对文化资源的开发利用来实现文化产品的价值增值的，主要包括创意策划、制作生产、文化传播、文化消费四个环节，如图2-6所示。

---

① 王莹. 乡村旅游公共服务市场化供给研究 [M]. 杭州：浙江工商大学出版社，2016.

图 2-6　文化产业价值链

（一）创意策划

创意策划是文化产业价值链的初始环节。在这一环节，创意初步形成，如建筑设计、舞蹈创作、摄影和绘画的形象创作等都是通过巧妙地构思、设计研发出来的具有文化内涵的作品。这些作品新颖奇特，具有原创价值，也只有这种新颖、奇特、具有价值的作品才能使后续的产品开发成为可能。因此，创意成为文化产业价值链的核心环节。

（二）制作生产

制作生产是将那些新颖、奇特并具有开发价值的创意和设计，通过制作、加工、生产，形成实体文化产品，如电影、电视剧、游戏软件等。

（三）文化传播

文化传播指各种文化产品通过各类媒体渠道传播给广大消费者，如电视、广播、网络、报纸刊物、网络运营商、演出经营场所等。

（四）文化消费

文化消费是文化产业价值链的最终决定环节，可以对整个价值链的情况进行反馈。消费者根据自己的需求购买各类文化产品，实现各种形式的文化消费。

文化产业价值链的增值过程可以用"微笑曲线"描绘，如图 2-7 所示。从图中可以看出，处于上游且附加值较高的是创意策划，它是整个文化产业价值链的核心，创造的利润比较高；制作生产环节创造的附加值相对较低；处于下游的文化传播、文化消费附加值极高，在此基础上可能会出现衍生产品。

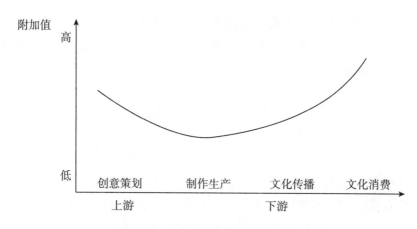

图 2-7　文化产业价值链的增值过程

五、产业价值链的模块化

亚当·斯密（Adam Smith）将"模块化"原理应用到制作扣针的过程中，但这是一种古典、原始的模块化，现代意义上的模块化起源于电子计算机制造业。过去计算机是一个不可分割的整体，即使是部件损坏，也很难将其从整机中分解出来。20世纪60年代，IBM公司建议计算机采用模块化方法，对不同用途、不同规模的计算机设定统一的联系规则，确保计算机各个模块能够互相兼容、共同发挥作用，这一建议迅速引发了计算机产业革命的热潮。经过长时间的发展，如今的计算机产业已经可以实现较好的兼容，不同品牌、型号的鼠标、显示器、应用软件、操作系统等都可以通过共同的协议规则互相联系。

在经济学研究中，模块化是企业生产发展的一种新范式。日本学者青木昌彦认为模块化是对系统的整合和分解，它是新型产业结构发展的内在本质。青木昌彦认为可以从两个方面来理解企业生产发展的模块化：一是"模块的分解化"，即将一个复杂的系统或过程按照一定的联系规则分解为可进行独立设计的半自律性的子系统的行为；二是"模块的集中化"，即按照某种联系规则将独立设计的子系统（模块）组合起来，构成更加复杂的系统或过程的行为。虽然各个模块在系统中相对独立，功能、特性各不相同，但是通过一定的技术标准可以让不同的模块发生联系、相互作用。

有学者将价值模块与产业融合相联系，指出"产业融合其实是传统产业分工发展到一定程度的回归，是一个系统化、模块化的过程，这与原始产业的发展有很大区别。模块化是与分工经济相联系的经济现象，是分工不断深化的结果，它包括系统的分解与集成，是一种追求效率与节约交易费用的分工形式"。

通过前面的分析可知，旅游产业价值链是由多个环节构成的，包括旅游交通、旅游餐饮、旅游景区、宾馆酒店、旅游娱乐、旅行社、旅游商品、旅游者等，这些环节彼此之间存在横向的组合关系。因此，从模块化角度来看，这些环节可以看作旅游产业在"满足旅游者需求"的指引下，为了实现旅游产业的整体价值，通过横向组织关系互动配合而形成的价值链。

只有旅游产业价值链的各个环节与文化产业价值链的各个环节相对独立，才能实现二者的真正融合。因为只有产业价值链上各个环节互相独立，才能实现本产业环节与系统外的其他价值链环节的整合。同时，一些模块通用性较强，能够削弱甚至消除两个产业资产的专用性，这时模块化就可以成为旅游产业与文化产业融合的基础。

六、旅游产业价值链与文化产业价值链的解构与重构

从产业价值链的角度看，旅游产业与文化产业融合的过程就是新型产业价值链形成的过程，其实质就是旅游产业价值链与文化产业价值链在模块化基础上的解构与重构的过程。

在模块化的基础上，旅游产业价值链与文化产业价值链发生解构和重构是指"对具有可分解性的系统各部件进行创造性的分解和再整合，可以实现复杂系统的创新"。具体来说，是将旅游产业价值链与文化产业价值链分解成一个单独的价值模块，按照一定的联系对模块进行重组与创新，从而完成旅游产业与文化产业的融合，形成新的产业价值链。解构产业价值链的目的是为了对模块进行重组，更好地重构新的产业价值链，而重构的目的是为了将产业价值链的各个环节结合成具有互补性的价值增值环节，使旅游产业价值链与文化产业价值链得到有机融合，从而创造更大的融合价值。

旅游产业价值链与文化产业价值链的融合，不仅使原产业价值链得到保留，还使原产业价值链的内涵得到丰富和发展。融合之后的产业价值链不仅更突出产业功能，而且兼具旅游产业和文化产业的优势，具备更强大的产业竞争力。同时，在融合的过程中，随着消费需求的改变，旅游产品与文化产品的特征也随之改变，这又促进了融合之后产业价值链的进一步解构与重构，促进旅游产业与文化产业在更大范围、更深层次上实现融合。

第三章 特色文化与创意旅游产业的融合发展

第一节 特色文化与创意旅游概述

一、特色文化

（一）特色文化产业的界定

周建军、张爱民认为特色文化是在特定的区域形成的，以当地经济发展水平为基础的，人们在长期的共同生活、生产实践中形成的相同的价值观，是同其他地域相区别的得以生存、发展和繁衍的精神支柱和生活根基。王国胜把"特色文化"分为三个层面进行研究：表层面（物质文化）、中层面（非物质文化）和深层面（人的意识形态）。他认为特色文化是在三个文化层面中所表现出来的具有民俗特色和地方代表性特征的文化现象[①]。杨文耀（2012）所认识的特色文化产业指依托区域特色文化资源、产业发展基础、高新技术优势和经营创新能力，以核心价值观为指导，以满足文化市场的社会需求为目标，以产业化生产方式为手段，向社会提供精神文化产品和服务，并具有跨区域影响力的产业类型。特色文化产业是文化产业发展的一个重要方面，是促进文化产业成为支柱产业的保障，是满足人类多样性文化需求的重要工程。本书所研究的特色文化产业属于传统的文化产业概念，但又区别于传统所讲的文体娱乐、出版传媒、影视制作等文化产业内容，加强了文化产业同农业、旅游业等传统的第一、第二产业的结合，是融入人民创造性的智慧和创意思维所形成的特殊文化产业，是集聚丰富的地方传统文化色彩和地域民俗特色的文化产业，是区别于其他地区文化产业的核心内容。

文化产业被公认为是 21 世纪的"朝阳产业"。当今世界，经济、政治、文化的协调发展，特别是经济与文化的日益融合，已成为综合国力的重要体现。近年来，随着社会的发展和经济的繁荣，文化产业在国民经济中所

---

① 舒隽.文化创新体系与湖南现代文化产业发展研究[M].北京：中国大地出版社，2019.

占的比重越来越大，已经成为国民经济的支柱产业之一。随着人民群众生活水平的不断提高，人们的消费结构正在发生重大变化，文化消费在各种消费中所占比重也越来越大。大力发展文化产业，是我国经济社会发展的战略选择。

（二）文化创意产业的界定

文化创意产业，有时又称创意产业，已经成为近年来各国经济中一个备受关注的新概念。对文化创意产业的定义有不同的说法，英国创意产业工作组给出的定义是："源于个人创造性、技能与才干，通过开发和运用知识产权，具有创造财富和增加就业潜力的产业。"北京市统计局、国家统计局北京调查总队联合制定发布的《北京市文化创意产业分类标准》，将文化创意产业定义为"以创作、创造、创新为根本手段，以文化内容和创意成果为核心价值，以知识产权实现或消费为交易特征，为社会公众提供文化体验的具有内在联系的行业集群"。

越来越多的学者认为，在经历了以生产要素为动力和以投资为动力的经济发展阶段后，人类社会正在走向以创意为动力的经济发展新阶段。越来越多的国家依靠文化创意产业带动了本国的产业升级与经济进步。以英国为例，在经历了传统制造业持续衰退的打击之后，布莱尔政府成立创意产业工作组并制定《英国创意产业路径文件》，指导和推动本国文化创意产业的发展并取得了巨大成就。在美国，创意产业更被认为是知识经济的核心与动力，成为美国保持和提升国家经济竞争力的关键性因素。发达国家的成功加深了我们对文化创意产业价值的认识，从 21 世纪开始，国内发展文化创意产业的呼声日高，措施迭出，成果可喜。北京、上海、杭州、深圳等大城市的文化创意产业已初露锋芒，业界热情高涨，政府积极支持。

严格说来，文化创意产业这个概念是源于英国 1997 年在文化产业的基础上提出的"创意产业"这一新理念而提出来的。早在 1912 年，德国著名的经济史及经济思想家约瑟夫·熊彼特（Joseph Alois Schumpeter，1883—1950）就曾明确指出，现代经济发展的根本动力不是资本和劳动力，而是创新，创新的关键就是知识和信息的生产、传播和使用。可以认为，熊彼特初步奠定了"创意产业"的理论基础。后来，英国人在熊彼特的基础之上又明确提出了创意产业（crative industry）、创意经济（creative economy）、创造性产业等概念，而且还将创意产业界定为"源自个人创意、技巧及才华，通过知识产权的开发和运用，具有创造财富和就业潜力的行业"。这实际上是一种在当今全球化消费的背景中，基于一定的文化系统发展起来的，推崇创新、个人创造力，强调文化艺术对经济的支持与推动的新兴理念、思潮和社会实践活动。文化创意产业是在当今全球化背景下，以消费时代人们的精神文化娱乐需求为基础，以创意为核心，以高科技手段为支撑，以网络等新传播方式为主导，以文化艺术与经济的全面结合为自身特征，向大众提供文化、艺术、精神、心理、娱乐产品的新兴产业，并且形成跨国、跨行业、跨部门、跨领域重组或创建的新型产业集群。它改变了传统物质产业发展的静态模式，而趋向于一种精神的、动态的发展模式。经过十多年的发展，文化创意产业已风靡全球，成了充分吸引人们"眼球"、击中人们心灵的"朝阳产业"。从结构上看，文化创意产业主要包括音像业、报业、出版业、广播业、电影业、电视业、动漫业、文艺演出业、软件及计算机服务业、互联网业、旅游业、艺术品及古玩市场、建筑艺术业、公共文化服务业、体育娱乐业、广告业等。实际上，当今世界的很多国家对"文化产业"和"文化创意产业"并未做严格区分，它们在本质上是一致的，只是存在一定的发展程度和阶段的差异而已。可以认为，文化产业侧重于工业化的生产方式，而文化创意产业则侧重于创意。

（三）特色文化产业相关理论

1. 文化价值理论

传统社会中人们的需求仅限于衣、食、住、行等最基本的物质需求，随着经济的不断发展和社会的不断进步，人们对精神境界的需求和要求也越来越高，在满足物质文化需求的同时更加追求精神层面的享受。精神的价值即文化的价值逐渐被人们发掘。劳动价值理论不再是单一的衡量物质价值的唯一标准，文化价值理论应运而生。文化价值理论把无形的文化价值上升到同物质价值同样的高度。从这种意义上讲，文化就被赋予了一定的价值，从而给文化产业提供了发展的根基。文化价值理论认为任何产品都是物质、精神和文化的组合体，具有物质和精神的双重禀赋，物质载体同文化内涵一并构成了物质的价值。文化价值理论基于人们对文化的诉求，提出"需求价值论"的生产模式，认为消费者在对文化产品及服务进行消费的同时，愿意为获得文化价值付出代价，产品是否是劳动生产的产物或人们创造思维的成果反而显得微不足道。

2. 文化创意产业理论

文化创意产业是由"文化、创意、科技"三者深度结合形成的产业集群，创意是文化创意产业各个部门的核心，知识产权的实现或消费是文化创意产业的交易特征。文化创意产业是一个无污染、高附加值、低消耗的"朝阳产业"。文化创意产业和文化产业紧密相连，并且脱胎于文化产业的发展。早期的文化产业也被称为文化创意产业，二者的区别在于文化创意产业具有高度的融合性，可以和工业、旅游业、信息业、流通业、餐饮业等众多产业或建筑、艺术、电影、出版业等传统的文化产业相融合产生新型文化产业业态。例如，农业同文化创意产业融合形成了新业态——文化创意农业，它是指人们运用创造性思维，丰富农业元素，完美地将农业和创意产业进行融合，满足城乡居民对农业休闲、体验、养生、文化、娱乐等功能的需求。简而言之，就是运用文化的力量，把蕴藏于农业内部的深层功能（如观光旅游、休闲体验、修身养性、美化装饰、文教娱乐等）有效地提炼和挖掘出来，以适应现代消费需求的变化和农业效益提升的需要。文化创意农业对丰富农民知识、提高农民收入水平、完善农村生态环境发展、加快农村城镇化发展具有重要意义，同时也是对文化产业理论的创新和发展，丰富了文化产业理论的内涵，扩大了文化产业的外延。

（1）约瑟夫·熊彼特的创新理论

20世纪初，熊彼特在著名的创新理论中提出，创新（innovation）是经济增长的根本动力。一些研究指出，熊彼特的创新概念是创意产业的理论基础。

熊彼特概括了产品创新、技术创新、市场创新、资源配置创新、组织创新五个方面的创新。其创新理论主要有以下几个基本观点：第一，创新是生产过程中内生的；第二，创新是一种"革命性"变化；第三，创新同时意味着毁灭；第四，创新必须能够创造出新的价值；第五，创新是经济发展的本质规定；第六，创新的主体是"企业家"。

（2）罗默（Romer）的新增长理论

新增长理论是经济学的一个分支，它全力解决经济科学中一个重要且令人困惑的主题：增长的根本原因。20世纪80年代中期，罗默在对新古典增长理论重新思考的基础上，提出了"内生技术变化"，探讨了长期增长的可能前景。他在1986年撰文指出，创新会衍生出无穷的新产品、新市场和财富创造的新机会，所以创意才是经济成长的原动力。

（3）新经济地理学的学习型区域

研究创新的经济地理学家佛罗里达最先提出学习型区域概念，他认为

"学习型区域，即发挥知识和创意的收集者和储存者功能，提供有利于知识、创意和学习流动的基础性环境或基础设施的区域"。学习型区域强调联系的灵活性和柔性，通过充分利用文化、组织联系的柔性，以产生相互叠加效应，形成综合网络效益。在创意经济中，创意产品往往具备一种与其原产地直接相关的标记，而且这种标记的经济价值巨大，创意产业都已经与它们所处地点的象征意义紧密地联系在一起了。

（4）迈克尔·波特（Michael E.Porter）的价值链

美国哈佛大学商学院教授迈克尔·波特在其名著《竞争优势》中首次提出了价值链概念。他认为价值链（value chain）是企业为客户等利益集团创造价值所进行的一系列经济活动的总称。对于创意产业来说，如果没有价值链的支持和驱动，创意只不过是消遣。

二、创意旅游

（一）创意旅游产业概述

21世纪是知识经济的时代，创意思维和创意人才成为各个经济体发展壮大的关键因素；资本和技术主宰一切的时代已经过去，创意经济的时代已经来临。近些年，文化作为国家软实力的核心，在国际舞台上发挥着越来越大的时代价值。作为全球经济增长最快的产业之一，创意产业为许多发达国家的经济发展做出了卓越贡献，在城市和地区经济发展中发挥了积极作用；在经济的长期发展中，创业率对供给和需求都具有重要影响。文化，既是连接世界的纽带，也是联系产业的媒介。创意经济的文化内核和旅游业的文化属性使二者产生融合的可能性；在产业价值链上，创意产业处于价值链上游，属于高端产业，与第一产业、第二产业及第三产业相互融合；文化创意产业将知识的原创性、变化性与内涵丰富的文化相融合，通过与经济相结合，充分发挥产业功能。世界经济一体化带来的产业融合发展趋势使得创意产业与旅游业的连接成为必然。创意在旅游发展过程中越来越重要，国内外创意旅游的实践发展如火如荼，如新西兰的"新西兰创意之旅"、法国寻觅浪漫的"香水之旅"、加拿大亲近自然的"野郊之旅"、中国旅游演艺的文化盛宴"印象"系列等众多创意旅游新产品百花齐放。因此，关注创意旅游研究的发展，把握创意旅游发展趋势，对于从粗放型向集约型发展的中国旅游业来说，具有重要的理论和实践意义。

（二）创意旅游的内涵与特征

美国夏威夷州中国旅游顾问杨力民说道："旅游卖的不是资源而是创意，好的创意是价值的源泉。"传统的旅游产业发展是凭借丰厚的旅游资源来开拓旅游市场的，但随着旅游者日益高涨的精神文化需求以及旅游目的地实现可持续发展的需要，这种粗放式的发展模式已经远远不能适应社会发展的需要。因此，促进我国旅游产业的转型发展和升级换代就成为当前的一个关键任务。创意旅游是用创意产业的思维方式和发展模式整合旅游资源、创新旅游产品、锻造旅游产业链。

创意产业是一种建立在社会分工日益细化的基础上，推崇创新、个人创造力、强调文化艺术对经济支持与推动的产业[①]，既包括生产性服务的内容，如设计、研发、软件、咨询、会展策划、印刷包装等，也涉及消费性服务的内容，如信息、文化艺术、时尚消费和娱乐等。因此，创意产业的特征在于：第一，知识和文化艺术含量较高，能够敏锐地捕捉消费者在社会中不断更新的注意力要素，并形成强烈的认同感和需求导向；第二，既依附又独立，既分散于各个传统行业中并以之为载体，又可以脱离原有的生产、销售企业而作为一个独立的产业被完全剥离出来，以创意服务的形式进入外包服务领域；第三，高附加值与高风险并存，聚焦于各行业价值链的高端，通过创新获得高于传统盈利方式的回报，但由于本身的开创性、扩张性和投机性，其发展前景带有一定程度的不确定性和风险性。

相对于传统旅游发展模式，创意旅游有以下特征。

1. 强调"文化"与旅游的融合

创意产业是经济发展到一定程度、人们对精神层面的需求上升到一定高度后才出现的新兴产业。创意旅游是创意产业和旅游业相互融合而成的，自然也拥有创意产业的特征。创意旅游主要是为了满足游客自身更高一层的精神文化需求，以文化资源为生产要素，以文化内涵为主要内容，注重游客体验式的消费过程，是旅游产品文化附加值的体现。

2. 有较高的体验性和参与性

传统的观光游已经远远不能满足游客日益增长的旅游需求，为了适应市场需求，"体验型"旅游应运而生。一方面，创意旅游与传统"体验型"旅游相比，更加注重游客潜在的需求，针对游客的好奇心和想象力进一步

---

① 蔡红，李平生 . 北京旅游新业态：理念创新与实践发展 [M]. 北京：中国经济出版社，2013.

提升旅游产品的体验性；另一方面，创意旅游与一些高科技产品充分结合，通过娱乐、网络游戏、影视乐园等方式引入旅游者的身边，进一步增强了创意成果的先进性及互动参与性，如真人 CS、4D 电影等。从另一个角度来看，参加创意旅游的消费者寻找的是参与互动的体验，以此来帮助自我提升和激发有特点的创意，增加他们的创意资本。

3. 有较强的产业关联效应

传统旅游产业链条的发展重心是围绕食、住、行、游、购、娱旅游六要素展开的，属于旅游服务配套的被动延伸，注重实现旅游产品的价值。创意旅游注重发挥与相关产业的互动互融，使创意产业与旅游产业链的各个环节相互渗透、相互融合，从而使旅游产业链条向上游的研发和下游的市场销售渠道延伸，有效拉长了旅游产业链。

4. 创造性

创意旅游的创造性也称原创性、新颖性、独特性，是指创意旅游必须具有新颖性的构想。创意是金，贵在出新。创造性是创意旅游区别于一般旅游发展构想的根本特征，是创意旅游的灵魂和生命，也是判定创意旅游水平的首要指标。这主要包括以下三层含义。

（1）创意旅游的生成需要借助创造性思维方法

创意旅游的本质是采取灵活多变的手段推陈出新。从思维方法来说，创意旅游主要是创造性思维的产物，通常不是逻辑思维直接产生的。创造性思维是自觉意识和非自觉意识的交融，是思维心理、思维形式和思维环境系统综合的结果。它的最大特点在于非逻辑性，不采取概念、判断、推理的形式，也不遵守逻辑的固定格式，可能突然光顾，又常常瞬息即逝。一般来说，这些特征主要体现在发散思维和收敛思维、横向思维和纵向思维、正向思维和逆向思维等思维方向上，以及联想、想象、类比、直觉、顿悟、灵感等思维方法中，这些思维方法也是创造性思维的主体。

（2）创意旅游的活动过程因人因事、因时因地而异

创意旅游有定法而无定式。一般而言，创意旅游主要运用创造性思维方法，但是具体的创意活动却没有固定的、一成不变的模式。创意旅游的产生有时表现为灵机一动、豁然开朗，有时表现为反复推敲、柳暗花明，有时表现为分析研究、洞幽察微，有时表现为综合建构、把握方向。不同人的创意体验各不相同，体现出创意方法与创意过程上存在差异。例如，凤凰古城掌门人叶文智常说"打破常规"；吉鑫宴舞的创意人李麟则坦言他

也不明白自己哪来那么多创意，总是不按常理出牌。

（3）创意旅游具有新颖、独特、奇异性等共同特征

创意旅游表现各异，但总是打破思维定式，克服经验束缚，怀疑权威意见，或逆向出击，或剑走偏锋，或另辟蹊径，或出奇制胜，以前所未有的表现形式或功能，给人耳目一新、叹为观止的感觉。究其实质，创意旅游作为不同形态既有元素的重新搭配，经由创意旅游形成的事物又具有不同于原来的结构，因而具有崭新的形态或功能。对于旅游者而言，这种形态或功能是原来没有感知过的，是新颖的、独特的。例如，叶文智为石笋投保，把黄龙洞内的石笋和金融领域的保险组合在一起，革新了投保的对象，突破了旅游传播的常规渠道，因其前所未有而引起公众关注。

5. 符号性

创意旅游的符号性又称为象征性，是指经由创意生产出的旅游产品（创意旅游终极对象）不同于惯常环境中的日常用品，它可以提供丰富而独特的旅游体验，具有象征意义和符号价值，能够吸引游客的"眼球"。这一特征主要体现在以下三个方面：

（1）创意旅游可以生成异于日常生活的特殊体验

21世纪是体验经济时代，旅游是游客在异地短暂的特殊生活体验。体验是旅游企业向游客提供的核心价值，也是游客追求的关键利益。体验需要塑造、需要设计、需要创意。通过创意旅游，规划、设计、策划人员可以更好地发现适宜的主题、提取有意义的线索、整合感官刺激、强化正面印象、去除负面印象、提供纪念品，创造出独特、丰富而深刻的旅游体验。迪士尼、欢乐谷、鲁镇等主题景区就是创意塑造体验的典型，这种理念也突出地体现在其他类型景区的活动设计中。

（2）创意旅游可以提供超出功能价值的象征意义

在消费社会中，符号价值超越功能价值通过旅游产品向游客提供核心利益，集中体现在能够表现游客的个性、权利、社会地位、文化品位、艺术追求、生活情趣等方面。如果说旅游产品的功能价值可以通过机器和流水线生产，符号价值则只能通过创意和服务来提供。这是因为符号价值是以特定的符号进行编码、传播和解码的，这些符号指向高层次的精神需求，承载着特定的意义，它们的编制、传播与解读不仅仅依靠完整的科学程序，更依赖独具魅力的创意。

（3）创意旅游可以吸引游客的注意力

信息技术的进步促成了物质丰裕时代的"信息爆炸"，注意力成为一种稀缺的资源，成为企业竞相争夺的对象。对于旅游业而言，注意力决定着旅游产品是否能够被感知，这是旅游产品被选择和被消费的前提，因而备受关注。如何吸引游客和公众的注意力逐渐成为旅游企业必须面对的现实课题。传播学、营销学提供的方法在发挥普世意义的同时，也暴露出了两个问题：第一，旅游企业都采用上述学科提供的有限的策略去争夺注意力，只相当于提高了竞争的层次，企业胜出的可能性不大；第二，吸引注意力要承认游客的"社会人"属性，其具有复杂的、变化的、个性化的需求。因此，旅游企业必须重视创意，运用情感、文化、想象等非物质要素去争夺注意力。

（三）创意旅游产业相关理论

1.成本与需求理论

成本与需求理论是目前经济学的一个基本理论，它认为成本和需求之间存在紧密的联系，当成本上升时，需求就会相对减少，当成本下降时，需求就会得到一定程度的增加，而一个产业的发展在一定程度上又依赖于需求的增加。因此，降低成本、刺激需求是产业发展的基本路径。成本与需求理论作为一个重要的经济理论，对旅游产业的发展具有重要的指导作用，是旅游产业发展的一个基本理论。旅游产业的发展同样需要选择降低旅游成本、刺激旅游需求的路径。

降低旅游成本、刺激旅游需求作为促进旅游产业发展的基本路径，可以考虑从以下三个方面进行：

第一，旅游产业的发展涉及很多部门，旅游成本的降低也涉及很多部门。旅游行政管理部门要积极和相关部门进行协调、沟通，争取其他部门在政策上对旅游产业的发展给予支持，降低游客的旅游成本，增加人民群众对旅游的需求，促进旅游产业的发展。2012年国庆期间，国务院出台了七座以下客车免收高速公路通行费的政策，有效降低了国庆节"黄金周"旅游的成本，极大地刺激了人民群众的旅游需求，促进了旅游产业的发展。

第二，旅游企业要挖掘内部的潜力，通过提高经营管理水平来降低游客旅游的成本。对于旅游企业来讲，无论是旅游景区还是宾馆饭店，无论是旅行社还是经营旅游商品的企业，成本降低都有一定的空间。旅游企业要在提高经营管理上下功夫，通过提高经营管理水平来降低成本，使游客的旅游成本确实降低，从而刺激人民群众的旅游需求。

第三，旅游行业内部各部门之间要加强沟通与合作，降低游客的旅游成本。目前，旅游的综合成本还处于比较高的水平，这在一定程度上抑制了人民群众的旅游需求，加上旅游市场不规范等因素，影响了旅游产业的健康发展。旅游综合成本比较高的一个原因是旅游行业内部各部门之间的沟通与合作不够，旅游中食、住、行、游、购、娱的成本出现此消彼长的状态，游客的旅游成本最终得不到降低。要促进旅游产业的健康发展，旅游行业内部各部门之间应加强沟通与合作，认真研究降低成本的措施并认真落实；旅游企业也应加强自律，规范经营行为，让利于游客，从而降低游客的旅游成本，刺激人民群众的旅游需求。

2.产业结构协调发展理论

国民经济各个产业部门之间存在着紧密的联系，只有各个产业部门之间相互协调，整个国民经济才能健康持续发展。旅游产业内部包含旅行社、宾馆饭店、旅游景区等不同部门，只有各个部门相互协调，整个旅游产业才能健康持续发展。

产业结构协调发展理论是旅游产业的基本理论。旅游产业在发展中主要应注意以下两方面：

第一，旅游行政管理部门、旅游规划研究部门应统筹考虑旅游产业各部门之间协调发展的问题，做好规划。目前，旅游产业各部门之间在总体上是协调发展的，但在一部分地区，旅游产业的发展仍然存在不协调的问题。有的旅游目的地宾馆饭店数量不够，满足不了游客食和住的需求；有的旅游目的地缺少休闲娱乐的设施，满足不了游客娱乐的需求；有的旅游目的地旅游购物商店数量不足，旅游商品种类不齐，满足不了游客购物的需求。这些都会在一定程度上影响旅游服务的质量，抑制人们对旅游的需求，影响旅游产业的发展。旅游行政管理部门、旅游规划研究部门应把促进旅游产业内部各部门的协调发展作为主要的工作任务，统筹规划，科学管理，促进旅游产业内部各部门的协调发展。

第二，旅游产业内部各个部门和企业要把自身发展放到旅游产业发展的整体中去考虑，不仅要考虑本部门、本企业的发展，还要考虑行业内部其他部门和企业的发展。例如，一部分旅游企业在发展中遇到了一些困难和问题，其根源可能不在本企业内部，而可能是行业的其他部门发展滞后造成的；宾馆饭店客源不足，问题可能出在旅游景区上，旅游景区的客源不足，问题可能出在旅行社上，旅行社客源不足，问题可能出在旅游景区和宾馆饭店上。因此，旅游行业的各部门、各企业是紧密相连的利益共同体，求得和旅游行业内部其他部门、其他企业的共同发展是旅游企业科学发展的必然选择，也是旅游企业科学发展的基本路径。

3. 价值规律

价值规律是商品经济的基本规律，是支撑市场经济运行的最基本的经济规律。旅游产业作为具有重要战略地位的国民经济的支柱产业，作为社会主义市场经济的重要组成部分，其发展必须遵循价值规律的基本要求。

价值规律为旅游产业的发展提供了基本理论依据，主要表现在三个方面：

第一，价值规律为旅游商品价格的确定提供基本的理论支撑①。商品的价值量是由生产商品的社会必要劳动时间决定的，是价值规律的基本内容和要求。按照价值规律的要求，影响商品价格的主要因素有两个，即商品的价值和供求关系。商品的价值是影响商品价格最重要的因素，对商品的价格具有决定作用。一般来说，商品的价值越大，商品的价格就越高。商品的供求关系对商品的价格也有一定的影响，供不应求时，价格就会高于价值；供过于求时，价格就会低于价值。旅游商品的价格对旅游产业的发展有重要影响，旅游商品的价格过高或过低都不利于旅游产业的科学发展、可持续发展。要按照价值规律的要求，根据旅游商品价值量的大小和旅游商品的供求状况合理确定旅游商品的价格，用价格的杠杆作用推动和促进旅游产业的发展。

第二，价值规律要求商品要遵循等价交换的原则。旅游产业的发展过程中，存在多种形式的商品交换，既有旅游行业内部的商品交换，也有旅游行业外部的商品交换。无论是旅游行业内部的商品交换，还是旅游行业外部的商品交换，都必须遵循等价交换的原则，才能保证旅游产业的健康发展。近年来，个别旅游景区为了暂时的利益，盲目提高景区门票的价格，景区内在的品质却没有得到同步提升，这实际上就是一种不等价的交换。这一做法违背了价值规律等价交换的要求，导致景区游客的减少，影响了企业的健康发展。

第三，旅游企业要遵循价值规律的要求才能得到健康发展、科学发展。价值规律从作用上看，可以刺激企业改进技术与服务、改善经营管理，提

---

① 范德华.旅游产业理论基础研究 [M].昆明：云南大学出版社，2013.

高劳动生产率，实现企业的内涵式发展。旅游企业在发展过程中，要按照价值规律的要求，把企业发展的着眼点放在提高企业的技术水平和服务的品质上；放在改善企业的经营管理，提高经营管理的水平，降低管理成本上；放在提高企业的劳动生产率和服务的效率上，走内涵式发展的道路。这既是价值规律对旅游企业发展的基本要求，也是旅游企业实现科学发展的必由之路。

第二节　特色文化产业与创意旅游研究现状

一、特色文化产业研究现状

（一）文化产业国外研究现状

1. 关于文化产业竞争力的研究

普拉哈拉德和哈默最早提出以整合观为主要内容的核心竞争力，其后拉法（Raffa）和佐罗（Zollo）提出了以文化观为主要内容的核心竞争力，而李奥纳多·巴顿（Leonard Barton）提出的核心竞争力以知识观为主要内容，后来根据前人的经验成果，康特（Many K. Coulter）提出了组合观的核心竞争力内容。随着社会经济的发展，人们逐渐意识到文化产业竞争力的重要作用。美国哈佛商学院的迈克尔·波特在《集群与新竞争经济学》（*Clusters and the New Economics of Competition*）中提出的钻石理论认为，一个国家（或地区）产业的竞争力主要取决于生产要素条件、需求条件、相关支撑产业和市场竞争与企业战略四个要素，它们共同构成了一个"钻石"结构，企业在地理上的集中是这四个因素整合为一个整体的结果。文化产业竞争力是中观竞争力，指通过生产要素的高效配置和转换，稳定、持续地生产出比对手更多的财富的能力。可见，文化产业竞争力是一个相对概念。从区域的角度而言，文化产业竞争力指与其他区域相比，本区域文化企业通过生产和销售文化产品，占有市场和获取利润的能力。文化产业竞争力是一种现实竞争力，包括持续发展能力。对于文化产业竞争力的构成，花建认为其由四大核心能力和七大内容构成。四大核心能力指整体创新能力、市场拓展能力、成本控制能力和可持续发展能力；七大内容指产业实力、产业效益、产业关联、产业资源、产业能力、产业结构和产业环境。而徐浩然和雷琛烨认为文化产业竞争力由整体创新能力、市场拓展能力和成本控制能力三大核心竞争力构成。

文化产业竞争力的表现具有多样性。从投入—产出的角度看，其表现为以最小的投入获取最大的产出；从市场占有的角度看，其表现为在国内和国际市场上占有越来越大的份额；从产业内部结构看，其表现为文化产业各要素的合理组合；从产业具有的精神性看，其表现为为公众提供越来越丰富的文化产品，满足公众精神需求，激发国民想象力和创造力。对于提高文化产业竞争力的问题，花建指出为提高文化产业竞争力的整体创新、市场拓展、成本控制和可持续发展能力，需采取切实可行的对策。提高文化产业竞争力要提高文化产业的知识创新能力、知识流动能力、成果转化能力，创新服务环境，创新经济效益，加速形成人力资本，建立吸引优质资本的渠道；政府要转换职能，培育产业集团，统一文化市场；企业需要在创新文化品牌上下功夫。徐浩然、雷琛烨认为提高文化产业核心竞争力要坚持以内容为主，注重内容的差异性与创新性，吸引更多注意力资源，打造出一批名牌文化企业。

2.关于文化产业发展模式的研究

国外学者普遍认为政府在文化产业发展模式的选择和发展中发挥重要作用。澳大利亚昆士兰科技大学的 Michael Keane 教授认为文化产业的健康发展离不开良好的软环境的保障；昆士兰大学高级讲师 Jason Potts 认为文化产业具有四种模式，并通过分析其中的"福利模式"和"创新模式"，提出政府在文化产业发展模式中起到承上启下的作用。

通过文献评述可知，西方文化产业理论研究表现出以下几个特点：

第一，西方国家对文化产业的研究并不是片面的，而是通过和社会学、经济学的研究相结合，对文化产业进行透彻的剖析，并且其文化产业的实际应用理论已经深入到对文化产业各个产业链的细节及其内部机制的研究中。

第二，目前还处于定性分析的研究阶段，从经济学角度进行的研究刚刚起步，尚不成熟。

第三，对文化产业相关内容的研究比较深入，但是对特色文化产业的相关研究十分匮乏。

综上，国外学者对文化产业竞争力的研究还存在不足，主要体现在以下几个方面：

第一，在提高本国文化产业竞争力及国际竞争力的对策研究中，学者过多地将视角集中于政策、法规、政府行为等宏观环境，无形中降低了文化企业的关键作用。在依靠提高文化企业内部资源利用率，优化企业战略结构、企业组织结构、产品结构等提高文化产业竞争力方面又泛泛而谈，对人才在提高产业竞争力中的作用强调不够。

第二，对省、市提升文化产业竞争力的对策研究除存在上述缺点外，没有从本区域实际情况出发探寻真正适合本区域的发展之路。

第三，文化产业是众多行业的集合体，各行业的原材料、生产过程、产品形态、产品属性、盈利模式、产业链、人力资源等生产要素和产品因素存在很大差异。因此，基于整个产业的对策未必适用于每个行业。这些对策更多考虑行业间的共性而没有考虑每个行业的个性。

第四，学者对文化产业竞争力的研究主要集中于定性的理论研究，鲜有定量的实证研究。

第五，构建的文化产业竞争力评价指标过于笼统。有的指标体系由定性指标构成，不利于分析；有的指标体系，简单地将文化产业当作内部行业无差别地对待而实际上文化产业内部各行业在生产要素、产品特性等方面存在很大差异。例如，电视业与旅游业存在很大区别，前者以能力作为生产要素，后者以资源作为生产要素，评价二者竞争力时不能用同一指标体系。学界研究文化产业竞争力评价指标体系时很少涉及指标设立原则，得出的结论缺乏足够的计量经济学和统计学的支持。

（二）特色文化产业国内研究现状

1.关于特色文化产业集聚区的研究

姜长宝从区域竞争力等方面对文化产业集聚区进行研究，并对文化产业集聚区存在的问题进行了分析。牛伟麟认为文化产业集聚区的形成更能体现文化产业发展的特色，通过对集聚区文化资源进行整合发展，不仅能弥补单一文化发展中存在的科技、资金和人才方面的不足，更能发挥文化产业同其他产业的联动作用，深入挖掘特色文化资源；通过集聚区为文化产业的发展提供更加广阔的发展空间和物质载体，同时也为当地经济的发展提供新思路。李笑白认为特色文化产业园区建设应注重内涵的提升，以文化旅游业为龙头，推动产品整合、业态创新、服务提升、环境营造，全面推动文化产业化进程。吴玲认为外向型特色文化产业集群的发展是文化产业发展的方向，是推动区域文化产业集聚发展的重要路径和方式。

2.关于特色文化产业发展模式的研究

周建军、张爱民认为制度机制因素在文化产业发展中起到重要作用，能够影响文化资源的开发和发展，文化内容的创意、先进技术的应用以及改善经营方式是发展特色文化产业的最佳途径。张晓航等人对河北省文化产业发展进行了研究，认为文化产业发展不是孤立的，必须通过将文化产业、旅游业和农业三者相结合，以农业为基础、以旅游业为手段、以文化创意产业为推动力，三产相融合，促进特色文化产业发展。王伟更加重视文化内涵的挖掘，通过对文化产品结构的调整，形成以当地支柱产业为核心的发散式的放射形产业发展模式。贾玉娥认为特色文化产业发展模式的形成需要借规划、借制度、借市场、借创新等力量，切实推动特色文化产业的跨越式发展。杨永忠、林明华从分析成都三国蜀汉文化产业发展入手，将文化产业发展模式分为供给型、互补型和供需型为主的社会网络。

二、创意旅游国内外研究现状

（一）创意旅游国外研究现状

1. 国外创意旅游概念研究

在体验消费时代，文化旅游产业中供应商之间的激烈竞争会引导其把产品供应提高到一个新的阶段，利用创意手段和过程，通过引导游客体验去完善自己，创造新型的经济价值。从旅游发展模式看，Richards 等人首次提出创意旅游的概念，认为创意旅游来源于文化旅游，是文化旅游的延伸。从旅游者体验角度看，Smith 认为创意旅游满足了旅游者对更丰富、更有意义的经验的渴望，从这个角度看，创意旅游和体验旅游相似。Gaunt-lett 认为创意旅游关注的重点是如何运用创造性的方法帮助旅游者开发自我潜在的价值。联合国教科文组织对创意旅游的定义是：创意旅游是一种可以为旅游者提供真实的、可直接参与体验的旅游活动。Tan 等人通过对旅游者进行深入访谈获取一手资料，从旅游者的角度探索创意旅游中的创意体验本质。

2. 创意旅游体验研究

旅游者的体验效果是旅游活动生命力的重要考察指标，创意旅游区别于其他旅游形式的最大特点就在于它对旅游者体验的重视性。Richards 提出创意旅游概念的中心点是旅游者在旅游活动中通过深度融入当地社区，与当地居民展开文化互动完成自身创造技能的提高和自我价值的实现。Ihamki 通过对"Geocaching"这一新型创意旅游形式的实证研究，分析"Geocacher"这类人群在旅游体验中的表现、偏好和与目的地居民和同伴的关系，指出"Geocacher"促进了创意旅游服务和活动的发展。Ulrike等人以创意阶层这一独特群体为研究对象，研究了这些挑战传统旅游者经验的群体是如何用科技去创造、重塑一个创意独特的旅游体验的，并把创意经验和旅游经验联系起来。Fermandes通过研究游客对旅游体验期望值的变化，要求旅游目的地提高旅游产品的创意值。

3. 创意旅游发展模式研究

从宏观理论层面看，Richards认为创意旅游是文化旅游的延伸，是一种新的文化旅游发展模式，是对传统文化旅游发展模式的补充与完善，代表未来文化旅游的发展趋势。Korez介绍了创意旅游的可持续发展概念，指出通过使创意旅游在经济和环境发展中保持平衡，形成创意旅游的可持续发展模式。国外学者从综合层面关注创意旅游的文化效应、生态效应、经济效应和社会效应，把创意旅游当成一种可持续发展的旅游发展新模式，强调创意旅游的可持续性。

4. 创意旅游实践研究

在国外创意旅游具体实践研究方面，南非约翰内斯堡市中心艺术工作者通过创意加工的方式将一个破败的场所发展成一个大型艺术馆，成为非洲的艺术文化中心和城市旅游业的中流砥柱，吸引大量旅游者的到访。Jarabkova发现农村地区存在吸引创意阶层和旅游者到来的潜力，把创意旅游当作以创意活动为基础的创意产业来分析。创意旅游目的地的传统文化保护也是值得关注的地方，如何在文化发展中把传统文化融入旅游产品中的同时尽量保持文化的真实性，是旅游和创意产业融合发展过程中的核心问题。Aquino等人采用案例研究的方法，提出通过艺术与社区旅游文化的结合振兴社区旅游，并注意平衡各个利益体的利益分配，保护社区居民的利益。德国通过对传统鲁尔工业区的创意改造升级，建造工业博物馆、修建公共游憩场所、提高老工业区的综合游览价值等方式，塑造鲁尔工业区遗产旅游的品牌形象。Chris等人通过研究日本豪斯登堡的旅游发展，指出作为一个面向国内和国际游客的娱乐休闲场所，要在旅游活动中真实地反映土著民族文化。匈牙利的葡萄酒旅游发展历史悠久，通过联合酒庄定期举办一系列葡萄酒活动，推广匈牙利的葡萄酒，塑造目的地的葡萄酒产地形象，在葡萄酒地区开展多种吸引游客直接参与的创新性活动，增强旅游者的创意体验。

（二）创意旅游国内研究现状

1.创意旅游产品研究

国内创意旅游的研究重点偏向于如何增强旅游产品的创意性和文化内涵，提高产品的吸引力和树立产品的相对市场竞争优势，以获取可观的经济、社会效益。研究者从产业融合角度、产品表现形态来关注创意旅游产品的分类；提出要发挥人的创造思维，如以RMP的事件型视角为切入点，深刻研究创意旅游产品市场，重视产品科技含量的增加、文化内涵的提升、趣味性的加强、互动程度的提高以及产品独特性的展示。

2.创意旅游发展模式研究

发展创意旅游要根据资源内容的差异，以保护资源的原真性为前提形成不同的资源开发模式，如农村民俗文化创意旅游发展模式、民族文化创意旅游发展模式、体育创意旅游发展模式，以延伸创意旅游产业链条、扩大产业规模效应为目标的创意产业园发展模式、创意综合体，根据资源状况的发展阶段形成的创意旅游多元价值提升模式以及后续的模式创新路径优化，创意旅游商品市场运行模式。在创意旅游发展模式的具体案例研究中，嘉兴的江南古镇特色文化型、节能环保主题公园型、旅游商品创意型三种文化创意旅游发展模式及重庆构建的旅游创意园区等反映出目前国内创意旅游发展实践模式的多样化特征。

3.创意旅游对策研究

旅游资源、地理区位、人才培养、政府政策、营销方式等是影响创意旅游发展水平的重要因素。要充分发挥政府的引导作用，加大产业支持力度，完善基础支撑设施建设，健全知识产权法律保护制度，根据旅游业的发展和人才需求培养具有创新能力的应用型管理人才。从具体区域层面来看，研究者先对一定区域范围内的创意旅游资源、创意旅游开发和发展现状进行研究，再提出相应的提升对策。从创意旅游产品角度来看，要加强旅游商品创意优化，挖掘创意旅游市场消费需求，增强旅游科技创新和完善旅游产品创新营销方式，以及强化产品的知识产权保护。从创意旅游发展过程看，一定要做到文化旅游资源开发与保护并重。从旅游资源价值转化、提升角度看，可以通过创意手段完成旅游资源的创意转化，实现旅游多元价值提升。

4.创意旅游目的地研究

曾琪洁等人对上海世博会文化创意旅游需求及其差异性进行了分析，

得出旅游者的文化创意旅游需求呈现多元性、娱乐性、符号性、实用性和虚拟性体验的趋势。王凯等人构建了文化创意型旅游地游客满意度指数测评模型，对北京 798 艺术区游客满意度进行实证分析，得出 798 艺术区游客满意度指数最大的旅游活动阶段为体验阶段。陈淑兰提出创意旅游度概念，对河南省的 10 个代表性景区进行了创意度的计算，发现河南省创意旅游发展水平较低。姚慧丽构建了文化创意旅游产业竞争力评价指标体系，运用熵权法和聚类分析法将江苏省 13 个城市按照各自文化创意旅游产业的发展水平分成三组。

（三）创意旅游国内外研究启示

创意旅游已成为包括中国在内的许多国家调整经济结构、促进旅游业可持续发展的新模式。创意旅游发展速度快、潜力大，但也存在不少问题。从整体来看，创意旅游发展历史较短，目前的研究还停留在对创意旅游的认识和描述阶段，缺乏具体的、有针对性的、操作性强的发展建议和策略来满足创意旅游实践发展的需求，对创意旅游的研究深度和广度还不够。综合国内外创意旅游研究成果和实践发展现状，本书认为对创意旅游的后续研究可以从研究理论、研究内容和研究方法上进行丰富。

第一，文化创意旅游概念、内涵和外延的界定。目前，国内外学者、专家、政府对创意旅游的概念认识和表述各持己见，尚未统一。如何进一步准确地定义创意旅游的内涵，从文化、创意、旅游和产业的层面对创意旅游的外延进行界定，开展深层次的研究，丰富创意旅游研究体系，是亟待解决的问题。

第二，创意旅游发展过程研究。要关注创意旅游发展背景、发展趋势和发展路径等，从整体上把握创意旅游发展在各个阶段的特征，以全球化视野对国内外具有代表性的创意旅游案例进行对比研究，提供可借鉴的创意旅游发展理论和发展模式，注重吸收国外研究成果；大力推进与国外文化协会、旅游机构的国际合作、交流，结合本国发展实践和现状，学习国外成功的文化创意产业、创意旅游地发展模式，提升中国创意旅游发展水平。

第三，创意旅游空间聚集地管理研究。不同区域创意旅游发展的地理环境要素、产业政策、文化资源禀赋不尽相同，创意旅游地的发展模式和特征也必然不同，要因地制宜地加强创意旅游地发展的利益主体特征、利益平衡和利益需求的研究，形成良性的创意旅游地管理模式，增强创意旅游地发展的优化途径研究 [①]。

第四，创意旅游游客研究。深入理解旅游者的市场消费偏好和特性，把握旅游者的核心需求，加强游客动机、感知、满意度以及文化创意阶层相关研究。

第五，丰富创意旅游研究方法。在研究方法上，要做到定性与定量方法和模型的有效结合，尤其是在创意旅游价值研究中。通过发展创意旅游来推动国家和区域经济产业结构的优化升级、增强内需是许多国家和地区的共同选择，而目前文献只是定性地说明创意旅游的功能，采用定量模型研究创意旅游对国民经济发展的促进作用，更直观地表现创意旅游的价值是未来研究的重点。

第三节　特色文化与创意旅游融合发展的路径
——以辽宁大连为例

一、大连旅游创意产业发展现状

（一）大连旅游创意产业的特征分析

旅游业是围绕旅游者吃、住、行、游、购、娱六项要素，为游客提供服务的一个产业群体。大连传统旅游业的特征主要是以资源和市场为导向的大众型观光旅游，其形式单一、季节性强、产业边界有限，而且管理模式条块分割。创意旅游的出现打破了大连传统旅游业停滞不前的僵化局面，运用创新的思维方式和发展模式将大连的旅游资源、旅游产品与创意产业有机整合，从而形成了一条新的旅游创意产业链。这种新兴的产业链不仅适应大连国内外旅游者日益高涨的精神文化需求，而且实现了大连市旅游目的地可持续发展的经济增长模式。现有大连旅游创意产业的发展特征主要表现在以下几个方面：

第一，强调对各类资源的多维化整合。大连将特有的海洋、海岛旅游资源通过创意的手法与建筑业中的艺术雕塑相融合，成功推出了星海广场、海之韵广场等观赏休憩型旅游项目，还有与摄影、广告、电影等社会资源结合形成的婚庆摄影旅游节、影视拍摄地参观路线等旅游活动。

---

① 　陈卓，等.河北特色文化与创意旅游产业融合发展研究[M].石家庄：河北美术出版社，
2015.

第二，重视对现有文化遗产的创造。对历史遗迹和现有旅游资源的开发、利用和保护是传统旅游产业的主要发展模式。大连旅游业在继承传统旅游业发展优势的基础上，充分考虑到环境保护问题和消费者的怀旧心理，利用历史遗留下来的工业建筑遗产和战争保护遗迹等文化资源，通过融入旅游项目，使其变废为新，同时满足旅游者寻求个性、新奇的消费需求，拓宽了旅游产业的覆盖领域。这种类型的旅游创意产业代表主要有大连港工业建筑旅游风景区和旅顺太阳沟历史文化旅游创意园区。

第三，强化旅游产品的文化性和旅游消费者的体验性。随着我国产业经济的快速发展，旅游消费群体在旅游活动中更加关注自身的参与和体验，他们希望通过自己平时积累的知识，更深层次地理解旅游创意产品，从而获得独特的感悟和旅游体验。大连在意识到这种产业结构变化的同时，结合现有的观光型旅游资源，注入音乐、动漫、软件和表演艺术等创意元素，打造出诸如大连发现王国主题公园、老虎滩极地海洋动物馆和圣亚海洋世界"人鱼共舞"艺术表演等游览项目。

第四，注重具有空间自由度的集聚发展趋势。大连的旅游创意产业相对来说比较自由，并不要求特定的地理区域。一些旅游者较多、不具有丰富资源却能满足集聚效应的地区，成为旅游创意产业的集聚地。特别是在有着丰富历史文化积淀的老城区或一些城市的中心地带，如大连15库创意产业园已经成为大连创意旅游业最新的热门参观景区，并有进一步向旅游创意产业集群方向发展的趋势。

（二）大连旅游创意产业的发展模式和主要项目

旅游产业是大连经济发展的重要增长点，也是第三产业的有力支柱。随着旅游者消费需求的日趋多样化，大连旅游业正在发生着重大转变，已经开始由传统的观光旅游向创意旅游方向发展延伸，旅游活动也更加强调产品的文化品位、服务的人性化和消费者的参与性。

近年来，大连的旅游创意产业得到了一定的发展，通过相关文章和旅游实践的总结，主要有五种典型的发展模式。如表3-1所示。

1. 创意园区产业模式

大连旅游业在原有区域旅游资源的基础上，融入了部分创意产业元素，形成了一些具有特色的旅游产业园区，增加了旅游景点的科普性、参与性和个性化。其中较为突出的有15库创意产业园，它是由大连港东港区壹号码头的15号仓库改建而成，它的翻新和启动为大连的旅游业带来了新的生机。从旅游形态上看，15库有望发展成大连时尚表演、发布、展示、交易、设计、服务、消费、休闲的中心，以旅游业带动区域性经济发展。15库与东港区邮轮码头形成互动，打造极具特色的区域性旅游特色产品，承接游客居住、旅游、消费等具有特色的旅游活动。除此之外，还有大连海昌集团和新加坡西瑞克石油有限公司共同投资兴建的发现王国主题公园，它将旅游业与创意产业中的动漫设计元素有机结合起来，在满足旅游者想象力和好奇心的同时，进一步提升了旅游活动和产品的体验性，并且宣传和促进了动漫产业的拓展和创新，实现了两大产业的顺利融合与发展。

2. 旅游演艺模式

旅游演艺产品是旅游业与创意产业中的表演艺术融合发展的产物。其最重要的表现形式之一就是旅游地的文娱表演活动。这种文化艺术在旅游产业中的应用吸引了更多旅游者，甚至成为某些景区的招牌旅游项目，大连老虎滩极地海洋馆和星海湾圣亚海洋世界的人鱼表演就是很好的典范。这些旅游景区将海洋动植物观赏资源与表演艺术紧密结合，不仅成为当地旅游业的主打品牌，而且极大地延伸和拓宽了旅游业的产业链。

3. 节庆活动模式

节庆活动是大连最成功、最具影响力的旅游创意产业组成部分，也是大连进行宣传营销的重要手段。通过节庆旅游的发展，可以扩大创意旅游在旅游者心目中的影响力，达到吸引长期稳定客源市场的目的。近年来，大连一些景区开展的节庆旅游活动，如大连旅顺樱花节、啤酒节、马拉松比赛以及万人徒步大会等，已经形成了一定的规模，并且为大连的旅游业带来了更加广阔的消费市场。

4. 新兴街区模式

新兴街区模式是旅游业与创意产业结合而成的特殊产业模式，它是指在建设新城或改造旧城的过程中，不拆除作为文化传承的古老建筑、历史街区等，而是通过绘画、涂鸦、音乐、雕刻、建筑等创意手段，将其翻新重塑，以体验时尚生活的全新面貌推向市场，从而引起旅游者的关注与参与，获取产业新的发展机会。大连目前已经开发的旅游新兴街区主要有金一文创园（原大连钢厂旧址）、甘井里·东市、歹街、冰山慧谷创意园区（原冰山集团厂址）等。

5. 旅游创意产品模式

我国的旅游产品和纪念品一直存在严重的雷同化现象，致使旅游业中产品部分的收入普遍偏低。而旅游创意产品的出现改变了这一局面，其特有的不可复制性使得旅游创意产业在竞争中始终保持优势，处于不败之地。大连的旅游创意产品体现在文化内涵的物质化方面。例如，大连"高新园区创意之旅"为游客提供了包括动漫设计制作、软件外包服务流程以及日语、韩语的体验和学习过程。这种开发模式为今后旅游产品的成功推广提供了参考和借鉴的经验。

表3-1　大连旅游创意产业的发展模式与主要项目

发展模式	创意吸引物	核心体验	主要项目
创意园区产业模式	LOFT建筑风格、艺术气息	高科技文化、前卫艺术、个性设施	15库创意产业园、星海创意岛、发现王国主题公园、旅顺太阳沟历史文化旅游创意园区、三里桥影视文化产业基地
旅游演艺模式	歌舞结合、特色表演	视听觉冲击、艺术享受	老虎滩极地海洋动物馆和圣亚海洋世界的人鱼表演、森林动物园大象表演、女子骑警基地训练演习、俄罗斯风情街歌舞表演、发现王国夜场特技表演、服装展示会
节庆活动模式	民间传统、创意节事	民俗风情、节庆体验	赏槐会、花卉展、樱花节、美食节、沙滩文化节、烟花爆竹迎春会、国际服装节、啤酒节、马拉松比赛、万人徒步大会
新兴街区模式	时尚原创、动感前卫	流行生活、休闲方式、娱乐氛围	冰山慧谷创意园区、金一文创园、歹街、甘井里·东市
旅游创意产品模式	工艺品、纪念品、新式旅游项目	工艺制造、购物乐趣、获取知识	画廊、古玩市场、摄影展、个人设计作品展、贝壳博物馆、老爷车博物馆、现代博物馆、海纳百川·大连国际雕塑公园、金石世界名人蜡像馆、观光塔、星海音乐厅、星海会展中心、燕窝岭婚庆公园、老虎滩和傅家庄四维影院

通过对以上旅游创意产业发展模式和主要项目的分析与归纳可知，大连旅游创意产业的大致分布区域主要集中在大连金州开发区的金石滩国家旅游度假区、旅顺口区，以及市内的高新园区和星海湾一带。

二、大连特色文化与创意旅游产业融合发展的重点

（一）建立大连港口与文化资源结合而成的军港文化旅游景区

军港文化是大连旅顺口区闻名全国的特色旅游文化资源，也是海滨城市少有的稀缺性创意文化元素。大连可以依托军港、码头等现有基础设施，充分利用港口和海洋资源优势，结合当地文化创意产业的基本特征，环绕旅顺军港友谊路进行拓宽改造，挖掘并利用现有海军驻军的军事文化和滨海景观特色，建立一个集军港、文化、旅游三者于一体的旅游创意文化景区；在其中设立具有大连海军文化象征的地标性雕塑和海军大道，开发军港之夜主题公园、海军文化博物馆以及休闲体育运动设施等旅游项目，在保护性利用现驻军部队建筑的同时，形成一条独具魅力的军事创意文化展示景观带。

（二）强力打造具有大连风格的影视文化产业基地

近年来，在大连拍摄的电影、电视剧逐渐增多。不仅从侧面宣传了大连的城市风貌，而且为旅游业带来了巨大的客源市场。从大连现有的主题旅游创意产业中可以发现，影视旅游是大连唯一没有涉及的层面。为此，通过实地考察和分析，大连建成了闯关东影视基地、清风小镇影视基地等影视文化产业基地，将其定位为一个集影视创作、拍摄、制作、发行、交易、休闲、体验、度假等功能于一体的国际化、现代化影视城。同时，在基地分布区域为设立影视文化产业综合配套服务区、战争遗址外景拍摄区和特殊外景拍摄区，打造了一条拥有专业的影视产业设施、完善的影视行业服务以及具有完整和可扩展性的影视产业链，成为以关东文化背景、日俄风情园、近代史战争和现代都市题材等为主题的多元化影视拍摄基地，让游客在参观的同时，充分体验影视文化的艺术氛围。此外，还应在景区内推出影视后期旅游纪念品，加深旅游者对景区的印象，最终实现影视拍摄制作与旅游产业的互动融合。

（三）扩大和创新大连独具特色的旅游节庆活动

旅游节庆活动向来是大连最引以为豪的产业项目。大连不仅有著名的花卉展、赏槐会、樱花节、美食节和烟花爆竹迎春会，还有享誉国内外的

国际服装节、啤酒节、沙滩文化节、马拉松比赛以及万人徒步大会。这些成熟、别致的节庆活动已经为大连旅游业的发展做出了重大的贡献。在此良好的基础上，可以围绕主题继续扩大和创新大连的旅游节庆活动，将创意产业中的设计原色融入其中。比如，在星海会展中心每年定期举办"创意集市展"，其中可以包括摄影展、个人艺术作品展、动漫会展、软件设计展、服装设计展、家居设计展、工业设计展以及建筑模型设计展等，以创意展会集合体的模式来吸引海内外更多的游客慕名而来。

（四）注重开发其他创意元素形成的旅游创意产业

大连旅游创意产业在着重发展旅游节庆活动和影视基地两大主导模式的同时，应注重发展一些尚未开发成型的旅游创意产业。例如，创意产业中的出版元素与旅游业结合形成的书城旅游和报业工业旅游项目等，通过向旅游者展示出版业的工业园区，使其了解和获取报纸、杂志等知名出版物的整个生产过程。另外，可以探寻一些稀缺性的旅游项目，如组织大连星海湾 CBD 文化旅游观赏活动，利用城市中心商务区的地域优势，辐射、带动和促进都市文化旅游产业链条和市场体系的形成，并将这种集聚效应不断扩大化，与地区周围的音乐厅、会展中心和主题公园等交叉互补，形成文化观赏创意产业集群区，从而使旅游者更好地获得视觉、触觉上的感受和体验。

三、大连特色文化与创意旅游产业融合发展的对策

（一）转变产品策略——实现旅游创意产业稳定增值的核心

在旅游创意产业融合的众多环节中，首先被市场接受和认知的就是融合后的新型产品。由于现今国内旅游市场竞争日趋激烈，各旅游目的地和企业都纷纷推出新业态产品来吸引更多的客源市场，同时采取强大的销售攻势，不断地改革、翻新产品的营销方式。为了提升大连旅游创意产业的形象，培育具有竞争力的旅游创意品牌，实现产业稳定增值的目标，可以从以下两个方面入手：

第一，转变产品的营销模式。首先，调查客源市场，充分了解消费者的心理需求。运用创意思维打造旅游创意品牌，通过发挥大连地区特色产业优势，树立诸如以"动漫之旅""IT 软件园之旅""服装展览之旅""会展之旅""贝雕之旅""海边婚纱摄影之旅"等为主题的旅游创意品牌，延伸相关产品的价值链，扩大融合型旅游产品的大众效应。其次，利用多元化

渠道进行产品形象宣传。借助网络、电视、广播、报纸、海报、橱窗等媒介，宣传大连旅游创意产业的知名度，吸引和转移国内旅游消费者的目光和注意力。最后，由政府专职部门出头，引导、协调各种社会力量，策划、实施以"政府为主导、多方参与合作"的市场运作营销主体模式，由旅游企业、创意行业、媒体、社会机构等组成旅游目的地营销主体，统一、集中配置旅游目的地的营销资源，从而有效开展各项旅游创意活动，走出一条"低投入、高产出"的营销之路。

第二，丰富产品的设计形态[①]。旅游产业和创意产业整合而生的产品，本身就具有新奇性的特点。但是，大连旅游市场的新形态产品数量有限，需要进一步发展与壮大。首先，观光类旅游产品作为大连旅游创意产业的主打项目，应该得到更充分的发挥空间。像动漫、IT 园区旅游不仅展示了大连高新技术的发达水平，而且让游客亲身体验到了项目、产品的真实制作流程。此外，适合大连扩大市场份额的新型旅游创意观光产品还有书城旅游、报业工业旅游项目和城市 CBD 文化旅游观赏活动。这些独具匠心、与众不同的旅游项目可以大大提升大连在同等城市中的竞争力。其次，大力发展文化类旅游产品。大连近年来的文化底蕴日渐浓厚，在这种良好文化氛围的笼罩下，大连应该将设计、音乐、工艺品、视觉艺术等创意元素融入旅游产品中，规划、发展对游客具有吸引力的创意型博物馆、大剧院、科技馆和音乐厅等旅游创意产品，在获取经济效益的同时，通过产品生动地反映大连当地的文化艺术与创意气息。最后，扩大事件类旅游产品的范围。旅游创意产业中的会展旅游、体育赛事和节庆活动一直是大连发展较好的旅游项目，继续发展和举办更多具有创意理念的展会和节庆活动是大连稳定旅游创意产业的有效途径。除此之外，还可以设计与其相对应的旅游纪念品，充分满足旅游者纪念、欣赏、自我满足的精神修养和心理需要。

（二）优化企业战略——推进旅游产业与创意产业集聚发展的关键

企业作为产业融合的主体，其实力大小和创新能力的高低对实现旅游创意产业的融合起着不可或缺的关键作用。反之，旅游产业与创意产业的融合也为企业发展注入了新的活力与生机。它能使相关企业通过对新型产业模式的认知，从市场需求角度出发，把握机会优化重组，从而设计生产出符合消费需求的融合型旅游产品或服务。因此，对于企业而言，要想更

① 史晓梦. 大连文化创意旅游产业发展潜力研究 [D]. 大连：辽宁师范大学,2016.

好地适应这种发展趋势，就必须制定一定的战略部署来应对旅游创意产业的融合现象。

第一，在企业现有资源的基础上进行多元业务整合。首先要清理组织结构。选择大连旅游业和创意产业中可塑性强的企业，对行政、财务、策划、人力资源等部门进行业务融合，组建新的业务部，专门负责收集、分析游客提供的资料信息，找出资源配置与消费需求的最佳结合点，设计、开发能够凸显企业核心竞争力的旅游创意产品，并将其投入相关市场，再根据体验者的反馈意见，适当调整产品结构，从而达到良性循环的企业运作模式。

第二，适应新型产业结构，及时调整企业管理体制和战略制度。从事旅游创意产业的企业需要重新策划能够适应融合型产业发展的制度与政策，使其由纵向一体化逐渐向横向一体化、混合一体化、虚拟一体化等模式转变。大连也应重视旅游创意产业发展中企业战略部署的重要性。在原有的一些优秀创意产业园区的基础上，调整企业营销策略，增设能够带动业务发展的旅游项目，建立别具一格的旅游创意产业园区，逐渐延伸产业链，最终形成具有一定规模的产业集群。

第三，积极倡导内部企业兼容和外部企业投资。大连相关企业在旅游创意产业的运营中，应主动开放并允许包括财团、企业、基金会及其他合法企事业单位或非营利性社会组织的各种所有制资本的投入。通过引进新的资源和机制，运用联合、重组、兼并等现代企业的资本运作方式，盘活、优化和提升内部企业的文化资产。在优化和重组企业模式的过程中，培育出一批有较强实力、竞争力、影响力和自主创新能力的旅游创意企业和集团。如图3-1所示。

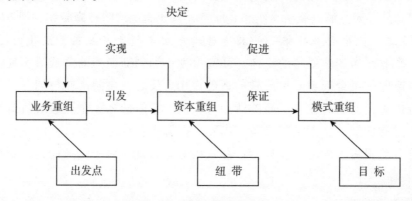

图3-1　融合型企业重组的关系

（三）培养消费群体——保持旅游创意产业可持续发展的驱动力

在当今旅游者消费需求日益提升的背景下，对于旅游创意产业而言，培养具有一定数量和水平的消费群体，不仅可以扩大基础消费市场，还能引导并参与创意的形成和生产转化。在大连目前的旅游创意产业发展领域内，要想吸引更多旅游消费者，保持旅游创意产业健康、持续、稳定发展，主要有以下三种可行的引导路径：

第一，培养旅游大众的认知能力，提高对旅游创意产业的接受程度。随着数字和网络技术的高速发展以及人民生活水平的提高，我国的网络普及率不断提高，网络服务方式成为旅游大众提升旅游创意产品认知力和接受力的重要途径。大连可以通过虚拟图书馆、博物馆、数字广播电视信息平台、数字电影放映网络系统和旅游创意产业论坛等高科技手段远程指导旅游者。这种方法可以在很大程度上培养和拓宽旅游消费者对旅游创意产业的认识，也能为文化创意旅游产业的多元化和普及化发展提供强大的驱动力。

第二，挖掘旅游消费者的需求变化，开发符合其心理意向的创意产品。旅游创意产业的源头是鼓励新思维的产生，而新的创意则会衍生出新的旅游产品，激发消费者新的购买欲望和潜力。发展旅游创意产业实际上是倡导开拓新的消费空间，培育新的消费群体，实现以深层消费拉动经济稳步增长的长远目标。因此，大连的新型旅游创意产业从旅游者的角度出发，根据其需求层次和认同感的差异，有针对性地设计和生产不同类型的旅游创意产品。在内容上，通过整合两大产业资源，营造旅游文化氛围，设计生产和营销推广集文化性、艺术性、品位度、附加值于一体的旅游创意产品；在形式上，通过改造仓库、旧厂房等富有历史感和文化气息的地方，运用创新理念和高端技术，策划并打造出像 CBD 观光、休闲社区、度假房产等新颖的旅游创意产品，以更好地满足旅游者不断提升的心理需求，同时开拓新的消费市场，创造更大的产业价值。

第三，设立旅游创意产业咨询处，引导旅游者正确选择和参与之之相适应的旅游活动。虽然旅游创意产业与消费者在生活环节上的融合比较少，但是它具有一定的参与性和体验性。大连可以借助旅游创意产业的这一特点，为旅游者设立"旅游创意产业综合咨询处"，引导旅游者对创意概念的认识、学习和实践。此外，可以分设"动漫旅游创意咨询处""会展旅游创意咨询处""音乐旅游创意咨询处""雕刻旅游创意咨询处"和"时尚旅游创意咨询处"，每个独立的咨询处都有各自行业中的专家、艺术家作为旅游创意活动的指导者，通过与不同兴趣爱好、不同行业旅游者的沟通和交流，激发并正确引导旅游者，使其参与到符合自身条件的旅游创意活动中来，获得精神满足感和思想富足感。同时，这种方式还能为创意的产生提供更广阔的思路，促进跨行业的合作与新格局的发展，提升旅游团队的原创力，促使旅游创意产业与旅游爱好者形成良好的互动。

（四）定位政府角色——促进旅游创意产业不断融合提升的保障

　　旅游创意产业的融合与重组需要一个良好的外部环境，政府适时、适当的引导和扶持是至关重要的。在旅游创意产业发展的过程中，政府制定的相应法规政策和正确的引导与培训，不仅能鼓励旅游产业的创新精神，保护旅游者的合法权益，而且对产业融合的健康运行也起到良好的协调和规范作用。可以说，政府角色的定位是促进旅游创意产业不断融合提升的保障，其表现形式主要有以下几个方面。如图 3-2 所示。

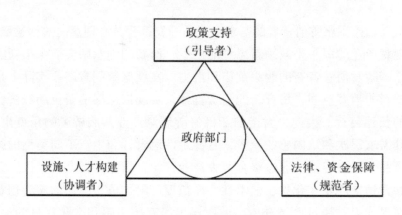

图 3-2　政府角色定位图

　　第一，提供政策支持。政府应准确把握旅游创意产业的特征，制定相应的创意经济发展扶持政策，降低市场准入门槛，鼓励兴办具有创新意义的企业和项目，为促进旅游创意产业快速发展提供有效的政策支撑。在制定政策的同时，政府部门还应加强宏观调控，发挥政府的领导和组织功能，对大连的旅游创意集聚地进行统一整合与规划，优化旅游创意产业发展的内外部环境，加强产业间的协同合作，大力支持创新基础好、竞争实力强、前景可观的中小旅游创意企业的重组和壮大，推动大连旅游创意产业合理、有序、快速发展。

第二，给予资金保障。大连创意产业中的中小企业占大多数，规模小且风险高，在筹集资金拓宽业务或与旅游企业进行项目融合等方面会出现很多困难。这时就需要政府通过多种渠道和方式，吸纳社会资金，为旅游创意产业的顺利融合提供资金上的扶持。为了使旅游创意产业能够在大连兴起并长远地发展下去，政府部门应进一步完善大连市的金融市场，畅通融资渠道，完善投资环境，制定优惠政策，吸引民间和外商等社会资金；也可以建立旅游创意产业发展专项基金，扶持相关产业项目的融合与推广，如动漫旅游发展基金、会展旅游发展基金、影视旅游发展基金及旅游电子商务发展基金等，有针对性地支持有发展潜力的旅游创意企业。除此之外，政府还可以利用自身条件，主动充当旅游业、社会资金与创意产业之间的桥梁，大力推动相关中介机构的建立。通过中介机构的合理运作，优化社会资金对旅游创意产业的投入，为三者的顺利融合搭建交流平台，进而促进企业间的协作与联合。

第三，完善法律体系。具有创意、新鲜独特的旅游主题是旅游产业和创意产业融合发展的灵魂。应该说，两者的完美结合更是一种产业创新。对于融合成果及其衍生的版权、商标权、专利知识产权等的保护则是推进两大产业进一步互补共生的根本保障。因此，大连市政府必须完善相关法规，加强相关保护法的执行力度，着重对旅游创意的知识产权、商标权、专利权等进行保护，鼓励自主创新成果及时申请专利，严厉打击侵权行为，净化知识创新环境。同时，政府还应督促企业树立自我保护意识，号召与旅游业发展相关的各创意行业加入保卫旅游创意成果的队伍中来，以推动大连旅游创意产业更加健康、有序地发展。

第四，构建公益性服务平台。由于旅游创意产业是一种新兴时代的产物，它需要政府提供和创造良好的服务环境，以扶持其快速而顺畅地发展。大连市的公共服务体系虽然相对较好，但依然存在一些不足。近年来的交通问题日益严重，文化、休闲、娱乐等消费性服务及生活、文化设施的现代化程度均不能满足旅游群体的需求。针对这种产业发展现状，政府需要搭建旅游信息发布、服务平台，筹划成立大连旅游创意产业服务中心，协调旅游创意产业发展过程中的重大活动和相关事宜，为创意产业中各行各业的"旅游化"提供政策支撑，以此来推动和实现旅游创意产业链条的形成。

第五，加强人才培养。旅游创意产业发展的根本在于人才的培养。目前，大连既从事旅游行业又掌握创意产业相关知识的复合型人才相对匮乏。因此，政府应制定吸收高层次旅游创意人才的政策，积极引进国内外专业人士，为其提供良好的生活、工作条件，使之与大连本地相关产业工作者进行经验和技术上的交流与合作，为旅游创意产业的发展注入新鲜血液。同时，还要充分利用大连旅游高等教育的优势，鼓励企业通过定向或联合培养的方式，形成产、学、研相结合的有效机制，发展和储备旅游创意产业的骨干精英，从而增强大连旅游创意产业发展的内生动力和辐射能力，最终实现旅游创意产业的转型升级。

第四章 乡村文化与乡村旅游的融合

第一节 乡村旅游与美丽乡村建设

一、乡村旅游概述

（一）乡村旅游的概念

目前，对于"乡村旅游"，国内外学者还没有统一定义。Lane 认为，乡村旅游是在乡村开展的旅游活动，其建筑群、社会结构、文化等具有乡村传统性[①]；旅游活动与乡村自然紧密联系，旅游者要与当地居民接触，参与当地的活动，体验当地的生活；旅游收入主要归当地农村集体或个人所有。Pearce 和 Mormont 等人认为乡村旅游的吸引力在于乡村与城市的不同，农村日常的生活方式为旅游者提供了一种全新的体验。Busby 认为乡村旅游是一种商品化、模式化的旅游体验。Arie Reichel 等人认为乡村旅游地点位于农村，具有农村区域的特性。Clock 认为乡村旅游以乡村社区为背景，移植、加工和销售乡村生活方式、乡村文化等。

国内学者关于乡村旅游的定义主要有以下观点：

马波认为，乡村旅游是以乡村社区为活动场所，以乡村独特的生产形态、生活风情和田园风光为对象系统的旅游类型。

姚素英认为，乡村旅游是指在农村地域合理利用现有资源，通过科学的规划、设计和加工，把观、赏、游、习、财等融为一体，使游客领略到在都市所领略不到的大自然的意趣和现代型新农村的一种特殊的旅游商品。

杜江认为，乡村旅游是以乡野农村的风光和活动为吸引物，以都市居民为目标市场，以满足旅游者娱乐求知和回归自然等方面需求为目的的一种旅游方式。

肖佑兴认为，乡村旅游是以乡村空间环境为依托，以乡村独特的生产形态、民俗风情、生活形式、乡村风光、乡村居所和乡村文化等为对象，

[①] 史云，张锐.乡村旅游经营与管理 [M].石家庄：河北科学技术出版社，2017.

利用城乡差异来规划设计和组合产品，集观光、游览、娱乐、休闲、度假和购物为一体的旅游形式。

蒙睿、嘉纬、杨春宇认为，乡村旅游是相对城市景观、人造景观旅游而言的，区别于城市地域的，以分布在乡村地区的旅游资源为吸引物而展开的一种生态旅游活动。它包括散布在城市地域范围内和城乡结合部的"农家乐"园区和广布在乡村地域内的风景区三大部分。

石强、钟林生认为，乡村旅游是以乡村社区为活动场所，以田园风光、森林景观、农林生产经营活动、乡村自然生态环境和社会文化习俗为旅游对象，吸引旅游者前去观赏、休闲、体验、健身、科考、习作、绘画、摄影、购物、度假的一种新型的旅游形式。

马彦琳认为，乡村旅游特指在乡村地区开展的，以特有的乡村人居环境、乡村民俗（民族）文化、乡村田园风光、农业生产及其自然环境为基础的旅游活动，即以具有乡村性的自然和人文客体为旅游吸引物的旅游活动。

王云才、郭焕成、徐辉林认为，乡村旅游指以农村社区为活动场所，以乡村田园风光、森林景观、农业生产经营活动、乡村自然生态环境和社会文化风俗为吸引物，以都市居民为市场目标，以领略农村乡野风光、体验农事生产劳作、了解风土民俗和回归自然为目的的旅游方式。

刘建平、伍先福认为，乡村旅游是指以城乡互动、城乡经济统筹发展思想为指导，以乡村独特的生态形态、民俗风情、生活形式、乡村风光、乡村居所和乡村文化等为旅游吸引物，以都市居民为主要目标市场，以观光、游览、娱乐、休闲、度假、学习、参与、购物等为旅游功能，以城乡间的文化交流、人群迁移为表现形式，兼具乡土性、知识性、参与性、高效益性、低风险性以及能满足游客回归自然的需求性等特点的特色旅游活动。

本书认为乡村旅游是指在乡村地域，以具有乡村特性的自然或人文景观为核心吸引物且能够满足游客观光游览、休闲娱乐、康体健身、参与、学习等旅游需求的旅游活动。

（二）乡村旅游的影响研究

1. 乡村旅游的经济影响研究

国内外学者均认为乡村旅游与刺激乡村经济发展密不可分，对于促进农村经济发展具有重要作用。农村地区把旅游作为一种促进当地就业和提高经济福利水平的工具。在欧洲许多地区，乡村旅游已经代替农业成为乡村的主要产业。乡村旅游是刺激经济增长的催化剂，是欠发达地区增强活力、提高生活水平的重要手段，是乡村地区收入和经济增长的源泉。乡村旅游能给农村经济带来原有基础上的倍增作用，使农业收入最初增加 3 倍以上；能刺激经济发展，吸引投资，促进三大产业协调发展，促进乡村经济多元化；能创造更多的工作岗位，吸纳农村剩余劳动力。乡村旅游已经成为我国农村地方经济的新增长点，是消除贫困、繁荣农村经济的有效途径。

但是，乡村旅游作为增加乡村经济收入的有效途径之一，仍会对乡村经济产生负面影响。虽然政府都认为发展旅游业可以创造就业岗位、加强社区基础设施建设和协助振兴低迷的农村经济，但不可否认，乡村旅游会带来财政收入的缺乏、利益分配的不公平和居民感知的社会成本的增加。乡村旅游具有季节性，易受宏观经济环境和外部环境的影响，如果当地过于依赖旅游业，乡村经济的风险则会增加。乡村旅游还可能加重农村政府的财政负担，破坏当地的基础服务设施。乡村旅游还会拉大贫富差距，造成价格上涨，引发村民、开发者、政府等利益相关者之间的经济纠纷，甚至加剧城乡差距。

2. 乡村旅游的社会影响研究

乡村旅游对农村社会结构、家庭、婚姻等的影响是双方面的。一方面，乡村旅游有助于促进社区团结和社会结构优化，增强居民社区自豪感，促进地方文化发展和遗产保护。另一方面，旅游收入分配不均会加剧社区的分化隔阂，旅游者过多会导致犯罪率上升、人口拥挤、当地居民失去生活独立性、个人隐私被侵犯等问题。乡村旅游行业关联性大、带动性强，可以让农民在当地就业，成为拉动就业增长的重要渠道。唐健雄提出，乡村旅游不仅能够促进就业，拉动旅游业相关产业发展，增加农民收入，缩小城乡贫富差距，还可以提升农民素质，使农民朝着"农业工人"方向发展，实现农民身份界定向职业界定的转变，使农村和农民的民生保障体系得以建立。

乡村旅游对于妇女的解放和发展意义重大。乡村旅游推动了农村劳动分工结构的变化，妇女成为乡村旅游主要的参与者，其独立和自我意识不断增强。此外，乡村旅游有助于改变妇女赌博等不良习惯，激起她们学习文化和技能的积极性，推动妇女解放思想，获得更加全面的发展。

3. 乡村旅游的文化影响研究

乡村旅游有助于推动当地与外界的文化交流。文化只有与丰富的社会实践接触才能得到发展，跨文化的交流使得当地居民自身得到充实，强化了他们对自身身份的自豪感，强化了他们的生活方式和性格。当地居民与游客的接触会强化他们对自身身份和自身表述的关注，尤其是具有历史价值的人文旅游景观的再现和重组，重新唤起了当地居民的历史记忆，增强了他们的自信心和自豪感。此外，发展乡村旅游能促进乡村社区的多元化发展和乡村人口素质的提高。乡村旅游赋予传统的农耕文化、民俗文化等以新的时代意义，通过经济杠杆的调节作用将文化转变为财富，促进当地对文化和历史遗产的保护。

强势的城市文化对乡村具有很强的影响力，乡村旅游逐渐向城市文化靠拢，甚至被同化，乡村的伦理观和道德观被改变，淳朴的乡村民风受到破坏。由于一些乡村旅游开发者和经营者不了解当地民风民俗，或为了迎合游客的消费倾向，造成当地乡村传统文化失真、文化庸俗化和商品化。当商业气息过分浓重，破坏当地的生活时，很多当地居民会选择外迁。而且过浓的商业气息会冲淡村落原本浓厚的历史文化氛围，甚至损害其原真性和完整性。另外，由于激烈的市场竞争，本地居民间的关系变得不融洽，当地居民与外来经营者之间也会发生冲突。此外，外来游客的不良行为可能导致当地居民道德水准下降，偷窃、犯罪等不良社会现象增多。

4. 乡村旅游的环境影响研究

乡村旅游有利于推动农村基础设施建设，加强环境治理，改善农村整体环境，美化村容村貌。乡村旅游能够有效地保护建筑物、自然景观、传统风俗等自然和文化遗产，能够提高资源利用率，增加耕地的经济效益，减少农业污染，增加绿化空间和改善生态环境。保护和改善乡村环境是乡村旅游业可持续发展的内在要求，因而发展乡村旅游有助于政府、企业、社区、居民等加强环境保护意识，治理环境污染。但是，随着旅游人数的增加，大量旅游废弃物的排放，乡村自然的文化氛围降低，垃圾和噪声污染增加，带来生态环境、社会结构、稀缺资源等方面的负面影响。政府的不合理规划、经营者片面追求经济效益、环评论证不充分等问题，都会破坏乡村生态系统，造成乡村环境功能的衰退。

二、乡村性与乡村旅游发展的关系

Peter Mason 就乡村性在乡村旅游中所起的作用进行了相关研究，指出乡村性是乡村旅游的重要内容，乡村旅游离不开乡村性，乡村性促进了乡村旅游的发展。乡村性对于旅游者来说，具有强大的拉动力和牵引力，使他们愿意去体验乡村旅游；乡村性对于旅游目的地来说，是它的核心吸引物。同时，要想实现乡村旅游的可持续发展，必须保持独特的乡村性。乡村性是乡村旅游开发的前提条件，乡村性是乡村旅游发展和管理的工作重点。何景明认为乡村旅游有狭义和广义之分，狭义的乡村旅游是指发生在乡村地域内以乡村性作为吸引游客的核心资源的旅游活动。其中，乡村性包括自然乡村性和人文乡村性。乡村性是旅游目的地的核心旅游资源，要实现乡村旅游的可持续发展，必须保持独特的乡村性。何方永指出乡村性是乡村旅游吸引游客的主要动力，游客选择乡村旅游，不仅要看乡村的自然景观，还应该积极融入乡村生活和文化氛围中。例如，可以静静地坐在桥边、屋檐下，听溪水潺潺声和鸟儿喳喳声，感受当地居民的生活状态和生活方式，从而使自己的身心得到放松。尤海涛从理论认知和游客感知两个层面分析，发现乡村旅游的核心吸引力是乡村性与其所决定的乡村意象。陶玉霞指出乡村性对于乡村旅游可持续发展具有至关重要的作用，在乡村旅游发展和管理过程中，要坚持以科学的文化观和公平原则为指导思想，保持乡村地区生态、经济、文化等的可持续发展。周杰和袁春振指出保持乡村性是乡村旅游开发必须遵循的一个重要原则，只有在开发过程中遵循保持乡村性的原则，乡村旅游才可能实现可持续发展的目标。崔凤军认为保护乡村资源，延续历史文脉是乡村旅游可持续发展的基本标准，保护乡村资源实质上是指保护景观乡村性，延续历史文脉实质上是指保护文化乡村性。

乡村性是乡村旅游吸引游客的核心资源，乡村旅游是因人们需求变化和乡村性本身所具有的强大吸引力而发展起来的。有乡村旅游需求的游客大部分是城市人口，他们长时间生活在噪声污染、固体废弃污染严重的城市里，同时面临巨大的生活压力和工作压力，所以期望寻找一个宁静舒适的环境，使得身体和心灵得到放松。乡村是一个相对安静、能够听到鸟叫声、闻到花香的地方，适合休闲度假。这样的地方可以满足城市游客放松身心的需求，吸引他们前来旅游。在乡村旅游发展之初，人们还没有乡村性的认知，只知道乡村的环境很舒服，游客愿意前来。随着乡村旅游的发展以及研究的不断深入，我们发现乡村性在乡村旅游的产生、发展过程中起到了非常重要的作用。了解乡村性对乡村旅游的牵引作用，能帮助乡村旅游开发和乡村旅游转型升级向着更好的方向发展。

　　基于以上分析可知，乡村性与乡村旅游具有密不可分的关联。乡村性是乡村旅游发展的必备条件，要想实现乡村旅游可持续发展就必须要保持乡村性。这里的保持乡村性不是说维持乡村原状、一成不变。一方面，我们要改善环境，提升旅游接待能力和接待水平；另一方面，我们又不能破坏其核心资源，即乡村性。乡村旅游的发展影响着乡村性，因而在发展乡村旅游前、发展乡村旅游过程中，都要对乡村性进行实时监控，把握乡村性的尺度，使乡村性免遭破坏。为了保持乡村性和乡村旅游可持续发展，我们必须对乡村性和乡村旅游及二者之间的关系进行研究，为乡村旅游可持续发展提供理论支持和实践指导。

三、乡村性与美丽乡村建设的关系

　　社会主义新农村建设旨在改变农村脏乱穷的历史面貌，提出了五点具体要求：一是促进新农村地区生产大发展；二是增加农村居民的收入、改善生活条件，使农村居民过上幸福的好日子；三是大力弘扬优秀的传统文化和宣传现代文明礼貌内容；四是保持农村干净整洁；五是实现村民民主参与管理。新农村建设与当前提出的美丽乡村建设的本质和目的是一致的，研究乡村性与美丽乡村建设的关系，实质上也是研究乡村性与新农村建设的关系。

　　崔俊敏和马聪提出美丽乡村建设一定要突出乡村性，建设农村自己的特色，把农村建设得更像农村。要做到这一点，需要对乡村建设者和乡村居民进行有关乡村性的宣传和教育，使他们明白何为乡村性、怎样保持乡村性、乡村性有怎样的重要意义。当建设者和乡村居民都明白了这些问题，乡村性的保护将会成为他们的主动意识。美丽是内在美和外在美的统一，美丽乡村既包括乡村外在面貌的干净整洁美，也包括乡村内在文化的传承和发扬，即美丽乡村不仅要保持景观乡村性还要保持文化乡村性，乡村性是美丽乡村建设不可忽视的重要内容。丛培德和张宪旺研究发现，美丽乡村建设主要基于四大目标：一是保持村容整洁和维护自然生态平衡；二是促进乡村发展，使农民的腰包鼓起来、生活富起来；三是维护乡村社会的稳定和和谐；四是继承和发扬优良的传统文化，宣传教授现代的文明礼仪。肖应明认为美丽乡村建设蕴含着发展需求、文化元素、和谐语境，如南屏镇曼连村菩提箐坚持景观化、生态化、多样化、便捷化等思路，对当地的房屋进行改造和维护，保留了原来的特色和韵味，传承了古代人民的智慧。

和沁认为美丽乡村建设必须坚持的原则是"和谐"二字，只有坚守和谐的原则，乡村建设才能称为美丽乡村建设，美丽乡村建设不能破坏生态和谐，也不能破坏社会和谐；并指出新农村建设涵盖经济、政治、文化、社会和生态建设五个方面的内容，包括基础设施更新和建设、新农民的培养和教育、新风尚的梳理等，最终实现乡村和村民的全面发展。

因为美丽乡村建设和乡村旅游都发生在乡村地域内，所以在进行美丽乡村建设的时候，需要将乡村旅游的核心吸引力——乡村性纳入美丽乡村建设的考虑范围。美丽乡村建设势必对乡村性产生影响，如果美丽乡村建设将乡村性纳入考虑范围，并在建设过程中坚持适度原则，美丽乡村建设就会促进乡村性的保持；反之，如果美丽乡村建设没有将乡村性纳入考虑范围，同时建设过程中也没有坚持适度原则，那么美丽乡村建设会破坏乡村性的保持。

四、美丽乡村建设和乡村旅游发展的关系

新农村建设相比于美丽乡村建设提出的时间较早，有关研究也相对较多，理论研究和实践经验也更加成熟。新农村建设和美丽乡村建设虽然在提法和外延上有所不同，但内涵和目标实属一致，研究美丽乡村建设和乡村旅游可持续发展的互动关系，可以借鉴新农村建设和乡村旅游可持续发展的关系研究。

吴得民认为乡村旅游和新农村建设相互促进、相互影响。一方面，乡村旅游影响新农村建设，只要乡村旅游坚持科学合理的发展要求，乡村旅游发展就会促进新农村的建设任务的完成。另一方面，新农村建设影响乡村旅游的发展，新农村建设如果没有破坏乡村性，就会促进乡村旅游发展；如果破坏了乡村性，就会阻碍乡村旅游的发展。赵鑫认为新农村建设为乡村旅游提供了新的机遇和条件，是当前党和政府的工作重点；乡村旅游能够为新农村建设提供帮助。陶玉霞在对乡村旅游内涵进行分析研究的基础上，发现乡村建设与乡村旅游发展之间存在相关关系。乡村建设促进乡村旅游发展，提升乡村的基础设施、接待水平和接待能力，提升游客的旅游满意度；乡村旅游为乡村建设提供经济和智力支持，保证乡村建设科学合理。同时，在美丽乡村和新农村建设过程中，要遵循可持续发展的理念，实现乡村旅游的健康发展。柯珍堂梳理了乡村旅游的特点、动力系统、影响因素，分析了新农村建设的背景和面临的困境与挑战，提出乡村建设

和乡村旅游共同发展的美好祝愿。研究发现，新农村建设和乡村旅游可以实现共赢。新农村建设为乡村旅游提供物质基础，乡村旅游通过增加村民收入、改善生活环境带动新农村建设。韩琼慧从建设主体的角度，对新农村建设进行了相关分析，发现政府在新农村建设过程中起引导和支持作用，政府关于新农村建设的方针政策、指导思想、任务目标等直接影响新农村建设的方向，政府在引导乡村建设中应将乡村旅游纳入其中共同研究，促进二者和谐共处。各级村委会作为具体建设者，需要根据国家政策要求，结合本村实际，进行美丽乡村建设。

基于以上分析可知，乡村建设与乡村旅游存在互动的关系。目前，研究二者关系的论文主要是定性研究，定量研究相对较少。为了更好地建设乡村和发展乡村旅游，需要对二者的关系进行深入研究，以实现二者的共同发展。乡村建设首先涉及的是房屋、道路等基础设施，基础设施的改善能够促进乡村旅游的发展，乡村旅游能带动乡村地区的经济、政治、文化和生态的和谐发展，提高居民的满意度和幸福感。对乡村建设和乡村旅游进行定量研究，可以发现二者的共性和异性，从而构建协同机制，共同促进乡村的发展，进而实现美丽中国梦。

美丽乡村建设和乡村旅游及其可持续发展的最终目的是一致的，即改善居民生活水平，增强居民幸福感。为了达到这一最终目的，有必要分析二者的关系，并找到二者共赢的平衡点，使得二者相互促进，共同实现改善居民生活、增强居民幸福感的目标。如果美丽乡村建设不当，破坏了乡村性，就会影响乡村旅游及其可持续发展。

五、乡村旅游与美丽乡村建设协同发展的动力系统

任何系统研究都应充分重视驱动因子以及由此产生的各内部系统之间的相互影响。乡村旅游与美丽乡村协同发展系统是一个相互影响和相互作用的整体，二者之间有着互通的发展动力系统。根据上文对二者耦合系统的分析，可以把二者协同发展的动力系统分为内生动力系统和外生动力系统。内生动力系统是指乡村自身促进二者发展的因子，内生驱动力主要包括农村发展驱动力、资源策动力和产业融合拉动力等，外生动力系统则主要包括市场拉动力、政府引导力等。乡村旅游与美丽乡村协同发展动力系统如图4-1所示。

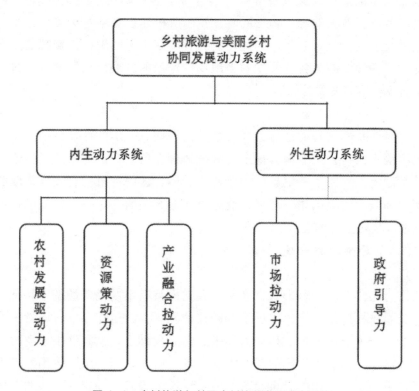

图 4-1 乡村旅游与美丽乡村协同发展动力系统

（一）内生动力系统

1. 农村发展驱动力

农村经济发展水平的高低直接影响美丽乡村建设与乡村旅游的发展。在一定区域内，农村发展得好不仅能带动美丽乡村各项基础设施的建设、乡风文明的建设、环境资源的保护，而且智慧农业的发展、休闲观光农庄、现代科技农业的发展也能提高乡村旅游的吸引力。农村经济发展水平较高的地区大多是美丽乡村建设相对成熟的典型区域，在依托乡村旅游来提升经济发展水平的地区，良好的经济实力不仅为农村地区收入的增长和乡村旅游市场推广宣传等提供经济保障，还通过农村地区旅游环境的改善、完善相关硬件的配套设施等方式促进新农村建设。因此，农村经济发展水平在一定程度上成为驱动乡村旅游与美丽乡村建设耦合的动力要素。

2. 资源策动力

乡村旅游的发展得益于乡村不同于城市的独特资源，这些独特的自然风景、农事活动、人文景观等资源契合了游客回归自然的旅游消费需求，能对游客产生强大的吸引力。同时，美丽乡村建设必须基于乡村原生态的自然景观和人文景观进行。因此，在拥有丰富资源的地区，资源的主导作用促进了各种旅游项目的开发和当地乡村建设的发展，从而形成乡村旅游和美丽乡村协同发展的局面。

3.产业融合拉动力

在经济基础较好的地区，乡村本身已经拥有一定的产业基础，不少乡村也围绕本村特色产业与其他产业进行融合发展，在扩宽该地区的旅游功能的基础上，形成了一定规模的产业综合体。这些乡村拥有较为雄厚的经济实力和较为优美的居住环境，奠定了该地区美丽乡村建设的基础，促进了该地区乡村旅游的发展。

（二）外生动力系统

1.市场拉动力

作为旅游业的一种形式，乡村旅游同样具有市场经济的基本特征。同样，美丽乡村建设也十分需要市场的拉动和资本的运作。乡村旅游的发展迎合了城市人逃离繁忙工作、回归生态的心理诉求，从而催生了乡村旅游的强大需求，形成了广阔的游客需求市场。游客强烈的旅游休闲消费需求为乡村带来了最原始的资金收入，为乡村地区旅游业提供了更多的发展契机，从而拉动了美丽乡村建设的推进。

2.政府引导力

"三农"问题作为困扰我国乡村发展的一个重要问题，也是美丽乡村建设着重解决的问题。各级政府以统筹城乡发展为目的，在统筹兼顾、规划引领、资本投入、组织协调等方面为乡村旅游发展和美丽乡村建设提供各种政策倾斜，以期通过旅游发展带动美丽乡村建设，特别是近年来乡村扶贫工作的展开更为二者的协同发展提供了强大的引导、明确的方向和切实的保障。

六、乡村旅游与美丽乡村建设协同发展的对策

（一）平衡各区发展

美丽乡村是新农村建设一个重要的发展模式，以发展农村、农业，给农民带来经济、社会、环境等方面的利益为根本目的。本书认为，为了加快美丽乡村建设，统一均衡美丽乡村的发展水平，政府应充分发挥其领导

和扶持作用，在引导各区做好科学规划的前提下，对各区存在的问题实行区别对待，根据存在的具体问题提出针对性的解决办法。

1. 充分发挥政府规划引导作用

科学编制和完善乡村建设规划是各区进行美丽乡村建设的基础工程，统筹推进农村产业发展、社会管理以及美丽乡村建设，在建设思路、建设目标和建设措施等方面统筹安排，才能分阶段制订详细而周密的实施计划，有条不紊地完成各项建设任务。

引导既包括上级政府的引导，也包括相关专家的引导。在引导中，要注重典型示范、以点带面、以面带片，按照统筹发展和科学规划的要求，调整收入分配格局，促进生产要素的合理流动和优化配置，整合资源，跨区联合发展，加强监督管理。

乡村规划以满足村民生产生活实际需要和促进农村经济社会发展为根本目的，既要具有一定的前瞻性和先导性，又要具有自身的特色性和实用性。各区政府应在了解本区的基础资源条件、社会经济水平及农民生活意愿的前提下，相互学习和借鉴，为乡村建设制定长远的发展目标。

2. 加强资金政策技术扶持力度

各区社会、经济、文化水平发展不均衡的现象致使各区的美丽乡村建设水平各不相同。政府应对远郊经济发展相对薄弱的地区提高关注力度，对各区存在的问题实行区别对待。

美丽乡村建设中，资金的投入是一个重要的保证条件。远郊地区的经济水平相对落后，整体收入水平较低，政府应加大资金投入力度，给予资金扶持，为美丽乡村建设提供基础保障。

在政策方面，对于发展水平相对较低的地区应实行一定的优惠政策，为地区建设提供动力，增加企业投资的吸引力。除政策和资金外，政府要为美丽乡村建设提供技术支持。现代农业的发展要求用现代物质条件装备农业；用科学技术改造农业，提升农业产业体系；用现代经营形式推进农业；用现代发展理念引领农业，提高农业水利化、机械化和信息化水平，提高土地产出率、资源利用率和劳动生产率，提高农业素质、效益和竞争力。

（二）优化乡村景观布局

1. 乡村景观规划

我国学者认为，乡村景观由聚落景观、经济景观、文化景观和自然环境景观构成，理想的乡村景观规划应满足三个功能，即农业生产、生态平衡、旅游观光。

乡村景观规划实际想表达的是人和自然的共生，将生态、农业、工业生产及生活建设相互融合、相互协调，创造技术生产与环境、人和自然相互交融的活动场景，是一种建设和谐生存环境的艺术行为。

2.乡村景观布局优化

乡村景观布局的优化有利于旅游空间的合理分布，有利于旅游路线的科学组织，有利于旅游产业布局的空间延伸，有利于促进乡村建设的有序开发，从而提升乡村整体的旅游竞争力。

在美丽乡村建设中应加强远郊地区的乡村开发力度，增加美丽乡村建设数量，利用其丰富的土地资源发展集约型土地，加强现代农业科技的宣传和应用，开展现代休闲农业建设，研发特色农产品，提高农业生产效率，保障基础经济建设。对于自然生态环境较好的地区，可开发自然观光休闲类旅游模式，旅游项目可包括观光、养生、度假等内容；在农业发展方面，可进行多种类型作物的耕种，以丰富田园景观，创造经济价值。

对于单个的乡村建设点，在发展中要以景观生态学为理论基础，充分考虑田园景观、聚落景观以及自然景观之间的协调性，合理组织空间要素分布，完善旅游开发所需的公共基础设施建设。

（三）加强乡村性及乡村文化表达

1.乡村性景观营造

（1）植物景观

在乡村建设中，植物景观的营造应避免精细化和城市化[①]。乡村植物的特点可以从三个方面来形容，即植物的质感、产地及管理方式。乡村植物的质感是粗犷的，富有野趣；应尽量保留原有树种，在新栽树种的选择上应以乡土树种为主，造型、外观过于精致的园林景观树种可做点缀，避免大面积使用；在管理方面，应以粗放管理为主，减少人工管理成本。

（2）硬质铺装景观

乡村硬质铺装景观应体现简朴、经济、自然的特点，与周围环境景观相协调，注重材料的透水性和生态性，水体驳岸要以自然形态为主，避免硬质化建设；主干道可用沥青或水泥路面，以满足行车要求，村落小道及

---

① 扶蓉.新时代乡村旅游开发与经营管理[M].哈尔滨：黑龙江教育出版社，2019.

公共休憩空间的铺装应减少花岗岩等城市铺装的使用，以青石板或青砖类等具有乡土气息的铺装为主。

（3）农业景观

从文化遗产的角度出发，联合国粮农组织将农业景观定义为：农村与其所处环境长期协同进化和动态适应下形成的独特的土地利用形式，包括鱼塘、稻田、农田水利工程等。农业景观是乡村所特有的景观，是最能体现乡村性特征的景观之一，如屋舍周围的菜地、农田中的作物、农民的生产生活方式等，均可为游客带来与传统旅游景点不一样的视觉感受。

2. 乡村文化表达

黄鹂认为旅游的本质是通过审美获得愉悦的过程，旅游行为具有异地性和暂时性的特点。金娜认为旅游是一种精神上的享受，这种享受来自差异性的体验。特殊的乡村气息和活动体验是吸引游客的基础因素，在乡村规划建设时应强调和突出当地的特色性，挖掘当地的乡土文化、乡风民俗，加强当地的文化内涵，提升特色景观吸引力和旅游竞争力。

乡村文化是乡村生活历史过程的沉淀，体现在各生产生活要素和农民的生活习惯及精神上。乡村文化物质和形式的表现能够给游客带来最直观的感受，可将乡村文化符号化、形式化，并运用到建筑设计、田园景观、农家饮食、旅游纪念品中去，以满足消费者的需求。此外，保留传统乡风民俗，举办节庆活动不仅可以使游客得到视觉上的享受，还可以使其参与体验其中。

（四）完善运营管理体系

目前，我国乡村旅游的发展虽稍显成效，乡村旅游市场火热，但乡村旅游管理体制尚不健全，机构相对不完善。良好的经营管理系统和拥有专业的管理人员是实现旅游市场有序发展的重要保障，是实现美丽乡村建设的重要基础。

1. 完善市场营销策略

在乡村旅游迅速发展，旅游竞争力逐渐加大的背景下，完善市场营销策略，抓住机遇，对增加市场竞争力，实现经济效益具有重要意义。

陈德林认为，乡村旅游的营销要讲究产品策略、价格策略、渠道策略、促销策略。在乡村旅游发展中，应以体现乡村特色为立足点，丰富乡村旅游产品开发，坚持可持续发展策略，强化营销的管理与协调，追求旅游市场的拓展和乡村的长远发展。

2.强化后期管理体制

管理体制的构建应从实践的现实需要出发，构建科学的理念和模式。旅游形象的建立和宣传、村庄绿化环境管理、项目运营管理、人员培训管理、基础服务设施管理等都是美丽乡村建设管理体系的基本内容。在乡村建设过程中，乡村环境的维护、基础服务设施的管理、各参与体验项目的运营等都需要一定的管理人员，管理体系的完善性是一个乡村旅游地开发水平的体现，同时也是提升美丽乡村旅游形象的关键。

第二节　乡村休闲文化与乡村旅游的融合

一、乡村休闲文化的内涵

（一）乡村休闲文化是新农村文化建设的重要内容

乡村休闲文化是新农村文化建设的重要内容，对于促进新农村文化建设发挥着重要作用。《中共中央关于推进农村改革发展若干重大问题的决定》中指出："社会主义文化建设是社会主义新农村建设的重要内容和重要保证。繁荣农村文化，坚持用社会主义先进文化占领农村阵地，满足农民日益增长的精神文化需求，提高农民思想道德素质。"

乡村休闲文化是农村文化的重要内容。首先，乡村休闲文化的定位是农村，这决定了其必然成为农村文化的重要内容。其次，乡村休闲文化设施和乡镇综合文化站、村文化室、农家书屋等文化惠民工程一样，形成了完备的农村公共文化服务体系。最后，乡村休闲文化服务对象除了城里人之外，也有当地的农民。乡村休闲文化用社会主义先进文化占领农村阵地，满足了农民的文化需求。

（二）乡村休闲文化是缩小城乡文化差距的重要手段

乡村休闲文化是沟通城乡文化的桥梁，也是缩小城乡文化差距的重要手段。乡村休闲文化作为一种新的文化现象，既有乡村文化的特征，又有城市文化的符号。因为乡村休闲文化总是把乡村本土特色文化，诸如闽南的南音、龙岩的山歌、莆田的十音八乐等人们喜闻乐见的文艺形式，奉献给游客和当地的乡亲。同样，城里人也把城市的文化带到乡村，比如送书下乡、文艺演出、作家采风等活动，使村民们感受到新的文化气息。

城乡通过文化沟通和交流可以达到取长补短、优势互补的目的，从而逐步缩小城乡的文化差距。

（三）乡村休闲文化是旅游文化的重要体现

旅游，应是大旅游的概念，包括城市旅游和乡村旅游。同样，旅游文化也包括城市旅游文化和乡村休闲文化两大部分。

过去存在一个误区，往往把旅游看作城市的专利品。一谈起旅游，总是把目标锁定在城市，不仅是城里人，到城市游玩也成为农民的一种向往，一是可以看看大城市的雄伟建筑和旅游景点，开开眼界；二是可以逛逛大商场，购买可心的物品。相反，城里人不太愿意去农村，总认为那里是落后的代名词。现在，这种状况发生了根本变化。旅游新理念的形成使去乡村旅游的城里人越来越多。亚洲大学郑健雄研发长在他的《两岸农业旅游与乡村发展关系之比较》论文中，对两岸休闲农业属性的界定做了比较，认为台湾地区的休闲农业是单纯由农业发展而来的，而大陆的休闲农业是由农业和旅游业组合而成的。我国的乡村旅游业正在迅速发展，已成为旅游业不可或缺的重要部分，乡村休闲文化也是旅游文化的重要体现。

二、乡村休闲旅游的特征

（一）旅游资源的丰富性

乡村地域广阔，旅游资源非常丰富，既有自然景观又有人文景观，既有农林牧副渔资源又有各种文化资源。乡村休闲旅游资源形态各异，丰富多彩。

（二）旅游时间的季节性

很多地方开展的乡村休闲旅游带有一定的季节性，这大都是因为乡村农业生产活动有春、夏、秋、冬之分，夏、秋时节农业生产活动比较多，旅游相对火爆；冬、春季节农事清闲，旅游相对冷淡。此外，以北方地区为例，秋、冬季节较冷时，人们出行参与乡村休闲旅游的活动比春、秋季节少。

（三）游客行为的参与性

乡村休闲旅游活动并不仅仅是单一的观光旅游活动，游客还可以参加生产劳作、品尝农家美味、江边垂钓、湖中划船、采摘蔬菜瓜果等活动。乡村休闲旅游相对于城市休闲旅游来说，带有非常强的参与性。

（四）人与自然的和谐性

乡村景观是人类长期以来在适应和改造自然的过程中创造的和谐的自然和文化景观，既保持着原本的自然风貌，又有着浓厚的乡土风情。乡村这种"古、始、真、土"的乡土特点，使乡村休闲旅游具有贴近自然、返璞归真以及人与自然和谐共生的特点，迎合了我国传统的休闲思想和返璞归真的人性本能。

（五）旅游分布的地域性

众所周知，每个国家几乎都有地域上的差异，从而在不同地区的乡村形成了各具特色的村居环境。例如，我国乡村既有南北方乡村的差别，又有山地平原乡村之分。另外，有些地区各民族之间的村居环境也大相径庭，由此导致乡村休闲旅游具有明显的地域性。

（六）客源市场呈现出大众化和多元化趋势

随着现代经济社会的发展，人们有了越来越多的可支配收入和闲暇时间，乡村休闲旅游已经不仅仅是富裕阶层或者城市居民的专利，而是逐渐发展成为大众旅游的一种新方式。城市里的高薪、富裕阶层以及工薪阶层与乡村中的一部分人群组成了乡村休闲旅游的消费客户群，这其中既有年轻人，也有老年人。

（七）消费档次相对较低

乡村休闲旅游地点在乡村地域，相对于城市休闲旅游来说，游客消费层次低，也正是这一原因才使得乡村休闲旅游客源市场逐渐呈现出大众化和多元化的趋势。

三、我国乡村休闲文化与乡村旅游融合发展的优势

我国地域辽阔、人口众多，而且是一个农业大国，农村人口占我国总人口约70%，即使是从农村走出来的城里人也依然对农村有着浓厚的乡村情结。乡村相对于城市来说，地域广阔，田园风光优美，空气清新。乡村与城市相异的文化，对于那些长年生活在高楼林立、空间狭小、噪音嘈杂和空气污染严重而又生活节奏紧张、工作压力较大的城市中的居民来说具有很大的吸引力。我们可以借旅游发展的契机，利用乡村天然的自然风光、乡村民俗等资源优势发展乡村特色休闲旅游。我国乡村休闲旅游虽然起步较晚，但是随着我国经济社会的发展和国家政策的引导，已经引起广泛关注。发展我国乡村休闲旅游的优势体现在以下几个方面。

（一）我国乡村旅游资源丰富

我国乡村面积大，而且各大区域间乡村差异较大，比如北方的以旱田为主的农业景观，南方的以水田为主的农业景观，西北的草原放牧业和灌

溉绿洲景观，东北的雾凇景观以及西南的山地高原农业景观，等等。另外，我国是一个历史悠久的多民族国家，全国 56 个民族分布在广大乡村地区，他们在我国历史发展的长河中，形成了自己各具特色的民族生活方式、民俗文化、民俗习惯等，这都是我国发展乡村休闲旅游的独特资源，这些资源吸引着不同地域的人们去了解我国各民族发展的文化底蕴。

（二）我国乡村劳动力资源丰富

众所周知，旅游业是一个服务性行业，属于劳动密集型产业。一个地区旅游业服务质量的好与坏，一方面取决于服务人员数量的多与少，另一方面要看服务人员素质的高与低。笔者认为服务人员数量的多少是一个地区旅游业发展好与坏的最基本保障。我国乡村剩余劳动力充足，这为发展乡村休闲旅游提供了可靠条件，同时也解决了乡村剩余劳动力就业难的问题。

（三）四通八达的交通运输

尽管很多乡村休闲旅游者的旅游目的地为所在城市周边或者距离较近的乡村，但是交通条件的好坏始终是影响一个地区乡村休闲旅游发展至关重要的因素。随着经济社会的发展，我国的交通道路建设也在不断加快，铁路、公路和航空等运输条件得到了很大改善。比如，我国实施的"村村通"工程等，在很大程度上满足了越来越多驾驶私家车出游的人们的需求，同时也对乡村休闲旅游的发展起到了支撑作用。

（四）乡村休闲旅游具有广阔的发展前景和空间

近些年来，党中央和国务院高度重视"三农"问题，并且出台了一系列支农、惠农政策，解决"三农"问题是实现全面建设小康社会的重中之重。解决"三农"问题，首要的就是以人为本，以提高农民的收益为中心，应该围绕调整和优化乡村农业产业结构，以转移乡村剩余劳动力为重点来拓宽农民增收渠道，增加农民就业机会。而乡村休闲旅游正是调整农业产业结构，实现农业和旅游业结合、第一产业和第三产业结合的新途径，是发展乡村经济的一大亮点。我国在发展乡村休闲旅游方面有巨大的资源优势。随着我国国民经济的发展和城市化进程的加快，城市规模不断扩大，人口急剧增长，城市居民的生活和工作环境日益恶化，导致城市居民到乡村休闲旅游的愿望越来越强烈。加之城市居民收入的提高，闲暇时间的增多，交通条件的改善以及人们消费理念的转变，都为我国乡村休闲旅游的发展提供了巨大的市场。未来的中国不仅是旅游大国，也应该成为世界乡村休闲旅游大国。展望未来，乡村休闲旅游将会在中国大地上呈现出它的勃勃生机，发展成一项很有生命力的新型产业。

四、国外乡村休闲文化与乡村旅游融合的成功经验

随着人们生活水平的提高和闲暇时间的增多，我国旅游业呈现出蓬勃发展的态势。特别是最近几年，以乡村生活、乡土民俗、乡村田园风光等为特色的乡村休闲旅游发展迅速，并且日益受到人们的喜爱，成为一种重要的休闲方式。我国政府也积极推动旅游与农业的结合，促进乡村休闲旅游的发展。乡村休闲旅游为乡村经济发展注入了活力，提高了乡村人们的收入，加快了乡村产业结构调整，改善了乡村的容貌和农民的生活方式。国外发展乡村休闲旅游已有一百多年的历史，尤其是欧美、日本、澳大利亚等发达国家和地区已经积累了相当丰富的经验。我国乡村休闲旅游虽然发展势头强劲，但起步较晚，在发展过程中还面临着各种各样的问题。立足于我国实际以及乡村旅游资源情况，学习和借鉴国外乡村休闲旅游发展的成功经验，一定能促进我国乡村休闲旅游健康、稳步、快速发展。

（一）政府重视及大力支持

对于一个国家或地区的乡村休闲旅游发展来说，宏观上的政策引导和推动起着十分关键的作用。国外十分重视乡村休闲旅游发展的国家，往往将乡村休闲旅游发展提升到国家宏观战略上进行规划，并对一些乡村休闲旅游项目进行政策扶持。政府对乡村休闲旅游项目会进行严格审批，通过充分论证后才着手开发，还编制法规政策规范乡村休闲旅游发展，提供资金支持用于改善乡村基础设施，对乡村休闲旅游发展情况定期进行检查和评估。另外，还会对外宣传当地乡村旅游资源信息或者提供信息咨询服务。

（二）成立各式乡村旅游协会

"作为一个非政府协调组织，乡村旅游协会对促进乡村休闲旅游健康发展起着举足轻重的作用。国外非常重视加强乡村旅游行业自律和服务组织建设，积极培育发展乡村旅游协会。"成熟的乡村旅游协会是很多国家乡村休闲旅游可持续发展的重要保障。这些旅游协会本着自律、公平、协调和发展的原则，一方面处理本行业内出现的一些矛盾和纠纷，协调各方之间的关系，提供本行业相应的培训以便提高服务质量，制定行业发展标准，实施卫生质量检查管理，保护游客合法权益，联合营销，推动规模效益以及资源互补；另一方面，通过监控外部环境的变化，对本行业的规划

发展做出相应战略调整，保证本地区旅游发展效益最大化，并且通过监控结果对行业内的有形和无形资源进行优化配置，以有效应对各种形式的突发事件。这些乡村旅游协会的成立，大大提高了乡村休闲旅游发展的效率与效益。

（三）开发多元化和别具特色的乡村旅游产品

国外开发的乡村休闲旅游产品可谓别出心裁、独具匠心，形形色色的旅游项目在很大程度上满足了游客的休闲需求。旅游产品质量的好与坏对当地的旅游经济效益起着十分重要的作用，所以世界上很多国家在开发多元化、别具特色的旅游产品上下功夫。另外，国外发展乡村休闲旅游时非常注重保持乡村气息的原真性，不对其进行大的改造和扩建，防止出现城市化现象。国外乡村休闲旅游地区开发的旅游产品讲求发挥自身的比较优势，防止低层次的同质化竞争。比如，法国的乡村休闲旅游，其比较有特色的旅游产品是葡萄酒等。在盛产葡萄酒的乡村旅游地区开展葡萄园观光、采摘品尝、观看葡萄酒酿造过程以及亲自参与葡萄酒制作等旅游活动，在旅游活动过程中，游客可以了解很多酿造葡萄酒的相关知识，还能够购买和品尝农家产品，满足游客的多种需求。

（四）采用"农户＋协会＋政府"的供给模式

国外发展乡村休闲旅游的国家，其主要经营开发管理模式是农户、协会与政府的联合。大多数乡村休闲旅游的经营者是农户，他们在农忙时节一边从事农业生产活动，一边搞乡村休闲旅游经营。他们会充分利用身边的农业资源，挖掘旅游吸引物，开发有特色的旅游产品。另外，随着乡村休闲旅游的发展，国外经营者提供的旅游活动项目逐渐由观光游览向休闲娱乐、体验型和参与型方向发展。由于农户个体经营规模有限、接待服务质量不高等因素，企业也成为乡村休闲旅游供给的主体之一。企业在乡村休闲旅游发展过程中，能够最大限度地满足游客的需求，企业经营管理者和服务人员都是比较专业或者接受过培训的，能够为游客提供优质服务，提升当地乡村休闲旅游的知名度和美誉度。此外，国外政府十分重视乡村休闲旅游的发展，在编制年度规划时往往会将乡村旅游发展纳入其中，并给予一定的政策与资金扶持力度，对乡村休闲旅游开发项目进行严格的论证与审批，对外宣传当地旅游信息和提供咨询服务，定期或不定期对乡村旅游经营情况进行检查和评估，保证乡村休闲旅游健康发展和为游客提供优质服务。协会在乡村休闲旅游发展过程中发挥着不可替代的作用。例如，美国就乡村旅游出台政策并建立了非营利组织——国家乡村旅游基金，从事项目规划、募集和发放资助、提供宣传等。爱尔兰则成立了农舍度假协会，并在国外设立了办事处，其主要功能是：乡村休闲旅游经营质量控制，组织乡村旅游服务培训，帮助农户寻找客源，制定标准、检查监督和进行评估等。西班牙的乡村旅游协会则是一个民间联合体，其保持着和政府的合作关系，把很多业主自发联合起来，对外统一营销策略，协调各业主之间的利益。此协会对促进西班牙乡村休闲旅游的发展起着重要作用。

（五）营销策略有效

营销对于从事任何商品交易的个体或者组织来说都是至关重要的，发展乡村休闲旅游也不例外。国外在乡村休闲旅游营销方面主要是通过旅游项目来推动的，在发展相应旅游项目的同时，把优质的、特色的乡村休闲旅游推广出去。国外利用本国信息技术发达的优势，高度重视乡村休闲旅游资源的信息化管理和网络营销。通常政府或协会组织会建立一个专题网站发布旅游信息，并建立完善的预定系统和发布其他与到当地旅游相关的信息，为游客提供方便、快捷的服务。通过网络，游客就可以了解到将要到达的旅游目的地的信息、当地的天气状况、订购车票或者预订房间等。另外，口碑传播也是乡村休闲旅游营销的重要手段。这种口碑传播主要发生在亲友之间，宣传可信度高，能够使得潜在顾客群成为乡村休闲旅游产品实实在在的消费者。利用节庆活动或者节假日进行旅游宣传，在国外也成为一种有效的营销手段。比如，法国每年一度的滨海度假旅游节，乡村旅游经营者往往会印发大量宣传海报、制作指示路标和在大型购物广场周围分发传单等。

（六）质量管理

乡村休闲旅游要想得到健康、可持续发展，质量管理是重要保证。各国依据实际情况制定了相关措施，如"推行乡村旅游品质认证制度、分类和等级评定制度、旅游质量控制体系等，从设备设施、清洁维修、安全环境、销售和游客服务等方面进行全面的监督和管理，虽然形式多种多样，却秉承着同样的宗旨，就是通过质量管理使游客享受到最标准最称心的服务"。比如，芬兰政府的旅游管理部门实施的乡村休闲旅游质量管理的内容主要是看旅游经营业主经营的旅游项目是否能够体现芬兰传统乡村文化和设施完备性。西班牙政府针对乡村旅游有专门的立法并就乡村旅游发展制定了很多标准，其中包括一些强制性标准，这些标准有力保障了西班牙乡村休闲旅游的质量。再比如，政府规定乡村休闲旅馆必须是具有 50 年以上历史的老房子，房间总数限制在 10 ～ 15 个，旅馆开业时必须进行申请，在经过政府相关部门检验审核合格后才颁发开业许可证。另外，西班牙政府还对发展乡村休闲旅游的业主进行严格考核，向具备接待条件的业主颁发"旅游接待许可证"。

五、我国乡村休闲文化与乡村旅游融合发展中存在的问题

（一）政府认识不到位，管理理念落后

我国出台了很多支农惠农政策，对于提高农民生产积极性和缓解个体经营压力起到了重要作用。但是，下级政府或者相关管理机构并不一定按照实际政策实施，如国家支持乡村休闲旅游发展的政策在有的地方就没有得到贯彻落实，这给乡村经济发展带来了很大问题。另外，有的政府管理人员没有足够重视乡村休闲旅游的发展，只注重对重工业项目的引进，并且对乡村休闲旅游准入门槛标准定得较低，导致当地乡村休闲旅游发展质量不高，资源浪费现象严重。有的地方政府管理部门或者相关机构并没有对本地乡村休闲旅游经营主体的资质和数量进行限制，如此将会出现恶性竞争。在乡村旅游资源开发经营过程中，要么政府一手操办，要么政府与企业洽谈完合作事宜就可以了，并没有考虑乡村休闲旅游开发地区乡村居民或者社区居民的利益，使得乡村休闲旅游发展出现"飞地化"现象，即本地村民或者社区居民在乡村休闲旅游发展中获益很少，大部分利益被外地开发商或者经营者占有了，致使本地村民或者社区居民对乡村休闲旅游发展产生不满情绪，不利于当地乡村休闲旅游的发展。

另外，有的政府管理部门对乡村休闲旅游概念认识不清，仅把农村观光或者"吃农家饭、住农家屋、看农家景、干农家活"形式的农家乐当作乡村休闲旅游项目，并没有考虑当地乡村休闲旅游资源的比较优势，或者根本没有充分挖掘出富有内涵的文化旅游吸引物，这都严重影响了当地乡村休闲旅游发展的效益。一方面，没有充分发挥当地资源优势，造成资源浪费；另一方面，没有达到乡村休闲旅游发展的效益最大化。

（二）盲目开发，产品层次低

旅游业是一项关联性很强的产业，涉及餐饮、交通、住宿、通信等基础设施建设和生态环境保护等。一些地区的政府忙于出政绩，经营者急功近利，并没有充分考虑自身资源优势和客源市场，仅凭一股热情一哄而上，

盲目开发乡村休闲旅游资源，并不对其进行规划和策划，而是粗制滥造，不讲求质量匆匆上马，出现同一地区旅游项目重复建设的问题，没有突出自己的特色，互相竞争，效益低下。另外，一些村民由于文化水平比较低，考虑问题不深入、不全面，看到别人搞乡村旅游富了起来，也一窝蜂地跟着做起旅游经营，仅凭借自家的农田、果园、牧场等搞旅游，导致产品层次低、同质化现象严重、配套设施和环境较差，产品没有文化内涵，不注重挖掘乡村民俗民风资源，最后因惨淡经营而停业。在乡村休闲旅游开发时，不仅应考虑邻村或者邻镇的旅游开发项目是否雷同，相邻区县的旅游产品也应避免重复开发，否则将会影响当地乡村休闲旅游的可持续发展。盲目开发乡村旅游资源不仅会造成人力、物力和财力的巨大浪费，而且会破坏当地的自然生态环境，影响当地人们的生活质量。

（三）缺乏对自然生态、文化资源的保护意识

乡村休闲旅游发展离不开优美的乡村田园风光、整洁的乡村环境。一些地区的政府或者经营者没有对乡村资源进行合理规划，导致盲目开发。另外，部分乡村教育落后，人们环保意识较弱，使得乡村生态环境遭到破坏，人们在旅游区周围滥采乱伐，生活垃圾乱堆乱放，生活污水到处排放，严重影响乡村休闲旅游的质量，不能满足游客欣赏美景、放松心情的需求。

一些乡村休闲旅游地区由于管理责任不明确或者环境治理者不负责任，景区较容易出现脏、乱、差的现象；还有的景区游客人满为患，严重超出了本身的接待能力，践踏草坪、乱写乱刻或者随地扔垃圾的现象普遍存在，这都影响了游客的满意度，导致当地旅游区的美誉度下降。

（四）宣传营销策略不到位

宣传营销在整个旅游行业发展中占有很重要的地位。俗话说："做得好，不如宣传得好。"这说明即使你的产品再好，如果不能让消费者知道你的产品和你产品的优势，那么你就不可能取得好的经济效益。宣传营销的重要性从此可见一斑。

一方面，有的乡村休闲旅游地区没有充分认识到宣传营销的重要性，经营业主大都是农民，文化水平较低，只坐等游客上门，自我销售意识薄弱。宣传方式上只注重口碑宣传，或者只是简单的发宣传册，没有形成自己的一套营销体系。另一方面，乡村休闲旅游要想做大做强，必须整合各经营主体的力量，进行联合营销，形成规模效应，因为单个经营业主的吸引力必定有限，起不到宣传营销的作用。

（五）缺少政策支持和法规约束

任何一个产业要想保持健康、稳定和快速的发展，都离不开政策的支持和法规的约束，乡村休闲旅游也不例外。我国针对乡村休闲旅游发展的立法管理处于空白状态，相关部门的监管也只是基于本部门的法规，达不到良好的治理效果。另外，村民或者社区居民发展乡村休闲旅游的积极性比较高，但是苦于政府没有对发展乡村休闲旅游出台优惠政策，也没有相应法规作为保障。比如，政府没有对开发乡村休闲旅游的经营者实施税收优惠或者信贷优惠等政策；对有的经营户任意定价、蒙客和漫天要价等现象没有制裁措施等，都会影响乡村休闲旅游发展的质量和效益。

六、我国乡村休闲文化与乡村旅游融合发展的对策

（一）充分发挥政府的主导作用

乡村旅游业作为一项新兴的战略性产业，在很大程度上需要依靠政府的引导和支持。因此，作为产业的推动者，地方政府应充分发挥其在乡村旅游发展中的主导作用。一方面，通过建立长效的管理体制，制定相关的管理条例或办法，对乡村旅游的审批规划、经营管理、卫生安全等方面进行规范和监督；另一方面，在乡村旅游基础设施建设、人才培养、市场宣传等方面提供资金、技术和人才支持。然而，这并不意味着政府要处处干预乡村旅游事务，而是要政府从宏观政策上引导乡村旅游朝着健康方向发展。

第一，科学定位，整体规划。乡村旅游资源的多样性、复杂性和分布的广泛性，决定了对当地乡村旅游资源的开发不能各自为政、圈地经营，必须由当地政府组织专家为乡村旅游"把脉"。首先，科学定位。对区域内乡村旅游需求量进行调查评估，对乡村旅游资源的资质和发展潜力进行评价，对周边基础设施和环境承载力进行考量，对乡村旅游开发项目的论证、审批做到严格把关；其次，整体规划。整合区域资源，对乡村旅游景点进行区域化布局和差异化规划设计。对于资源相似、距离相近的区域，应统一布局，整合开发，这样既可以使资源得到充分利用，避免产品雷同和重复开发，又可以形成集聚和规模效应，实现乡村旅游的倍增效益。

第二，完善法规制度建设，规范经营管理。乡村旅游的健康、稳定、持续发展离不开完善和健全的法律法规。这就需要各级政府根据当地的实际情况研究制定出切实可行的有关乡村旅游的地方性法规和条例，完善各

项管理制度，使乡村旅游的经营运作有法可依、有章可循、有序可守，为乡村旅游营造健全的法制环境。另外，在市场经济背景下，既要遵循经济规律，又要充分考虑市场的盲目性、自发性等特点。目前，部分地区乡村旅游景区内仍然存在卫生、安全条件不达标的现象，以及小商小贩宰客、欺客的问题。针对这些市场缺陷，当地政府应采取措施积极应对，制定和完善行业规范标准，在食品安全标准、服务质量标准、安全卫生标准等方面进行严格细致的规定，规范乡村旅游市场，为乡村旅游发展营造规范的市场环境。

第三，多渠道筹集资金，加强乡村基础设施建设。良好的乡村基础设施和旅游服务设施是发展乡村旅游的可靠保障。目前，部分地区乡村旅游基础设施仍然存在很大的改进空间。例如，乡村地区道路狭窄、崎岖不平，途中缺少景区道路标识牌，停车场位不足，景区内住宿和卫生设施条件差等，这些问题不仅降低了景区的可进入性，减少了游客数量，而且游客见到如此脏、乱、差的乡村景象后，也不可能得到休闲的享受，给游客对当地乡村旅游的满意度评价带来不利影响。因此，当地政府应加大对乡村地区基础设施的投入。一方面，改善交通条件，设置旅游指示牌，针对城市自驾游的增多，合理增设停车场，以提高乡村旅游的可进入性；另一方面，加强乡村旅游相关服务设施的建设，特别是一些必要的卫生消毒设施必须备置齐全，并落实各项卫生防范措施，还可以安置一些供游客在旅游中短暂休息的休闲设施，如座椅、凉亭，以方便游客随时休息恢复体力，从而为游客营造休闲、舒适的乡村旅游环境，让游客游玩舒心，真正达到娱乐休闲的效果。然而，乡村旅游服务设施的投入不能仅依靠当地政府的财力，而应拓宽融资渠道，实现投资主体的多元化。首先，由政府部门统筹，把对乡村旅游业的扶持列入财政预算方案中，以确保乡村旅游业的扶持资金能够持续，且政府资金应具有导向作用，用来扶持重点乡村旅游项目的开展。其次，应该通过不同的招商引资形式，吸引更多的外部资金来给乡村旅游开展注入新鲜"血液"。

（二）挖掘文化内涵，打造乡村旅游休闲品牌

处在同一地理位置的各个乡村旅游地区，其所拥有的自然类乡村旅游资源没有太大差异，且对自然类乡村旅游资源的开发是有限度的，如果不考虑生态环境问题而肆意开发，就会给乡村旅游地区的生态环境带来严重破坏。目前，某些乡村旅游地区的生态环境质量就已经有所下降，与这些

地区自然类乡村旅游资源开发的程度相比，人文类乡村旅游资源开发的程度明显不足，有些有价值的人文类旅游资源并没有被挖掘出来或者被充分利用。其实，与自然类乡村旅游资源相比，人文类乡村旅游资源拥有更大的开发空间，它的开发程度和空间与开发者的智慧紧密相连。况且各乡村旅游地区所拥有的自然类旅游资源雷同的可能性很大，并不能彰显当地乡村旅游的特色，也就不能凸显自身优势所在，给游客的印象也不会太深刻。有些乡村旅游景区由于产品类型单一，低层次重复开发，旅游活动项目千篇一律，缺少趣味性和参与性，致使乡村旅游难以为继。再者，很多地区目前开发出的乡村旅游类型有限，以致产品雷同现象在所难免。文化本身就具有差异性，不同地区的居民在长期的生产生活中所积淀的文化必定有所不同，只要在乡村旅游开展过程中注入文化主题，就可以有效地避免产品雷同的现象发生。因此，乡村旅游的相关治理主体应深度开发当地的人文类乡村旅游资源，挖掘其中的文化内涵，从而打造有特色的乡村旅游文化产品。

各县区应根据自身的资源禀赋，聘请有关专家对乡村旅游资源进行合理的功能定位与市场分工，分类打造具有特色的乡村旅游文化产品；要深入挖掘本地的文化内涵，打造以民俗文化、民族文化及乡土文化为主题的乡村旅游产品。

（三）加大对内对外宣传力度

宣传对于任何一种商品来说都是十分重要的，再好的产品如果宣传效果不好，其得到的收益也会较少。对于乡村休闲旅游来说，乡村旅游产品宣传效果关系着当地乡村旅游效益。宣传也是一项不小的投资，对于农户来说，只能靠口碑传播或者印发小册子、传单等进行宣传，宣传效果极为有限。本书认为，对乡村休闲旅游的宣传离不开政府部门的支持，可以通过旅游主管部门牵头，在广播电视、报纸等大众媒体上进行宣传报道，制作乡村休闲旅游主题片，把乡村休闲旅游特色推出去，吸引游客前来休闲度假。在进行广告宣传时，首先要突出地区休闲旅游的独特性。比如，美国夏威夷的旅游广告是"夏威夷是微笑的群岛，这里阳光灿烂"，突出了夏威夷当地居民的热情奔放与好客；中国宋城的广告是"给我一天，还你十年"，让游客沉浸于历史氛围，产生时空变化的错觉；中国香港的广告是"魅力香港、万象之都"和"动感之都"等，点名了香港是一个多姿多彩的现代化都市。另外，乡村旅游协会可以走出去，在周边各市、县组织乡村旅游展示会，将印制的小册子发放给现场的观众，并派专人对观众进行乡村旅游项目介绍，对观众提出的问题进行解答等；小册子的内容应该具体、详细，包括乡村休闲旅游资源、旅游路线、乡村休闲旅游项目、旅游接待设施和条件等。在周边各市、县主干道上要设立招牌，加大对乡村休闲旅游区的宣传。

随着网络技术的发展，人们的生产与生活方式发生了深刻变化。越来越多的人希望从网络中获取自己想要的信息，并且要求得到的信息全面、准确。因此，本书认为旅游主管部门应该建立一个当地的旅游网站，以便为想到乡村休闲度假的客户群体提供便捷的服务。这个网站建立的原则应该是保证乡村旅游信息的准确性、及时性、有效性和全面性，这样的原则不仅对当地乡村休闲旅游起到宣传作用，而且可以使潜在的客户群成为实际的顾客。网站的主要内容应涵盖旅游景点宣传片、住宿信息、天气状况、出行服务、旅游指南、民俗荟萃、乡土特产、农家美食、娱乐信息等，还可以为顾客提供网上订购景点票、预订房间和交通票服务，在给顾客提供方便的同时，也提高了当地乡村休闲旅游的美誉度，有助于当地乡村休闲旅游的可持续发展。

（四）健全各项规章制度，做到标准化、规范化管理

要想实现乡村休闲旅游健康、稳定、持续的发展，政府各相关部门需要建立健全各项规章制度，对乡村休闲旅游业进行监督管理。当地政府首先应该按照国家要求，制定适合当地乡村旅游发展的示范园区、休闲农业、乡村休闲旅游示范点标准，尽快启动地方休闲农业与乡村休闲旅游示范工程，把示范县、示范乡（镇）、示范企业的建设作为带动和引导地方休闲农业和乡村休闲旅游发展的重要举措，这有利于乡村休闲旅游产品质量的升级，提高乡村休闲旅游市场的竞争力。

现代社会是一个市场经济的社会，我们在遵循经济规律，按照市场化运作的基础上，要充分考虑市场的盲目性、自发性等特点，针对市场缺陷，政府要采取措施积极应对，避免出现损害经营户和游客双方利益的行为。我国乡村休闲旅游虽然发展迅速，但起步较晚，总体来说还处于起步阶段，各项管理制度还不健全。政府要根据当地乡村休闲旅游的实际情况，制定相关规章制度、管理条例和办法等，如政府组织旅游规划、历史文物、环境、工商等方面的专家对发展乡村休闲旅游相关的行业制定规范条例。为了防止经营业主对游客漫天要价，损害消费者的合法权益，政府可以制定

《乡村休闲旅游景区价格管理法》，涉及门票价格、农副食品销售价格以及住宿、餐饮等管理规定，这些规定也可以抑制当地消费品价格上涨，对当地农民也有利；为了给游客创造优美的休闲环境，政府相关部门应该制定《乡村休闲旅游景区卫生管理条例》，对乡村休闲旅游景区的责任区域、责任人和奖惩办法等进行明确的规定，更重要的是要在餐饮卫生方面加大检查力度，为游客提供一个安全、卫生的休闲消费环境；消防安全在乡村休闲旅游发展过程中应被重点关注，消防部门应把制定的《消防安全条例》发放到每位经营业主手中，并要求其认真学习，消防部门也要派专人对其进行消防安全指导、考核等，要对经营业主的经营场所进行定期或不定期排查，对存在安全隐患的场所责令停业整顿，整改合格后才允许其正常营业。

完善有关乡村休闲旅游的各项规章制度只是乡村休闲旅游管理向规范化、标准化走出的第一步，最重要的是要求各相关管理部门积极配合，认真贯彻落实①。为了当地乡村休闲旅游的发展，乃至当地经济社会的发展，政府相关管理人员及工作人员要切实秉承为人民服务、对人民负责的原则，认真履行自己的职责，绝不能玩忽职守，推卸责任。

第三节　田园文化与乡村旅游融合的路径

一、传统田园文化心理

（一）山水田园诗的梦想

中国的文艺、武艺、文化，无不和山水、自然紧密联系。比如，琴：弹奏的是《高山流水》《汉宫秋月》《渔樵问答》。棋：对弈常在山中、林间或溪畔，如"当湖十局"。书：王羲之的《兰亭集序》谁又说不是在"乡村旅游"途中的即兴之作呢？又如，苏轼在《楚颂帖》中写道，"吾来阳羡（注：江苏省宜兴市，古称'阳羡'），船入荆溪（注：宜兴古代又名'荆溪'），意思豁然，如惬平生之欲"，赞美了情景交融的乡村旅游，至于中国文字的象形之源，就更是来自山水之间、自然之中。画：中国绘画的主要元素就是水墨、山水，画的就是冲虚、灵动的自然，如唐代王维的作品被誉为"诗中有画，画中有诗"。诗、词、歌、赋：从《诗经》的"关关雎鸠，在河之洲"开始，到"杨柳岸，晓风残月"；从"大风起兮云飞扬"，

---

① 陈瑞萍.美丽乡村与乡村旅游资源开发[M].北京：航空工业出版社，2019.

到"会当凌绝顶，一览众山小"，所谓"诗意"，几乎和"自然"之境等同。文艺如此，武艺同样离不开山水、田园、乡村、自然。比如，"六艺"中的"射""御"，哪个能离得了野趣？"五禽戏"源于自然，"导引"吐纳源于自然，"拳术""拳理"或刚或柔，无不源于自然。

"故人具鸡黍，邀我至田家。绿树村边合，青山郭外斜。"该诗的意境不就涵盖了当前乡村旅游"吃农家饭、住农家屋、享农家乐"的主要形式吗？在浩瀚的诗词作品中，有多少是吟咏乡村、田园的？有多少是山水、自然所激发的灵感？"大江东去，浪淘尽，千古风流人物。"记录了旅游的感官收获，更记录下情景交融的心灵体验，所谓"借景抒情""托物言志"，似乎人在"游"景，景亦在"感"人。而"借景抒情"并非只是历代诗词创作的一种"模式"，或许每个人都有寓情于景的心灵需求。

（二）天人合一的传统

人和万物一样源于自然，中国农业文明更注重四时节令，春生、夏长、秋收、冬藏，与天同时、与地同息。乡村是农业文明的根源，从这个角度看，中国人与以畜牧文明为传统的西方人相比，对于乡村、自然的传统关系和心灵体验必然有很大的不同。唯有"天人合一"，才有"民以食为天"，才有农业的收获和发展。"锄禾日当午，汗滴禾下土""看天吃饭"的农耕传统，也许是中国文明的根源。

《易经》的八卦"乾""坤""坎""离""巽""兑""震""艮"分别对应"天""地""水""火""风""泽""雷""山"。六十四卦中的"旅"卦，经文中"利涉大川""同人于野"等也都是人与自然的意象。如果说《易经》是中国文化的源泉之一，八卦取象于自然，毋宁说山水、自然本身就是中国文明的根源。

《老子》所代表的道家思想和《易经》一脉相承，尤其是"上善若水，水善利万物而不争，处众人之所恶，故几于道"。《老子》一书中还有诸多如"飘风""骤雨""川谷""甘露"等的自然意象（全书虽然没有提到"山"，但后世道教却以"山"为修"道"的首选之地），乃至提出"人法地，地法天，天法道，道法自然"。撇开"无为而无不为"不谈，"道法自然"几乎是《易经》的宗旨、中国古代文明的纲领。乡村比城市更接近自然，乡村中有庄稼、田园、山水以及淳朴的民风，《老子》中所说的"见素抱朴"几乎是历代热衷于"乡村旅游"的诗人和非诗人们或罢归田园，或寄情于山水的心灵追求了。

"少无适俗韵，性本爱丘山。误落尘网中，一去三十年。羁鸟恋旧林，池鱼思故渊。开荒南野际，守拙归园田。方宅十余亩，草屋八九间。榆柳荫后檐，桃李罗堂前。暧暧远人村，依依墟里烟。狗吠深巷中，鸡鸣桑树颠。户庭无尘杂，虚室有余闲。久在樊笼里，复得返自然。"这是陶渊明《归园田居·其一》中的诗句，以如今的眼光来看，这简直就是一篇文采斐然的乡村旅游规划书，且有景、有情。《论语》中写道："知者乐水，仁者乐山。"乡村中除了山、水，还有淳朴的氛围和气息，否则即使"归园田"，身在乡村而心在都市、身处自然而心居烦躁，又怎能"复得返自然"呢？可见在乡村农家，乐或不乐不只在于山、水、野趣，还在于心境。诗人们可算是充分利用了"乡村旅游"，不仅游玩于美景，还借景抒情，不放过"天人合一"的机会。

（三）农家野趣的恬淡追求

在中国人的传统观念中，"民以食为天"，所以中国的饮食文化博大精深。撇开"官方"的八大菜系不谈，全国各地的乡村都有极具地方特色的风味饮食，它们的共同特征是就地采摘、食用，从田园直达餐桌，符合现代人对食物绿色、生态、环保的心理需求。因此，现代乡村旅游的主要形态之一——农家乐，起初大多都是以农家餐馆的形式开办的。农家菜意味着纯朴、绿色，背靠菜园，瓜脆果甜。吃完农家菜，再带点土特产回去，似乎又延伸了农家风情。菲利普·科特勒有一句营销名言："顾客购买的不是钻头，而是墙上的洞。"农家乐里吃的也不是菜，或许是游客对自然、绿色与健康的心理期望，也许还有未必诗意却一样纯朴的回归自然的亲切和惬意。

"明月别枝惊鹊，清风半夜鸣蝉。稻花香里说丰年，听取蛙声一片。"出自辛弃疾的《西江月·夜行黄沙道中》，蝉鸣、蛙声、鸟鸣，这些在城市是比较难得的，也是城里人住在乡下的额外收获。或许并不是想听蝉鸣、蛙声、鸟鸣，而是这些声音能勾起人关于自然的记忆，心灵可以在自然中得到抚慰，仿佛也和蝉、蛙、鸟一样自在快活。住在城里的小区、公寓里难得仰望星空，在乡村的旷野中，哪怕躺着数星星、听着蛙声、吹着习习清风、一晚安静的睡眠都可以作为乡村旅游的特别收获，更别提在星空下泛舟湖上，在林荫小道里散步抒情了。喜爱乡村旅游的人们，也许心灵都很柔软，或者需要柔软，平日面对坚硬的高楼大厦、"坚硬"的人际关系、"坚硬"的事业竞争，心灵却希望远离；或许他们的心灵也很从容，或者需要从容，平日面对快速的生活工作、"快速"的悲欢离合、快速的沟通与交流，心灵却希望放松。如何让心灵放松？这个问题值得乡村旅游的建设者从"心"考虑，避免迷失于项目"硬件"的开发与建设之中。

（四）城市环境与压力的平衡、释放

在古代，人们热衷于"乡村旅游"的原因主要是宦海沉浮、罢归田园、返回自然、借景抒情等，今天的中国人对乡村旅游又有了许多新时代下的心理期望。城市和乡村的软、硬环境截然不同，随着城市化进程的加快、乡村旅游的繁荣、新农村建设的深入，城市和乡村的交流越来越深入。从时间、空间环境看，首先，城市的生活节奏较快，时间就是金钱，特别是在北京、上海等大城市；其次，城市的生活空间比较局促，寸土寸金，生活与工作的空间都没乡村那样宽敞，难以接触到山水、花鸟、虫鱼和自然。乡村呢？可以以大地为床、以星空为被、以山水为伴、以蝉鸣鸟唱为背景，人在景中，景在画中。在城里，人们的内心装满错综复杂的压力和人事，剪不断，理还乱；到乡村，人们可以寄情于山水，亲近自然，勾起内心柔软的对大自然无私无欲的情感，投入大自然纯朴、简单的怀抱，胸怀随之宽广，心灵随之豁达，情感随之单纯，精神随之放松。

（五）在乡村旅游中养心，在养心中融入自然

关于"乡土"，《列子·天瑞》中写道："有人去乡土，离六亲，废家业。"唐代《封氏闻见记·铨曹》有载："贞观中，天下丰饶，士子皆乐乡土，不窥仕进。"可见，古代"乡土"一词是家乡、故土的意思，并非只有"土"和"俗"的含义。历代的文艺雅事，诸如琴、棋、书、画、诗、词、歌、赋，无不来源于乡土，根源于民俗，乡"俗"孕育了文"雅"，文人墨客以乡村旅游为雅事。"风乍起，吹皱一池春水。"南唐冯延巳《谒金门·风乍起》中的这一诗句只是叙述平常的风、自然的水，这平常与自然并不因诗心而变得格外优雅，只是人心被感动了，或者可以说，诗人借景而抒情、以自然来养心。作诗填词或许是古代乡村旅游爱好者们特别是文人们的传统习俗，而今人们可以摄影等现代方式来记述情与景。无论是文字或图像还是诗词或歌唱，对于乡村旅游来说，表达心情的形式未必那么重要、未必要那么"雅"，但在自然面前，人的心灵为之柔软、为之荡漾。也许古人与现代人对乡村旅游的心理有些不同：前者凭心而去，后者为旅游而去；前者心灵恬淡惬意，后者眼睛、舌尖更得满足。美景可以收藏在相机中，美食可以饱餐进肚里，也许唯独心灵难以收藏乡村中的纯朴、恬淡和自然。而对每个人的身心健康来说，心灵的慰藉比美景、美食更可贵。

二、现代乡村田园文化建设内容

（一）保护农村传统村落、传统民居，传承乡土建筑文化

传统村落是指拥有物质形态和非物质形态的文化遗产，具有较高的历史、文化、科学、艺术、社会、经济价值的村落。传统村落是我国宝贵的文化遗产，蕴含着深厚的历史文化信息，承载着中华传统文化的精华，是农耕文明不可再生的文化遗产。正如作家冯骥才所说："我们的农耕文明有几千年的历史，中国的历史便是从村庄发展起来的。"但是多年来有的传统村落因为人走屋塌而自然消亡，有的则在城镇化进程中被拆除、被改建。最近几年，传统村落遭到损坏的新闻屡见报端。目前，全国经调查上报的1.2万多个传统村落仅占国家行政村的1.9%、自然村落的0.5%，其中有较高保护价值的村落已经不到5000个。

建筑是凝固的历史和文化载体，乡村是乡土文化的载体。传统村落是农耕文明的精髓、民族文化的家园、中华儿女的乡愁、乡村旅游的名片。近年来，乡村衰落甚至消亡，成为乡村旅游发展最大的威胁。因此，保护传统村落、传统民居及乡土建筑成为紧迫的任务。加强对传统村落的保护迫在眉睫，只有先保住、守住，不让这些村落消失，才能谈发展。保持传统村落的完整性、真实性和延续性，不但可以留住文化的根、守住民族的魂，把传统村落打造成村民生存发展的美好家园、心灵宁静回归的生态乐土，而且是实现乡村旅游可持续发展的基石。

山明水秀的婺源被誉为"中国最美丽的农村"。婺源古村落是当今中国古建筑保存最多、最完好的村落之一。全县至今仍完好地保存着明清时代的古祠堂113座、古府第28栋、古民宅36幢和古桥187座。村庄一般都建在前有流水、后靠青山的地方。灵岩古洞群、古树名木、明清建筑及古文化是婺源风景的四大特色。在青山绿水中，不经意路过的一棵古树、一株老藤、一段断壁、一眼深井可能都蕴含着一个美丽的传说。以山水田园和古村落、古民居组合而成的自然景观，有着世外桃源般的意境，犹如一幅韵味无穷的山水画，形成一个独特而美丽的田园风光游览区，给人们一种回归自然和超凡脱俗的感觉。

安徽黟县宏村号称"桃花源里人家""中国画里的乡村"，历史悠久，

始建于南宋绍兴年间（1131年），至今已有800多年的历史。宏村是一座经过严谨规划的古村落，宏村内外人工水系的规划设计相当精致巧妙，选址、布局与景观都和水有着直接关系。宏村环境优美，传统村落格局保存完整，现存明清时期古建筑138幢。因为它背倚黄山余脉羊栈岭、雷岗山等，地势较高，有时云蒸霞蔚，如浓墨重彩，有时似泼墨写意，四周山色与粉墙青瓦倒映湖中，人、古建筑与大自然融为一体，好似一幅徐徐展开的山水画卷。宏村人文景观、自然景观相得益彰，是世界上少有的古代有详细规划之村落。宏村被中外建筑专家称为"中国传统的一颗明珠""研究中国古代水利史的活教材"，联合国专家称赞它为"举世无双的小城镇水街景观"。

福建省闽西山区连城县宣和乡培田古村，至今仍保存着较为完整的明清时期古民居建筑群。这个面积仅13.4平方公里、住户300多家、村民仅1000多人的小村落，保存着30幢大宅、21座祠堂、6处书院、1条千米古街、2座跨街牌坊、4处庵庙道观，总面积达7万平方米。全村建筑的博大精致、建筑工艺的精湛，保护之完好、珍藏品之多，以及浓郁的客家人文气息，为外界所叹服，被誉为"福建省民居第一村"。其他如福建永定土楼、广东梅州围龙屋等，作为客家建筑文化的经典之作，也都保存得十分完好。因此，培田古村成为今天驰名世界的文化遗产和乡村旅游目的地。

敬畏历史，尊重文脉，保存、延续古民居的建筑文化，就是留存乡土文化记忆和乡愁载体。获得普利兹克建筑奖（The Pritzker Architecture Prize）的建筑设计大师王澍，在对浙江富阳市洞桥镇文村、大溪村进行乡村规划设计时，设计了八种乡居房型供村民选择。为了保存江南传统民居文化，他遵循修旧如旧原则，坚持引导村民使用杭灰石、黄黏土和楠竹等材料改造乡居，将村内水泥路还原为青石板路，恢复了古民居的水利枢纽。他亲手打造的14幢"新民居"使文村的乡村旅游很快火起来。元代黄公望名画《富春山居图》描绘的富春江两岸诗意的生活景象，在王澍打造的文村新居得以再现。文村被喻为现代版"富春山居图"，许多城市的游客不远千里慕名而来，就为享受一下这个"富春山居新民宿"。

（二）保护乡村生态环境的绿水青山、田园风光和文化遗存

乡村生态环境反映了人与自然和谐相处的生产、生活方式，其青山绿水、田园风光所营造的乡村面貌直接关系到人们回归自然的愿望和追求。我们从古代山水田园诗歌里就可以感受到桃花源式的理想对旅游者的吸引力。现实的情况是，我国许多乡村由于生态保护、环境治理和公共设施投入不足，管理缺失，村民环境意识差，居住人口增加，乡村生态环境日趋恶化，根本不具备发展乡村旅游的生态环境条件。要实施生态环境建设保护，必须注重传统村落生态环境的延续性，倡导生态文明，教育村民懂得"绿水青山就是金山银山"，创建一批村容整洁、乡风文明的美丽生态村。实施整治垃圾、污水处理等环境治理项目，特别是文化遗产周边、公共场地、河塘沟渠等公共环境的治理，实现村容美化。同时在传统村落大力实施植树造林、退耕还林、沙漠化治理、水土流失治理、村庄绿化等重点生态工程，加强对古树名木、风景林和水源涵养林的保护。在进行景观建设时，要合理规划建立传统村落物种栖息地核心区、缓冲区和廊道，恢复乡土景观板块。

浙江省安吉县山川乡高家堂村、四川省郫县青杠树村、河北省馆陶县寿东村就是通过环境整治和生态修复，荣获"中国十大美丽乡村"称号，成为生态优美的休闲乡村。高家堂村近20年来大力整治环境，坚持发展生态经济。村庄建设生态无水公厕和生态景观水库、农民小公园。引进国外先进的生活污水处理系统，建成的生活污水处理设施能处理村民70%的生活污水。境内植被良好，山清水秀，是浙江省第一批全面小康建设示范村。该村先后被评为"全国文明村""国家级生态村""全国绿色小康村"。2013年整村创建成国家3A级景区。

四川省郫县青杠树村是在一处川西林盘旧址上新建的村庄，依托良好的生态基础和得天独厚的自然条件，在新建与保护中寻求一种自然和谐的平衡。在规划之初，有关部门对林盘中原有的大树、竹林进行了测绘，在建设中统一保护。在建设过程中，青杠树村始终把生态作为最宝贵的资源来保护和利用。在规划居住点时，所有的房屋、道路建设都必须遵循"不改变田园肌理，不破坏河流沟渠，不砍伐成型竹木"的规定。除了保护原有的树木，村里还补栽了一批桂花、银杏、香樟树等风景树木。房屋改造中遇到树木和房屋选址冲突时，就改变房屋的位置，绝不破坏树木生态；树木挡住道路建设时，则道路改道，树木保留。经过打造的郫县青杠树村，村内小桥绿水，灰瓦白墙，有错落有致的屋顶、挑梁以及生长茂密的各式水生植物，整体呈现出一种徽派建筑与川西民居相辅相成的水韵田园风格。

河北馆陶县寿东村位于县城以西3公里处，共有188户居民，曾是一个普通的小村庄。当地开展美丽乡村建设以来，不搞大拆大建，而是按照

"乡村风情，魅力小镇"的定位，走出了一条"尊重民意、留住乡愁、做强产业、改造提升"的路子。一方面，修旧利废，保留乡村风情。把废弃房屋、废弃宅基地、废弃大坑充分利用起来，或建公共服务设施，或打造成景点，或栽植绿化苗木，变废为宝；另一方面，增加方便舒适、富有品位的城市时尚现代元素，作为引领农村文化、改变农村生活的载体。在寿东村，城市里才有的阅吧、超市、酒吧、咖啡屋、微电影等落户美丽乡村。寿东村引入"粮画"企业，带动周边10多个村庄专业从事"粮画"创作。目前寿东村已打造景点28处，并且还在不断添加新的景点，形成了一条完美的精品旅游线路。

（三）建设具有历史记忆、地域特点、民族风情的特色小镇和村庄

近几十年来，随着经济的发展和农民生活水平的提高，对传统村落、传统民居的破坏，当数建设性破坏最严重。在新农村建设中，一些乡村大拆大建，还有一些地方为了发展旅游，不恰当地引进城市建筑。传统的村落格局被肢解，传统民居被改建，儿时嬉戏的院坝不见了，古老的街巷被洋灰马路取代了，故乡杨柳依依的池塘被填平了——"城不像城，乡不像乡"的乡村已经无法使人们记住乡愁，承载乡情。

2015年5月，贵州省政府出台了《关于加强传统村落保护发展的指导意见》。该意见提出，"保持传统村落空间的完整性、保持传统村落文化的完整性、保持传统村落价值的完整性"。本书认为，这是对目前传统村落、传统民居的建设性破坏行为的最具针对性的指导原则。凡是保持了"三个完整性"的传统村落和民居，现在都成了著名的乡村旅游目的地，如云南丽江的束河古镇、云南德宏州瑞丽市勐卯镇喊沙村、陕西省宁强县青木川镇。

（四）加快乡土民俗文化的挖掘、保护和延续，营造乡村旅游的文化氛围

民俗是人类为生存而适应环境的过程中形成的一种世代相习的文化现象，它既是模式化了的行为准则和生活方式，也是长期形成的约定俗成的社会规范体系。因此，它是一种活态的民间文化系统，能够生动地反映文化的传承过程和现状，而乡村民俗是在农耕文明下形成的村落文化，由于地方性、传承方式的口头特征和历史局限，往往容易被人们忽视或随乡村的消失而流失。特别是一些非遗性质的民俗文化、民间信仰和民族传统，有时会被误解为迷信，连传承人都找不到，而实际上它们蕴含和隐藏着丰富的生产生活知识和历史信息。例如，纳西族的东巴文化、东北农村的萨满（跳大神）、哈萨克族的草原阿肯弹唱、北方旱作地区乡村"祈雨"仪式和"牛王爷""马王爷""蚂蚱爷"（虫王）崇拜等。又如陕北榆林市神木县窟野河畔一个小乡村有个小庙叫河津寺，里面供奉的神主不是佛像，而是牛王爷、三只眼的马王爷、类似蝗虫造型的虫王、雷神雨师、龙王、狐仙、鸡婆（毗蓝婆）等民间信仰的东西。其实这些都与当地的农耕文明、乡村生产生活有很深的渊源，是丰富的民俗文化旅游资源，城市里一般人都不太了解。如果对这些民俗文化进行正确认识、挖掘包装，不但可以再现乡村历史的原生态，而且也能够成为乡村文化独特的风景线。

乡村民俗文化一般有节庆活动、婚丧习俗、民族宗教节日、乡村传统风俗、纪念庆典等类型。这些民俗文化在城市文化和时尚的冲击下渐渐没落，随着乡村文化的消失，急需挖掘、保护和传承下去。事实上，乡村旅游很大的吸引力来自民俗文化。

新疆旅游有句名言："不到南疆不算到新疆。"原因是南疆的民族风情最浓厚、最原生态。维吾尔族群众在聚会时都有麦西来甫（维吾尔语中意为"聚会"）歌舞活动。在喀什郊区，乡村旅游最吸引游客的就是果园麦西来甫。游客在果园采摘、餐饮、游玩，各族群众一起跳麦西来甫，亲身体验维吾尔族民俗文化。塔什库尔干的塔吉克族民间聚会中一定要表演著名的"鹰舞"。在帕米尔高原石头城下的金草地上，经常有这样的民俗活动，使旅游者终生难忘。

我国是个多民族的国家，许多民族的民俗节庆都是当地乡村文化的代表，历史传承悠久、文化内涵深厚、全民参与、影响巨大，也是非常独特的民俗文化旅游产品。例如，云南省德宏州景颇族的目瑙纵歌节、瑞丽市的傣族泼水节、大理白族的三月节，新疆维吾尔族的诺鲁孜节、古尔邦节，内蒙古蒙古族的那达慕大会，海南黎族的三月三节，藏族的雪顿节等，都需要在民族乡村文化建设中传承发扬。

（五）推进农业与文化、生态、旅游的融合

联合国粮农组织（FAO）对全球重要农业文化遗产（简称GIAHS）的定义是："农村与其所处环境长期协同进化和动态适应下所形成的独特的土地利用系统和农业景观，这种系统与景观具有丰富的生物多样性，而且可以满足当地社会经济与文化发展的需要，有利于促进区域可持续发展。"简单地说，所谓农业文化遗产就是指人类在历史上创造并传承、保存至今的

农业系统、农业生产经验和农业生活经验。目前我国已经有 15 个项目列入全球重要农业文化遗产名录：浙江青田稻鱼共生系统、江西万年稻作文化系统、云南红河哈尼稻作梯田系统、贵州从江侗乡稻鱼鸭系统、云南普洱古茶园与茶文化、内蒙古敖汉旱作农业系统、浙江绍兴会稽山古香榧群、河北宣化城市传统葡萄园、福州茉莉花种植与茶文化系统、江苏兴化垛田传统农业系统、陕西佳县古枣园、甘肃迭部扎尕那农林牧复合系统、浙江湖州桑基鱼塘系统、山东夏津黄河故道古桑树群、中国南方山地稻作梯田系统。我国农业部目前已经公布了三批中国重要农业文化遗产项目，共62 个。

我国是一个农业大国，我们的祖先在历史上所创造出来的丰厚的农业文化遗产不仅使农业实现了几千年间的超稳定发展、中华民族的丰衣足食，也造就了我们这个农业社会的精神和传统。农业文化遗产是国家的重要文化财富，它不仅维持了农民生存、农村社会传统价值、乡村生物多样性和自然景观，还将成为乡村旅游文化的重要资源。乡村文化是在农耕文明的哺育下成长的，农业文化始终是农村传统社会和乡村文化的基础[①]。因此，保护农业文化遗产，发展休闲农业、创意农业是乡村振兴、乡村文化建设不能动摇的原则。现在一些地方在强调农业现代化时，全面否定传统农业文化价值和成就，一些乡村旅游引进不恰当的城市化经营方式，过度商业化，都是背离了这个原则造成的。

农业文化遗产保护工作的重点有六个方面：对传统农业系统的挖掘、保护和传承；对传统农业耕作技术与经验实施有效保护；对传统农业生产工具实施全面保护；对传统农业生产制度实施有效保护；对传统农耕信仰等实施综合保护；对当地特有农作物品种实施有效保护。

保护农业文化遗产最有效的措施就是推进农业与文化、科技、生态、旅游及美丽乡村融合建设，大力发展休闲农业和各类主题性农园、小型农庄，把农业文化遗产转化为创意文化产业、农业文化旅游产品。前文提到的云南普洱古茶园和茶文化，现在已经是旅游景区了。吉林省东辽县鴜鹭湖旅游景区其实就是流转农民土地后，采用稻鱼鸭共生系统建设的现代农业园。其生产的稻米不施农药化肥，成为畅销的绿色品牌"鴜鹭湖蟹稻米"。黑龙江省牡丹江市响水村朝鲜族过去在火山岩稻田种植稻米，形成

---

① 海洋.灵魂之光——当代旅游文化开发的深度创意[M].成都：巴蜀书社，2007.

了独特的稻作文化。村民把保留至今的数百亩火山岩稻田保护起来，延续朝鲜族的传统耕作方式，加强了响水稻米科技手段展示，成了响水乡村文化旅游的主要产品。有些地方采取建设农业文化博览园的形式，全方位展示传统农业的春种秋收耕作及农器具、农产品加工、农村生活用品等，如江苏溧阳的农业文化园；有的乡村建设亲子农场、都市农庄等，采用体验农业生产、农村生活的形式吸引城市人群到乡村旅游休闲。这些都是保护农业文化遗产很好的办法。鉴于传统的游牧生活方式逐渐被淘汰，内蒙古东乌珠穆沁旗便在草原上选择草场、牧民家庭，开辟"牧人之家"旅游项目。在天苍苍、野茫茫的草原上，一处牧场、几顶蒙古包、一辆勒勒车、一只牧羊犬，赶着羊群放牧，骑马、挤奶、剪羊毛、喝奶茶、听蒙古族长调……这就是"在草原上做一天牧民"的旅游项目内容，吸引了不少旅游者，也传播展示了原生态的草原游牧文化。

（六）加快乡村公共文化建设，因地制宜，丰富乡村文化娱乐活动

乡村衰落、城乡差距加大的最明显表现是乡村基础设施和公共服务体系落后，投入不足，年轻人深感乡村缺乏文化生活，最终导致乡村人口流失，农村社区空心化。因此，乡村文化建设必须把公共服务设施作为重点，建设乡村文化娱乐活动的场地、设施，如乡村图书站、文化活动室、广播电视、通信网络、超市、文化广场等，使乡村文化建设落到实处。

为此，2013年海南省公布了《三亚市乡村旅游服务规范与等级划分评定》。2014年初，内蒙古自治区政府提出要用三年时间投资750亿元，按照"生产发展，生活宽裕，乡风文明，村容整洁，管理民主"的要求，在农牧区实施"十个全覆盖工程"，提高乡村公共服务水平：危房改造工程、安全饮水工程、街巷硬化工程、电力村村通和农网改造工程、村村通广播电视和通讯工程、校舍建设及安全改造工程、标准化卫生室建设工程、文化室建设工程、便民连锁超市工程、农牧区常住人口养老医疗低保等社会保障工程。"十个全覆盖工程"是内蒙古自治区成立以来最大的综合性民生工程，基本覆盖了乡村住房、道路交通、饮水安全、商业购物、通信、电视广播、文化、教育、卫生、医疗等所有乡村公共服务设施。这实际上就是乡村文化建设硬件投入的内容。"十个全覆盖工程"实施以来，取得了很大成就，一座座乡村旧貌换新颜，给乡村文化建设打下了物质基础。

除此之外，许多乡村其实还有一些创意性的公共文化设施创新项目，丰富了乡村文化生活。例如，浙江省丽水市松阳县平田村的创新公共文化项目——"平田农耕馆"，即在建筑师的帮助下，将村口几栋破损严重的夯土村舍改造为新的村民中心，同时成为对外展示乡土农耕文明和传统手工艺文化的窗口。茶场上的"竹亭"：每年的采茶季节，尤其是清明前，会有大量受雇的外地茶工前来此处，而附近的老人也常常带着孩子和狗来散步。在此设立歇脚用的竹亭，对于游客、茶工、居民都是一大方便。"竹林剧场"：建筑师直接利用天然竹子，像编竹筐一样，围合出一个类似穹顶的自然空间作为乡村文化广场。又如，莫干山乡村的农贸集市、地域文创产品商店、乡村书屋、停车场等。

第五章 体育文化与旅游产业的融合

第一节 体育文化与生态体育旅游

一、体育文化的内涵

作为文化建设中一种特有的形式，体育文化是人类在历史发展进程中，在体育方面创造的一切物质文明与精神文明的总和。它包括精神文化（体育观念、意识、思想、言论等）、行为文化（体育行为、技术、规范、规则等）和物质文化（体育设施、器材等）三大部分。当前，我国已进入了全民旅游时代和全民体育时代，以文化助力旅游升级，以文化丰富体育内涵，以旅游、体育推动文化繁荣，是贯彻习近平新时代中国特色社会主义思想和新发展理念，全力促进大文化、大旅游、大健康产业提质增效，有力推动民族文化、特色体育和山地旅游大发展的必然要求。在全社会大力建设生态文明的背景下，越来越多的人跳出了传统的旅游方式，"生态体育"越来越火爆。依托生态资源和深厚的文化底蕴，借助大型体育赛事平台，实现大众体育与自然生态完美融合，不仅是体育旅游产业可持续发展之路，也是我国优秀体育文化传承之路。

二、生态旅游的内涵

"生态旅游"这一术语，是由世界自然保护联盟（IUCN）于1983年首先提出的，它是以有特色的生态环境为主要景观的旅游，是指以可持续发展为理念、以保护生态环境为前提、以统筹人与自然和谐发展为准则，并依托良好的自然生态环境和独特的人文生态系统，采取生态友好方式，开展生态体验、生态教育、生态认知并获得心身愉悦的旅游方式。

生态旅游概念产生于20世纪60年代，它最初指的是旅游产品，后来逐渐延伸成一种发展理念。对生态旅游定义的理解，国内外学者、业界人士至今还没有形成统一的定论。一般认为："生态旅游的内涵应包含两个方面：一是回归大自然，即到生态环境中去观赏、旅行、探索，目的在于享受清新、轻松、舒畅的自然与人的和谐气氛，探索和认识自然，增进健康，陶冶情操，接受环境教育，享受自然和文化遗产等；二是要促进自然生态系统的良性运转。不论是生态旅游者，还是生态旅游经营者，甚至包括得到收益的当地居民，都应当在保护生态环境免遭破坏方面做出贡献。"有学者指出，生态旅游具备四个内涵，即环境冲击最小化、尊重当地文化并将冲击最小化、给予当地最大经济利益的支持以及游客满意最大化。经过几十年的发展，生态旅游在概念、开发、管理等方面日趋丰富和完善。目前，虽然国内外对生态旅游的定义还未形成一个统一的认识，但生态旅游作为旅游产业可持续发展的重要旅游形态正在世界范围内被广泛地研究和实践。

三、体育文化与生态旅游融合的背景

（一）可持续发展的需要

在人类的历史发展长河中，先后经历了狩猎文明、农耕文明、工业文明等几个阶段，每一次跨越都促使社会不断进步，人们的生活水平不断提高。在农耕文明阶段，人类开始定居下来，利用耕种技术和灌溉技术，在稳定的自然条件下进行生产劳作。随着蒸汽机的出现，人们利用自然和改造自然的能力变强，并利用先进的劳动工具，开始了控制自然、改造自然的探索活动。随着科技的进步和人们改造自然能力的加强，改造自然的行为越来越多。然而，由于各种社会问题的出现，人类不得不思考自身的发展。特别是20世纪50年代，人口猛增，环境污染、资源消耗不断升级，"生态危机"逐步加剧。在这种大背景下，人类认识到割裂经济、社会和环境的联系，一味地发展经济只能给地球和人类社会带来灭顶之灾。

为了寻求更优化的人与自然的相处关系，摆脱目前社会发展的困境，人类在反思生态环境与经济发展相互关系方面的经验与教训的基础上，提出了可持续发展的理念。美国学者芭芭拉·沃德（Barbara Ward）和勒内·杜博斯（Rene Dubos）共同发表了享誉全球的名著《只有一个地球——对一个小小行星的关怀和维护》，第一次提出了可持续发展的理念。该书以40个国家提供的资料为基础，从经济、社会与政治等不同角度论述了可持续发展的必要性与可行性，并呼吁世界各国人民重视维护自然环境。当时的挪威首相布伦特兰出席了当年的联合国大会，正式提出可持续发展概念，并以此为主题论述了人类环境与发展问题。在第44届联合国环境与发展大会上，通过了《里约环境与发展宣言》，明确规定了国际环境与发展的 27 项基本原则，可持续发展理念得到了与会者的承认与重视。

（二）体育文化传承和保护的需要

经济全球化背景下，国家间的竞争已经从单纯依靠经济实力、政治实力与军事实力的竞争转向以信息技术、知识产权及文化等软实力为主的综合国力的竞争上来。文化产业与旅游产业的融合，形成了独具地域特色和传统文化特色的旅游产品，通过文化旅游消费形式传播文化、完成传统文化的价值体验已经成为国际文化保护的一种新途径。体育是人类文明的结晶和成果，是表现人类思想和品质的形式之一，是一项表现和满足人的基本生存、生活方式的文化。体育既是一项身体文化，又包含着丰富的精神内涵。体育文化有着自身的特征：其一，在文明的进程中，体育发挥着重要的保持、维系人类跑、跳、投等运动能力和技能的生物性、动物性和野蛮性的基本能力；其二，体育用动作技术、素质体能、技战术等形式来表现美的艺术，创造美的艺术和美的氛围；其三，体育用身体语言、行为语言和特定的体育方式来阐述和弘扬人类的文明进步和思想精神；其四，用体育的方式来表达并享受快乐、休闲的积极生活方式。

体育文化是我国社会主义文化的重要组成部分，它不仅是一种身体运动，更是一种教育手段、生活方式，有着增强全民族身体素质、培养人的健全心理、促进人的全面发展的社会责任。体育文化是在漫长的社会发展中创造和积淀下来的宝贵资源，充分体现了中华民族共有的文化价值观念和审美理念。民俗体育文化既有与现代体育运动相似的竞赛规程和运动内容，又有与各民族的社会特征、经济生活、风俗习惯相适应的传统文化现象，体现了中华民族的文化创造力和民族凝聚力，是各民族智慧的结晶和瑰宝。因此，保护我国民俗体育文化遗产，既是各民族文化传承和发展的需要，也是维护中华文化独特性、实现党的十八大报告中提出的"广泛开展全民健身运动，促进群众体育和竞技体育全面发展"战略目标与"中国梦"的重要环节。当前，随着经济社会的高速发展与变化，我国民俗体育文化的发展与传承面临着严峻挑战。怎样保护和发展有民族和地方特色的优秀传统民俗体育文化成了亟待解决的问题。

（三）旅游经济转型发展的需要

随着人们物质生活水平的不断提高以及现代生活理念的不断更新，人们对精神生活享受有了更高的追求。旅游者越来越强调精神文化方面的需求，旅游所蕴含的文化属性越来越被重视，旅游产品向文化领域的深层开发已经逐渐成为趋势。在旅游产品的开发过程中，文化产品的认识、教育、审美等功能也被积极引入，并贯穿于康体型、享受型、发展型、探险型旅游产品中。

当前，我国城乡民俗体育文化活动广泛开展并取得了可观的经济效益，似乎民俗体育文化已经得到了传承与发扬，但实际却面临着传承堪忧的境况。民俗体育文化与其他非物质文化一样，传承方式主要是通过长辈对年轻一代的言传身教。近些年来，随着人们传统生活观念的逐步改变，大量农村年轻人涌入城市工作与生活。他们离开乡土，在很大程度上改变着农业人口的原本结构，同时也荒芜了民俗体育文化的土壤，使得许多民俗体育文化的发展后继无人，传承链出现断裂。例如，三峡库区、沙漠化地区的大规模人口迁移，使得许多优秀的民俗体育文化面临着传承的挑战。当今的中国正从乡土化向城市化高速转变，民俗体育文化的地方性正在弱化，面临着生存的危机。截至目前，我国已经相继出台了多条关于促进文旅发展的相关政策，在这样的背景下，如何通过文化和旅游的融合发展，推动供给侧结构性改革，更好地满足人们日益增长的对美好生活的需要，同时提高国家文化软实力和中华文化影响力，成为一个重要的时代命题。

（四）产业融合环境的需要

文化企业和旅游企业处于一定的产业环境中，而产业环境受到多方面因素的影响。任何一股力量的变化，既会导致产业环境的变化，又会影响企业自身的经营模式和产品形态。这就要求企业对经营模式和产品形态进行创新，以符合市场需要。在产业融合的大背景下，对旅游产业与文化产业融合发展问题进行全方位、多层次、多维度的透视和分析，明确两者融合发展的学理依据、促进措施，才能切实推动两者融合发展，从而为旅游业和文化产业的素质提升、转型带来契机。

四、体育文化与生态旅游融合的功能

（一）满足游客体验的功能

随着社会的发展和现代人工作压力的增强，体育旅游作为一项放松身心的旅游项目广受人们的喜爱。越来越多的人开始在工作之余参加各种类型的旅游活动。而生态体育文化旅游作为其中的一种类型，也吸引了许多爱好者。生态体育文化旅游来源于体育旅游，但是又跟体育旅游不同，它强调生态视野下的体育文化旅游行为，在运动方式上又跟体育旅游基本相似。我们知道，体育旅游强调参与性与体验性，重视在身体运动中实现身心的放松。生态体育文化旅游在这一方面与此类似。 例如，潜水项目更多地是让爱好者深入实地进行潜水运动，体验当地人的生活方式与当地的风土人情，滑雪亦如此，即在体验中实现爱好者的旅游目的。对于体育村寨旅游类型，它更多地是向旅游者展示当地的风土人情、异域风情，旅游者在此过程中享受民俗教育与各色体育文化的神韵，在体验中得到身心的放松。

（二）经济功能

旅游业被称为"永远的朝阳产业"，是世界各国非常重视的产业。目前，旅游业已经成为全球最大的经济行业，在社会经济中占有举足轻重的地位。2009 年，我国政府首次把旅游业定位为支柱性战略产业，开启了我国旅游产业发展新时代。生态体育文化旅游是当今世界最具活力和引力的重要旅游吸引物之一[①]，是旅游业发展的更高阶段，也是未来世界旅游业发展的趋势。以我国中华龙舟大赛为例，作为中华民族传统的节日活动，几千年来一直为广大群众所喜爱，至今还在我国 15 个省区内流行。受商品文化的影响，龙舟运动在比赛内涵上发生了根本性变化，越来越多的龙舟运动开始服务于商品社会与地方经济建设。近年来，龙舟大赛发展迅猛，像环青海湖自行车赛一样，正成为有较大社会影响的体育旅游项目。例如，在 2016 年惠州站的比赛中，有 10 万观众参与了观赛活动。在电视收视率、电视收视份额以及晚间收视率上都创造了新记录。中华龙舟大赛这几年也屡创新高。很多举办地以龙舟大赛为契机，加强经济合作。例如，2012 年贵州铜仁以龙舟大赛（铜仁·碧江）为契机，加强招商引资工作，在赛事举办期间，与来自广东、浙江、广西等地的客商洽谈，实现了总投资 84.75 亿元人民币的签约项目。其中，有 13 个项目投资过亿，有两个项目达到了 20亿。从 2008 到 2017 年，贵州铜仁碧江区连续举办了国际龙舟邀请赛、中国龙舟公开赛、中华龙舟大赛、中国传统龙舟大赛等大型赛龙舟活动，"龙舟文化"已发展成碧江颇具影响力的文化品牌，"碧江赛龙舟"从单一的地方民俗逐渐演变成在全国乃至世界范围内具有一定影响力的国际体育赛事。可以说，龙舟作为一项重要的文化资源，在旅游业迅猛发展的今天，具有

① 　段爱明 . 体育文化与生态旅游融合发展理论与实践 [M]. 上海：上海交通大学出版社，2018.

广阔的发展空间。

（三）文化传承功能

古人云："读万卷书不如行万里路。"自文明诞生起，民族间的文化交流就一直存在，但在现代旅游业出现之前的文化交流是相对零散的，同经济的联系也不太紧密。旅游业的发展以经济为动力，并通过经济的方式，极大地拓展了文化交流的范围。生态体育文化旅游对人的教育是多方面的。首先，生态体育文化旅游就是一种环保型的旅游，通过生态体育旅游的宣传、教育、体验，旅游者能更多地了解生态方面的知识，在此过程中也对环保有了更深刻、全面的认识，有利于提升个人的科学素养，同时也给社会树立了一个正向的标杆；其次，生态体育文化旅游在个体价值观塑造中具有重要作用。生态体育文化旅游项目众多，如我国少数民族地区传统体育文化，新疆哈萨克族的叼羊、内蒙古的那达慕等，它们更多地传递的是民俗风情与传统文化，在旅游过程中，旅游者既得到了民俗教育，又实现了素质的提升。

（四）环保功能

生态体育文化旅游的环保功能主要体现在两个方面：其一，生态体育文化旅游本身的环保性。我们知道，生态体育文化旅游是一种负责任的旅游形式，它强调在保护自然与人文环境的基础上实现旅游的整体功能。环保性贯穿于生态体育文化旅游者"吃、住、行、游、娱、购"的每一个环节中。特别是在体育文化旅游资源的保护方面，生态体育文化旅游者的环保意识与环保行动对于资源的保护起到重要作用。其二，生态体育文化旅游环保功能还体现在它的社会影响方面。当前，我国进入了生态文明建设时期，国家也由工业文明向生态文明迈进。在此种时代背景下，实现人与自然、人与自身所处环境的和谐相处是生态文明建设的目标，而生态体育文化旅游正是在此前提下进行的旅游活动，它作为生态文明建设的重要旅游形式，在社会中的定位注定了它具有环保宣传作用。因此，从这个意义上说，生态体育文化旅游具有环保功能。

（五）可持续发展功能

生态旅游与体育文化的融合催生了生态体育文化产业。众所周知，传统旅游导致了资源的污染、浪费与消耗，而生态体育文化旅游作为一种新型的、更高级的旅游形式，是在资源耗竭、环境污染以及可持续发展理论的背景下提出的。生态体育文化旅游可持续发展功能主要体现在三个方面：

一是生态体育文化旅游的定位。生态体育文化旅游以可持续发展为目标，旅游过程更强调节能、原始性特征，是对历史资源的传承和延续，是实现我国体育旅游产业可持续发展的必然选择。二是对体育旅游资源的保护。我们知道，生态体育文化旅游追求长期效益，以传统体育文化资源为载体，重视对旅游资源的保护，从这个角度看，生态体育文化旅游作为新兴的旅游形式，其旅游资源的可持续发展注定了其可持续发展的功能。三是生态体育文化旅游的规划与管理。生态体育文化旅游作为一种新型的旅游活动，强调在规划、开发利用、经营管理方面遵循旅游规律，合理利用体育文化资源和保护环境。因此，生态体育文化旅游是我国未来体育旅游的重要发展方向。

五、体育文化与生态旅游融合发展的意义

（一）有利于提升体育旅游的品位和层次，树立良好的社会形象

生态旅游从兴起的那天起，即焕发出勃勃生机。在短短20年的发展过程中，生态旅游已经普遍受到社会和世人的青睐。特别是体育旅游与生态理论的结合，大大提升了体育旅游的品位和层次，给人耳目一新的感觉。在产业融合的大背景下，生态旅游与体育文化的结合无疑将体育旅游推向了一个更高的层次，体育文化赋予生态旅游以体育内涵，使旅游业不再是一种纯粹的健身过程，而是一种欣赏，一种个体向自然的回归，一种个体对自然、生态、体育文化的感悟，一种个体对自然和社会生态的交融和保护，一种实现社会、经济和环境协调发展的事业。生态体育文化旅游的兴起和发展把人文景观和生态理念协调统一，使生态、旅游、娱乐、休闲、度假和健身活动联系起来，使体育旅游活动从单一的健身活动变成一种学习与教育过程，大大提升了旅游产业的品位和层次，树立了良好的社会形象。

（二）有利于改善旅游经济结构，促进旅游经济的发展

传统的社会经济是农业经济，是一种低层次、低水平的经济形态。到了工业社会，工业经济取代农业经济，成为社会主要的经济形态。尽管工业经济为人类居住、生活带来了极大的便利，但是不可避免地给自然环境造成了污染和损害。在后工业时代，社会经济渴求一种结构更加合理、经济与环境协调发展的经济形态。旅游产业与文化产业在技术、产品、企业、市场等方面的融合过程是多层的创新过程。旅游产业与体育文化的结合，

将促进传统旅游产业形成新业态、新产品，在满足旅游者多元化需求的同时，也将使旅游产业与文化产业形成新的形式。可以说，旅游产业与体育文化的结合，一方面有利于保护和传承优良的传统体育文化，另一方面有利于促进新兴文化产业类型的挖掘与发展工作。文化产业作为一种特殊的经济形态，目前的市场化时期是实现突破发展的关键。旅游产业的市场化可以为文化产业的市场化提供动力，由旅游市场带来的经济效益可以为文化产业的发展提供经济支持，使文化产业的发展更加符合市场规律，催其生产出具有更高价值和更高质量的产品，进而促进文化产业的质量不断提高。在一些旅游业发达的国家，如法国、西班牙等国，生态体育文化旅游业在 GDP 中所占比重超过 20%，而我国目前才处于 1%~3%。可以说，生态体育文化旅游是朝阳产业，是未来旅游业发展的趋势和方向。

（三）有利于民间体育文化的传承，促进社会、经济和环境的协调发展

工业文明给社会经济带来了飞速发展，但是也催生了一系列污染问题，使人类生存和居住的环境日益恶化。特别是在一些经济不发达的国家和地区，由于经济利益的驱动，以牺牲生态和环境为代价换取旅游经济的发展，造成了生态环境的严重破坏。体育文化与生态旅游的融合将生态理念和体育文化结合起来，以体育文化为载体，挖掘传统文化内涵，打造新的旅游产业类型，形成良性循环机制，并在旅游发展中潜移默化地成为一种生产力。这一产业类型是对传统旅游产业的有益补充，它的最大意义即强调社会效益、经济效益和环境效益三者的有机结合和协调发展，强调体育旅游的可持续性。因此，生态体育文化旅游对社会和经济的发展，对人民的生存环境和生态环境的改善有着重要的理论意义和实践意义。

第二节　体育产业与旅游产业融合发展的现实基础

一、体育产业与旅游产业融合发展的政策基础

为了推动体育旅游的发展，国家旅游局和国家体育总局于 2016 年联合发布《关于大力发展体育旅游的指导意见》（旅发〔2016〕172 号），该文件的出台为推动体育产业与旅游产业融合发展创造了良好的政策环境。在此利用政策工具分析方法，从环境面、供给面和需求面三个视角解析旅发〔2016〕172 号文件，以期从政策层面探析影响体育与旅游产业发展的政策条

件，同时在政策工具分类的基础上，结合创新驱动融合发展战略的创新驱动主体和创新驱动融合发展的动力因素，构建创新驱动体育产业与旅游产业融合发展的政策三维分析框架。

基于政策工具分析方法，围绕旅发〔2016〕172号文件文本进行编码，编码结果如表5-1所示。

表5-1　旅发〔2016〕172号文件文本政策工具分布情况

X轴（创新政策工具）			Y轴（创新驱动主体）（有利于哪一主体）				
			对应条文				
政策工具	具体政策	对应条文	政府（地方政府、行政机构）	企事业单位（私有、国有企业、营利机构）	金融机构（银行、创投公司、保险公司）	中介组织（承担公共服务的机构）	其他组织
环境面	目标规划	2-1；2-2-1；2-2-2；2-2-3；2-2-4；2-3-1；2-3-2	2-1；2-2-1；2-2-2；2-2-3；2-2-4；2-3-1；2-3-2				
	金融支持	3-5-6；4-3-1；4-3-2；4-3-3；4-3-4；4-3-5；4-3-6；4-3-7	4-3-3；4-3-6	4-3-1；4-3-3；4-3-4；4-3-5；4-3-6	3-5-6；4-3-2；4-3-3；4-3-6；4-3-7		
	财务金融						
	租税优惠	4-2-1；4-2-2	4-2-2	4-2-1；4-2-2			

X轴（创新政策工具）			Y轴（创新驱动主体）（有利于哪一主体）				
			对应条文				
政策工具	具体政策	对应条文	政府（地方政府、行政机构）	企事业单位（私有、国有企业、营利机构）	金融机构（银行、创投公司、保险公司）	中介组织（承担公共服务的机构）	其他组织
环境面	法规管制	3-1-4；3-4-3；4-1-3；4-1-4；4-5-1；4-5-2；4-5-3	3-1-4；3-4-3；4-1-3；4-1-4；4-5-1；4-5-2；4-5-3	4-1-4；4-5-1；4-5-2；4-5-3			
	政策性策略	3-1-1；3-1-2；3-1-3；3-1-5；3-1-6；3-1-7；3-1-7；3-2-1；3-2-2；3-2-3；3-3-1；3-3-2；3-3-3；3-3-5；3-3-6；3-3-7；3-3-8；3-4-2；3-4-4；3-4-5	3-1-3；3-1-5；3-2-1；3-2-2；3-2-3；3-3-8；3-4-2；3-4-4	3-1-1；3-1-2；3-1-6；3-2-1；3-2-2；3-2-3；3-3-1；3-3-2；3-3-3；3-3-5；3-3-6；3-3-7；3-3-8：3-4-2；3-4-4；3-4-5		3-3-7；3-3-8	

续　表

X轴（创新政策工具）			Y轴（创新驱动主体）（有利于哪一主体）				
			对应条文				
政策工具	具体政策	对应条文	政府（地方政府、行政机构）	企事业单位（私有、国有企业、营利机构）	金融机构（银行、创投公司、保险公司）	中介组织（承担公共服务的机构）	其他组织
供给面	技术支持	3-4-1；4-6-5	4-6-5	3-4-1		4-6-5	
	基础设施建设	3-5-1；3-5-2；3-5-3；3-5-4；3-5-5	3-5-1；3-5-2；3-5-5	3-5-3；3-5-4			
	公共服务	4-1-1；4-1-2；4-4-1；4-4-3；4-6-6；4-6-7	4-4-1			4-4-3；4-4-5	
	人力资源培养	4-6-1；4-6-2；4-6-3；4-6-4	4-6-1；4-6-2；4-6-3	4-6-3		4-6-1；4-6-2；4-6-3	
	科技信息支持	4-2-4；4-2-5	4-2-4；4-2-5				
	资金投入	4-2-3；4-3-8		4-3-8；4-2-3		4-3-8	
需求面	政府采购						
	贸易管制						
	海外机构与交流	3-3-4；4-4-2	4-4-2	3-3-4			
	服务外包						

表5-2 旅发〔2016〕172号文件文本政策工具分布情况（2）

政策工具	具体政策	X轴（创新政策工具）对应条文	Z轴（创新驱动路径）对应条文					
			技术创新与成果扩散	企业竞合公平秩序	资源整合平台支持	管制放松与制度创新	管理创新与战略重组（商业模式创新、资产重组、合并、并购、战略联盟、组织变革）	市场变化与需求引领（营销创新、需求变化）
政策工具	目标规划	2-1；2-2-1；2-2-2；2-2-3；2-2-4；2-3-1；2-3-2				2-2-1；2-2-4；2-3-1		2-2-2；2-2-3；2-3-2
	金融支持	3-5-6；4-3-1；4-3-2；4-3-3；4-3-4；4-3-5；4-3-6；4-3-7			3-5-6		4-3-1；4-3-2；4-3-3；4-3-4；4-3-5；4-3-6；4-3-7	
	财务金融							
环境面	租税优惠	4-2-1；4-2-2				4-2-1；4-2-2		
	法规管制	3-1-4；3-4-3；4-1-1；4-1-3；4-1-4；4-5-1；4-5-2；4-5-3		4-5-1；4-5-2；4-5-3	3-1-4	3-4-3；4-1-3；4-1-4		
	政策性策略	3-1-1；3-1-2；3-1-3；3-1-5；3-1-6；3-1-7；3-2-1；3-2-2；3-2-3；3-3-5；3-3-6；3-3-7；3-3-8；3-4-2；3-4-4；3-4-5	3-1-1；3-1-2；3-1-3	3-3-2；3-3-3；3-3-6；3-3-7；3-3-8	3-3-2；3-3-3；3-3-6；3-3-7；3-3-8	3-2-2；3-3-3；3-3-6；3-3-7；3-3-8	3-2-1；3-2-2；3-4-2；3-4-4	3-3-1

续表

政策工具	具体政策	X轴（创新政策工具）对应条文	技术创新与成果扩散	企业竞合与公平秩序	资源整合与平台支持	管制放松与制度创新	管理创新与战略重组（商业模式创新、资产重组、并购合并、组织变革、战略联盟）	市场变化与需求引领（营销创新、需求变化）
供给面	技术支持	3-4-1；4-6-5	3-4-1		4-6-5			
	基础设施建设	3-5-1；3-5-2；3-5-3；3-5-4；3-5-5			3-5-1；3-5-2；3-5-3；3-5-4；3-5-5			
	公共服务	4-1-1；4-1-2；4-4-1；4-4-5；4-4-4；4-6-6；4-6-7		4-1-1；4-1-2；4-4-1；4-6-6；4-6-7				4-4-3；4-4-4；4-4-5
	人力资源培养	4-6-1；4-6-2；4-6-3；4-6-4			4-6-1；4-6-2；4-6-3；4-6-4			
	科技信息支持 资金投入 政府采购	4-2-4；4-2-5 4-2-3；4-3-8		4-2-4；4-2-3				4-2-5 4-3-8
需求面	贸易管制与 海外机构与交流 服务外包	3-3-4；4-4-2						3-3-4；4-4-2

133

从表 5-1 可知，旅发〔2016〕172 号文件从供给面、需求面和环境面三个视角推出了政策措施，以期全面、多途径支持体育旅游发展。政府更偏好使用环境型政策工具来推动体育旅游产业的发展，目的是为体育旅游产业打造良好的发展环境，为体育旅游发展保驾护航，打造更加适宜的创新创业环境。同时，旅发〔2016〕172 号文件拟定了一些供给面政策，特别强化基础设施建设、信息化平台搭建等政策措施，但是关于通过科技水平的提升与人才的培养来发展体育旅游产业的措施相对较少。作为拉动体育旅游发展的重要力量，旅发〔2016〕172 号文件拟定的需求面政策相对较少，这会影响体育与旅游产业的市场融合。

表5-3　旅发〔2016〕172号文件政策工具分析量化表

层面	工具	数量	总计	百分比（%）
供给面	基础设施建设	5	23	21.7
	公共服务	8		34.8
	科技支持	2		8.7
	人才培养	4		17.4
	资金投入	2		8.7
	信息服务	2		8.7
环境面	策略性措施	20	44	45.5
	法规管理	7		15.9
	金融服务	8		18.2
	目标规划	7		15.9
	税收优惠	2		4.5
需求面	海外交流	2	2	100
	政府采购	0	0	0

供给面、环境面和需求面三方面的相对分布存在不平衡现象，供给面政策特别是基础设施建设、人才培养、公共服务等是影响体育与旅游产业技术融合的重要因素；环境面政策为体育与旅游产业的业务融合创造了良好的政策环境，有利于体育旅游创新创业；需求面政策特别是政府采购是影响体育与旅游产业市场融合的重要手段。

（一）体育产业与旅游产业融合发展的政策工具维度分析

1.体育与旅游产业融合发展的供给面政策驱动

从供给面对旅发〔2016〕172 号文件进行分析可知，使用最多的政策工具是体育旅游产业公共服务的建设发展，占供给型政策工具的34.8%。这得益于加快体育旅游景区的公共服务设施建设，进而推进体育旅游公共服务平台建设，完善体育旅游服务体系，这将对体育旅游产业的发展给予最主要的供给方面的支持。与此同时，政府关于基础设施建设和人才培养的政策也占有较高的比例，分别为21.7%和17.4%。政府加大了对国家级旅游度假区和精品旅游景区开展以体育运动为特色的旅游项目的投入力度，积极推动各类体育场馆设施、运动训练基地提供体育旅游服务，给予体育与旅游产业融合以基础。同时，关于人才培养的政策也较符合我国的实际国情，对于体育旅游产业的发展，加大体育旅游经营管理人才、专业技术人才和服务技能人才的培养力度，鼓励各地组建体育旅游专家智能库，引导各类院校与科研机构为体育旅游提供智力资源支持，这些都是至关重要的相关举措。从体育旅游产业未来的发展趋势来说，科技与信息技术的创新支持无论是对体育旅游产业的推广、经营与管理，还是对体育旅游产业的市场开发都是必不可少的。值得关注的是，在旅发〔2016〕172号文件的供给型政策中，科技支持、信息服务和资金投入的占比较低，均只有8.7%。众所周知，对于一个新兴产业各方面都需要资金的大量投入，而在体育旅游产业发展的初期尤其需要政府在资金投入上起引导作用，从而达到拉动市场经济、提高资金利用率、推动体育旅游产业发展的作用。根据研究可知，在制定体育旅游产业发展的后续相关政策时，应加大科技支持、信息服务和资金投入的力度，明确其操作细则的工作应同时进行。

2. 体育与旅游视野融合发展的环境面政策驱动

从环境面对旅发〔2016〕172号文件进行分析可知，策略性措施在环境型政策工具中占比最大，达到了45.5%，原因在于策略性措施有鲜明的引导性，能够很明确地给出政府对于体育旅游产业发展的相关对策与方法。同时，在策略性措施的使用上，政府有效把握体育旅游价值与发展规律，所制定的相关策略性措施并没有像以往那样急功近利，制定不可完成的目标，而是分轻重缓急、一步一步地构建体育旅游产业的近期、中期和长期的发展战略。策略性措施政策全面而具体，很好地促进了体育与旅游产业的技术融合发展。值得注意的是，金融服务作为次级重要的环境型政策工具，在旅发〔2016〕172号文件中得到了较高的重视，其使用比例为18.2%，同时为了强调对体育旅游产业发展的规范与控制，在旅发〔2016〕172号文件中法规管理与目标规划的使用比例均达到了15.9%。究其原因，公共政策执行过程中任一政策工具均很难单独发挥作用，所选择的任一政策工具均需匹配另一种或多种政策工具来调适其所造成的影响。旅发〔2016〕172号文件政策的执行过程也不例外，一是体育旅游市场联合监管体制优化体育旅游产业发展的市场环境；二是深化体育旅游装备相关标准规范的研究，并打击假冒伪劣体育旅游装备用品、危害健康和缺乏安全保障的体育旅游产品和非法经营行为，形成规范有序、健康文明的体育旅游市场环境。

3. 体育与旅游产业融合发展的需求面政策驱动

从需求面对旅发〔2016〕172号文件进行分析可知，政府部门运用最多的政策工具为海外交流（占比100%），基本所有有关的需求型政策工具都为海外交流。这种策略措施能够推动我国体育旅游产业发展，从而提升我国体育旅游产业在海外的知名度。而且海外交流能够使我国体育旅游企业学习国外有关体育旅游产业发展的先进经验。通过表5-2还可以了解到政府在体育旅游采购方面存在缺失。政府采购是政府运用管办分离的原则，招标选择专业的社会组织或企业负责管理运营体育旅游。政府采购缺失说明体育旅游产业的发展主要是依靠社会力量。通过市场上的社会组织和相关体育旅游企业的投资与发展虽然可以吸引一定的资金，但政府也要对体育旅游产业的发展起推动作用，同时要为发展体育旅游产业提供强有力的支持。因此，对于后续体育旅游产业政策的出台、修订和完善，将以需求型政策工具的政府采购为重点。

（二）体育产业与旅游产业融合发展的政策工具与主体维度分析

本书在政策工具的基础上，加入创新驱动发展战略的创新驱动主体维度进行双维度分析。对于政府主体，创新政策主要体现在环境面（25条），其次是供给面（15条）、需求面（1条）；对于企业主体，创新政策主要体现在环境面（27条）、供给面（8条），需求面同样只有1条政策措施；对于承担公共服务的体育相关机构主体而言，供给面的创新政策有7条，环境面有2条，但是需求面没有政策；金融机构主体的创新政策有限，环境面为5条，供给面没有提及，需求面同样没有涉及。银行、创投公司、保险公司等金融机构可以很有效地解决体育产业与旅游产业融合发展的资金问题，其创新驱动政策能更好地促进体育产业与旅游产业的融合发展。通过统计可以发现，旅发〔2016〕172号文件比较好地体现了政府部门环境面政策的相关作用。与此同时，对于企事业单位在环境面和供给面都制定了丰富的相关政策，但是对于需求面而言，针对各个主体所制定的政策都相对较少，对金融机构与中介组织的需求面没有涉及，但中介组织的供给面的政策较为充分。随着我国创新驱动政策的不断深化，要特别重视各方面创新主体，尤其是企事业单位的作用，同时注重对中介组织与金融机构的支持与培育，使得创新驱动的各个主体可以充分发挥其潜力，促进协同创新。

（三）体育产业与旅游产业融合发展的政策工具与路径维度分析

在体育产业与旅游产业融合发展的政策工具分析的基础上加上创新驱动路径维度，可以分析创新驱动基本政策工具与各个创新驱动路径的交互关系。可以看出，在旅发〔2016〕172号文件中对于环境面政策，在技术创新与成果扩散（3条）、企业竞合与公平秩序（8条）、资源整合与平台支持（7条）、管制放松与制度创新（13条）、管理创新与战略重组（11条）和市场变化与需求引领（4条）方面各有侧重，对于环境面来说最为重要的是管理创新与战略重组。通过商业模式的创新、资产重组、并购和合并等措施策略可以带动创新驱动路径。对于供给面政策主要体现在技术创新与成果扩散（1条）、企业竞合与公平秩序（7条）、资源整合与平台支持（10条）和市场变化与需求引领（5条）。供给面政策的有效推动可以较好地促进资源整合与平台支持，同时能够促进企业竞合与公平秩序的发展，这体现了创新驱动的体育与旅游产业融合发展需要市场的创新来驱动。对于需求面而言，只是从市场变化与需求引领（2条）方面来促进体育产业与旅游产业的融合发展。从旅发〔2016〕172号文件中可以发现，针对技术创新与成果扩散、管制放松与制度创新和市场变化与需求引领的政策均比较少，这是今后制定创新驱动体育产业与旅游产业融合发展政策中需调整的方面。

二、体育产业与旅游产业融合发展的创新驱动机制

技术创新、市场需求、放松管制、企业合作是推动产业融合的动力[①]。另外，技术瓶颈、市场瓶颈、需求障碍、制度障碍、能力障碍是影响体育产业与旅游产业融合的阻力。其中，技术创新是产业融合的内在驱动力，在技术创新的驱动作用下，新科学技术的应用跨越了传统的行业界限，实现技术共享，并确保产业使用通用技术共同成长，但是当技术创新不足、存在技术瓶颈时，体育与旅游产业的业务融合则难以实现。市场需求是产

---

① 刘晓明.产业融合视域下我国体育旅游产业的发展研究[J].经济地理，2014，34（05）:187-192.

业融合的原始动力，通过营销创新，消除市场准入障碍，突破产业界限，实现业务合并与汇合，形成新型业态。但是当市场需求不足、形成市场瓶颈时，也会阻碍体育与旅游产业的业务融合。当产业管制制度、市场经济体制影响体育旅游产业资源流通时，制度就成为阻碍体育与旅游产业业务融合的因素，所以放松管制是产业融合的客观条件，通过制度创新消除资源的流通限制，促进业务的整合和企业跨界合作。企业追求经济利益而竞合是产业融合的力量源泉，通过管理创新理顺企业内外竞合关系网络，实现组织融合，推动技术创新成果产业化。影响产业融合的需求障碍包括消费能力、消费行为习惯、消费者的学习能力，这些因素是通过影响体育与旅游产业市场融合进而影响其业务融合的。因此，技术创新、管理创新和市场创新等创新活动影响体育旅游产业的融合发展。

综合以上分析，可理清如下逻辑：技术创新创造出新产品、新服务，形成新的生产成本函数；创造出新工艺，形成新的产业间关联性。在管理创新、信息化水平的影响下，生产成本函数转化为同行竞合能力，产业间关联性转化为资源整合能力。资源整合能力、同行竞合能力以及整体解决需求是促进体育旅游产业业务融合的动力因素，市场瓶颈、技术瓶颈、管理体制、市场机制是影响体育旅游产业业务融合的阻力因素；顾客消费能力潜力、消费行为惯性、顾客学习能力是影响体育旅游产业市场融合的因素；技术融合为业务融合提供了技术方案，业务融合为市场开发提供了示范服务样本、整体解决能力；在发挥新产品或新服务的示范服务功效、促进顾客学习的过程中，信息化、市场创新发挥着重要作用；在应用整体解决能力、提升顾客消费能力潜力的过程中，信息化、市场创新发挥着重要作用。基于这些推论可以绘制如图 5-1 所示的因果关系图。

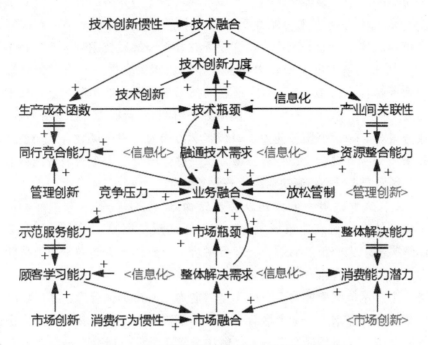

图 5-1　创新驱动体育旅游产业融合发展因果关系图

（一）体育旅游产业技术融合反馈回路

推动体育旅游产业技术融合有两条正向反馈回路和两条负向反馈回路。其中，正向反馈回路为：①技术融合↑→生产成本函数↑→同行竞合能力↑→业务融合↑→融通技术需求↑→技术瓶颈↑→技术创新力度↑；②技术融合↑→产业间关联性↑→资源整合能力↑→业务融合↑→融通技术需求↑→技术瓶颈↑→技术创新力度↑。

负向反馈回路为：①技术融合↑→生产成本函数↑→技术瓶颈↓→技术创新力度↓→技术融合↓；②技术融合↑→产业间关联性↑→技术瓶颈↓→技术创新力度↓→技术融合↓。

（二）体育旅游产业业务融合反馈回路

推动体育旅游产业业务融合有三条负向反馈回路和六条正向反馈回路。其中，负向反馈回路为：①业务融合↑→整体解决能力↑→市场瓶颈↑→业务融合↓；②业务融合↑→融通技术需求↑→技术瓶颈↑→业务融合↓；③业务融合↑→示范服务能力↑→市场瓶颈↑→业务融合↓。

正向反馈回路为：①业务融合↑→整体解决能力↑→消费能力潜力

↑→市场融合↑→整体解决需求↑→市场瓶颈↓→业务融合↑；②业务融合↑→示范服务能力↑→顾客学习能力↑→市场融合↑→整体解决需求↑→市场瓶颈↓→业务融合↑；③业务融合↑→融通技术需求↑→技术瓶颈↑→技术创新力度↑→技术融合↑→产业间关联性↑→资源整合能力↑→业务融合↑；④业务融合↑→融通技术需求↑→技术瓶颈↑→技术创新力度↑→技术融合↑→生产成本函数↑→同行竞合能力↑→业务融合↑；⑤业务融合↑→示范服务能力↑→顾客学习能力↑→市场融合↑→整体解决需求↑→业务融合↑；⑥业务融合↑→整体解决能力↑→消费能力潜力↑→市场融合↑→整体解决需求↑→业务融合↑。

（三）体育旅游产业市场融合反馈回路

推动体育旅游产业市场融合有四条正向反馈回路：①市场融合↑→整体解决需求↑→市场瓶颈↑→业务融合↑→整体解决能力↑→消费能力潜力↑→市场融合↑；②市场融合↑→整体解决需求↑→市场瓶颈↓→业务融合↑→示范服务能力↑→顾客学习能力↑→市场融合↑；③市场融合↑→整体解决需求↑→业务融合↑→整体解决能力↑→消费能力潜力↑→市场融合↑；④市场融合↑→整体解决需求↑→业务融合↑→示范服务能力↑→顾客学习能力↑→市场融合↑。

根据图 5-1 所示的创新驱动体育旅游产业融合发展因果关系图，可以确定创新驱动体育旅游产业融合发展的系统动力学模型中有技术融合度、业务融合度和市场融合度三个状态变量，有技术融合动力、业务融合动力和市场融合动力三个决策变量，有技术创新、管理创新和市场创新三个调控变量。体育旅游产业技术融合、业务融合和市场融合三个子系统中的因素都是模型中的重要变量，它们之间有的彼此独立，有的强相关，将其引入模型中，并阐述它们之间的相互作用和关联，即可得到图 5-2 所示的创新驱动体育旅游产业融合发展的系统动力学模型图。

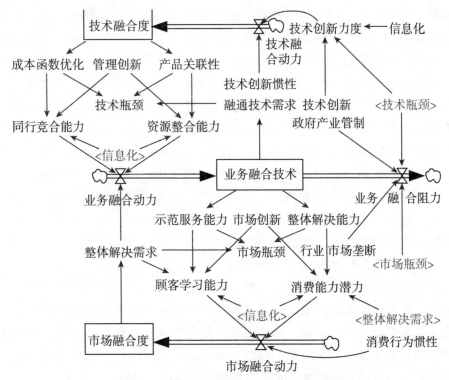

图 5-2　体育旅游产业融合发展的创新驱动系统动力学模型

第三节　文化创意产业与体育旅游产业的融合

一、文化创意产业与体育旅游产业融合的思想根源

文化创意产业与体育旅游产业的融合不仅仅是技术层面的，更涉及服务、商业模式及整个产业的运作模式等。在整个融合过程中，行业主体及消费者的思想观念起到了至关重要的作用，极大地推动了产业融合的进程。文化创意产业与体育产业融合发展的思想根源主要来自以下几个方面。

（一）旅游者需求层次的提高

对于大部分社会个体而言，文化消费建立在物质消费的基础上，对个人的收入水平有着一定的要求。消费需求是日益发展和提升的，目前居民的日常消费已经不再简单地满足于基本生存需求，而是趋向于高层级的精神消费以及享受型消费，而文化创意与体育旅游恰恰恰属于高层级的消费需要。随着人们生活水平的提高，旅游中的参与性与体验性逐渐成为人们消费需求的重点，人们已经不能满足于简单的自然风光、风味小吃等，文化内涵、民族特色成为人们新的偏好。此外，人们的旅游消费也逐渐开始注重文化内涵，偏向于精神文化体验与养生休闲，青睐主题游、养生游等。

消费者旅游需求的结构性变化促使旅游市场的内部调整，这就使得旅游市场内部的企业、中介机构和未进入市场的相关潜在企业进行企业内部的战略性调整或主动进入市场。作为体育产业的重要组成部分，体育旅游是当下热门旅游方式之一，也是相关企业和机构改革的目标与方向，他们已充分认识到消费者需求的多元化和个性化趋势。而借助文化创意对体育旅游元素进行包装和宣传是发展体育旅游的关键环节，这就对文化创意产业以及体育旅游产业二者之间的融合产生了极为重要的推动作用。

（二）消费个体价值倾向改变

人们在消费中追求的目的一般表现在对某个产品的理解或价值认知程度上，或者说，人们的消费行为来源于对某种产品的认知和价值需求。人类的价值观是非常复杂的，是多维和多层的，属于一种心理倾向。对于体育旅游消费来说，它是从属于经济价值观的，属于人们对这类消费的具体价值取向。消费个体价值倾向是消费者消费的主旨与倾向，是无法背离的，每个消费者对相同产品的价值评价都不相同。而体育旅游属于一种独特的消费方式，因而其所能够满足的个体消费需求就成了关键的主观判断因素之一，没有消费者普遍的价值评价和追求，体育旅游的发展动力便会不足。

经济的不断发展使人们消费的选择自由度与范围不断扩展，人们消费的倾向性也越来越多样化和去限制化。人们的消费方式实际上都是在一定的消费条件下所做出的对生活方式和风格的选择，根源是人们的心理认可和需求欲望。按照马斯洛的需求层次理论，层次越高的消费品提供的精神意义越重要，相应的符号特征越突出，象征型消费也就越具备倾向性。体育旅游产品作为一种层次相对较高的产品，其发展动力正源自消费者个体价值倾向在需求层次上的攀升。

（三）可持续发展思想的深入

可持续发展思想在本质上要求经济、社会与自然和谐发展，它以传统的发展理论为基础，要求在经济发展的同时不能以环境破坏为代价，不能危及子孙后代的正常资源需求，将资源保护和环境保护融合，以改善人们的生活质量为目标，提升人们的幸福指数。文化创意产业与体育旅游产业的本质特征均符合可持续发展思想及其理念的基本要求，因而在新的经济社会环境下成为被大力发展的新兴产业，因此，二者的融合发展也成为重要的趋势，是可持续发展战略的必然要求和重要体现。

粗放式发展已经对我国的环境与资源造成了严重伤害，水污染、空气污染严重影响到人们的生活质量及身体健康。人们已经深刻认识到环境保护的重要性，杜绝环境污染与资源浪费，坚持可持续发展的观念已经深深融入人们的消费观中。文化创意产业和体育旅游产业不仅是集约型产业，也是绿色产业，在生产的过程中不会产生环境污染、资源浪费等现象。

二、文化创意产业与体育旅游产业融合的基础条件

居民的收入及消费水平的提升直接决定了文化创意产业的生产能力、市场规模及发展能力。此外，市场及政府等外界因素的变化与引导也会对文化创意产业的发展起基础性作用。

（一）消费水平提升

居民消费水平提升的关键因素是我国经济整体的飞速发展。在我国大力发展文化产业，进行供给侧结构性改革的政策背景下，居民在满足日常生活需求的基础上逐渐开始注重精神层面的满足，开始进行精神文化产品消费，而文化创意产业和体育旅游产业的相关产品正属于精神文化产品的范畴。精神文化产品与以往一般商品的不同之处在于：精神文明消费建立在物质消费得以满足的基础上，且企业和消费者均需要了解文化创意产品的精神内涵并认同其精神价值。文化创意产业和体育旅游产业的消费主体目前一般以受过高等教育的学生、学者以及青年为主。这类人群容易接受新兴事物，并有一定的消费水准，他们的自身消费以及带动周边人群进行理性的文化创意产业消费，对促进产业的融合发展起到至关重要的推动作用。

（二）旅游市场环境变化

目前，我国的传统旅游市场已经饱和且其发展趋势呈现疲软状态，相关产业的延伸利润固定化甚至呈现出下降的趋势。随着企业旅游产品的更新发展，创新转型已经成为旅游企业的唯一出路。优质的旅游企业通过战略结构调整，将文化资源作为重点开发对象，加强创意创新的开发利用，通过对文化创意产品类型和内涵的不断挖掘和创新，获得了独特的竞争优

势。除此之外，体育旅游是现代旅游市场的新方向，也是企业盈利的最新产品，文化创意产业和体育旅游产业的融合是旅游市场发展的必然结果，其高附加值、高体验性等特征吸引企业尽快加入文化旅游市场。

市场需求在产业融合与发展的过程中发挥了巨大作用。市场通过价格和资源配置等手段，促使部分区域发展了成规模的体育旅游景点，并最终形成相对成熟的体育旅游产品。这一过程无疑是体育旅游产业不断调整自身的产品类型以迎合市场需求的结果。体育旅游产品一旦形成，便会自主形成不断调整和优化升级的正循环体系，并通过这种体系形成竞争优势，引导消费者和旅游群体前来旅游并产生一系列消费行为，消费反作用于生产，从而促使体育旅游产业不断调整自身的产品类型，最终形成与体育旅游产业息息相关的服务消费市场。在这一过程中，借助文化创意产业提高体育旅游产品的吸引力是重要的战略选择。由此可以看出，在市场消费的强力带动和引导下，体育旅游产业在发展过程中与文化创意产业进行融合可不断增强市场竞争力，从而实现可持续发展。

（三）政府引导力增强

政府在产业融合发展的每一个环节都发挥着重要作用，是外部动力因素之一。文化创意产业与体育旅游产业的快速发展离不开政府在背后强大的政策动力支持。政府不仅需要提供一个适宜发展的宏观环境，也需要通过一系列政策手段营造一个良好的微观环境。

通过对相关文献资料的查阅，总结出产业融合发展过程中政府的驱动作用：第一，基础设施建设。文化创意产业及体育旅游产业都需要较为强大、完善的基础设施作为发展的前提。但是由于基础设施建设需要的投资金额较大，并且投资回收期长，企业自身无法负担，只能依靠政府展开先期投资建设。第二，政策支持。地方政府有效的政策保障措施，可以协调好体育旅游产业与其他产业融合进程中的分工，从而营造良好的融合氛围，构建产业融合发展的良好政策环境。第三，发展规划支持。越来越多的投资商或企业会在政府政策偏向的引导下进入文化创意产业与体育旅游产业，这不仅局限于文化和旅游产品，餐饮、住宿等服务设施也会逐步完善，从而达到一定的集聚效应。第四，发挥典型示范作用。政府着重培育具有良好发展潜力的企业，通过其发挥模范带头作用，扩大文化创意产业与体育旅游产业融合的范围与深度。在这种产业融合与集聚效应的背景下，更多的人才、资金、技术会流入旅游产业，起到良性循环的效果，从而推动文化创意产业与体育旅游产业的快速发展。

三、文化创意产业与体育旅游产业融合发展的模式分析

（一）体育主题游模式

体育主题游是以打造运动名片为中心，充分彰显体育运动个性与特色的体育旅游发展模式，同时也是通过各类手段对品牌进行包装、加工和突出文化创意的商业模式。

1. 模式理念

体育主题游不仅以体育运动及综合娱乐为核心来吸引游客，也注重打造品牌形象以带来持续的品牌效应，促进各种项目及资源的纳入与活动的丰富化，即将体育项目及其相关活动品牌化。品牌化的体育运动及相关活动可通过丰富游客的体验来吸引游客主动消费，从而在体育项目参与的过程中产生经济活动，创造经济效益。

当前世界处于体验经济时代，而旅游产业则是体验经济的突出代表，因此，旅游带给游客的特殊体验感以及延伸产品的体验设计都是当前旅游业的主要潮流。体育主题游强调游客在旅游中的主观真实感受，要让游客在参与体育活动的过程中真切体验项目的娱乐性与运动性，通过别具一格的创意设计，使游客的体验丰富化。随着居民生活水平的提高与市场经济的飞速发展，简单的自然风景观光体验已经不能满足游客出游的目的，他们追求的是更高层次的精神需求。因此，体育主题游要让游客在参与体育项目的过程中提高心理满足感和社会参与感。

体育主题游作为文化创意产业与体育旅游产业融合的重要模式之一，虽有较好的发展态势，但由于社会经济、文化的发展水平有限，政府部门及旅行社对其的宣传和促销力度不足。我国是一个文化氛围浓厚的旅游大国，政府对文化与旅游资源有着详细与全面的整体规划与调配政策，但相关的资源规划尚未得到规范性发展，仍处于初级的开发阶段，没有相对应的直接领导部门，相应的规章管理制度以及旅游资源开发管理规范也并未出台。总体来讲，宏观的规划及指导尚未具体化，可操作性有待提高。

2. 模式发展的元素

首先是体育本体资源的开发。体育本体资源是体育主题游发展的核心，其内容十分广泛，其中最重要的是体育赛事及健身休闲运动。只有时刻紧抓体育本体资源的发掘，从特定的旅游需求的角度出发，系统的考虑资源

共享与传承以及资源的创意化等问题，才能从根本上找到推动体育主题游发展的动力。[①]

其次是游览主题的设计。体育主题游，顾名思义就是需要在游览的过程中建立一个关于体育的游览主题。通过主题的文化创意设计，让游客以最快捷的方式了解到该旅游产品的内容及特点，在最短的时间内吸激发客的游览兴趣。

最后是游览设施的建设。体育主题游突出游客在游览过程中的参与性与体验性，强调游客的主观能动性。因此，体育主题游的一个重要的发展元素就是体育设施的建设。丰富完善且具有创意性的体育旅游设施能够有效提升游客参与过程中的满足感，提高游客对景区或活动的印象分。

3. 模式代表

"中国国际航空体育节"从 2009 年起每年举办一届，已经成为具有一定知名度的体育主题游项目。它主要以航空体育表演和市民参与体验为中心，包含多个竞赛类与表演类项目，另外还包含数十个互动体验类航空项目，同时提高了航空爱好者与游客的心理满足感和社会参与感。近年来，随着我国航空事业的不断发展壮大，"中国国际航空体育节"在原有节庆的基础上，增加了"航空高峰论坛及商务洽谈活动"和"航空运动器材装备展"等环节，丰富了活动内容，拓宽了航空爱好者与游客的视野，深化了其对该项目的认知，充分彰显了体育主题游中的"航空"主题。

（二）体育节庆游模式

体育节庆游是以当地固有的节庆为主体，进行节庆所包含的相关文化和体育项目与内容的开发和设计，其核心在于节庆，相关内容也与节庆紧密相关。

1. 模式理念

我国作为一个有着五千多年文化的历史大国和五十六个民族的多民族国家，文化绚烂缤纷，吸引了广大国内外游客前来旅游体验，其中各民族特有的体育文化更是凝聚了各民族的精神文化底蕴。体育节庆游将独特的礼仪和娱乐融入传统的民间特色体育项目，以吸引中外游客前来参观与体验，不仅可以获取良好的经济效益，也可以将我国的传统民间特色项目发扬光大。

---

① 赵金岭 . 我国高端体育旅游的理论与实证研究 [D]. 福州：福建师范大学，2013.

随着科技日新月异的发展，体育项目的发展离不开与科技的融合，结合高新科技打造的现代体育旅游产品，如航空模型、无线电测向等深受年轻人的喜爱，吸引了大量家庭购买、参与，从而拉动了旅游消费。体育节庆游是体育旅游重要的表现和盈利形式之一。首先，体育节庆游所吸引的大量游客通过节庆期间的吃、住、行、游、购、娱，为节庆举办方带来了可观的经济收益；其次，在发展和普及高新科技的同时弘扬和传承优秀的民间特色鲜明的体育项目，可实现对既有文化的创意性设计，让其所蕴含的优秀传统体育特色文化得以传承。对于体育节庆游而言，资源的保护及开发水平是关键。我国历史源远流长、文化内涵丰厚富足，虽然人文资源与自然资源丰富，但由于其历史性与不可逆转性等特征，在产业融合的过程中，仍需注重对相关人文和自然资源的保护，否则无法保证可持续发展。

2. 模式发展的元素

首先是节庆的体育文化资源的创意性设计。节庆的体育文化资源是指节庆中特有的体育文化项目及相关资源（如端午节的赛龙舟）和非节庆过程中可能涉及的非特有的体育文化资源（如春节期间的相声和戏曲表演等）。这一资源又可分为传统体育文化资源与现代体育文化资源两部分。我国是一个历史悠久的多民族国家，各族人民在广阔的土地上繁衍生息，创造出了璀璨的文化与文明，并且孕育出了具有独特民族风情的民间节庆体育运动。时至今日，这些具有民族特征与时代特征的民间节庆体育运动已经成了我国体育文化资源的重要组成部分。随着时代的变迁，现代科学技术在我们的日常生活与消费中越来越普及，对于体育节庆游这一旅游模式来讲，传统文化的创意型设计对推动其发展有着不可磨灭的作用。通过与文化创意产业融合，将传统文化加以提炼和总结，可以大幅度提升体育节庆游的文化内涵与档次。另外，融入中国传统文化的体育节庆游对国外游客有着更大的吸引力，使得越来越多的国外游客加入我国体育节庆游的行列当中。

其次是高新技术的发展。体育节庆游不能只包含传统的文化与习俗。随着高新技术的不断发展，越来越多的人开始重视现代技术，尤其是对于下一代的培养，高新技术成为不可忽视的重要部分。体育节庆游通过与文化创意产业的融合，将高新技术合理地融入旅游资源中，让游客在游玩的过程中接触、了解高新技术元素，以寓教于乐的形式，吸引来自四面八方的游客尤其是青少年游客前来参与，不但促进了活动的开展，也促进了文化创意产业以及高新技术的发展。

最后是社会需求的转变。随着国家文化软实力的增强以及世界各地文化产业的高速发展，民众的消费需求重点明显由物质层面转向精神文化层面。社会结构的改变也直接导致消费者在经济、声望及权利方面有更强烈的需求。精神文化消费不但满足了消费者自身的文化需求，由于其属于中高端消费，也是体现消费者自身社会阶层以及提高自身心理满足感的重要途径，有助于满足消费者在社会声望、社会荣誉等方面的需求。

3. 模式代表

"那达慕"大会由蒙古族的"祭敖包"发展而来，起源于13世纪末14世纪初，每年农历六月初四开始，为期5天。"那达慕"大会既是蒙古族人民喜爱的一种传统体育活动形式，也是该族人民的生活重要部分，是我国为数不多的具有鲜明民族特色的传统活动，是草原上一年一度的传统盛会。"那达慕"大会的内容不仅包括传统的蒙古族男子三项技能（射箭、赛马和摔跤），又增加了球类比赛、文艺演出、物资交流、表彰劳模等内容，是将节庆中的体育要素进行文化发掘与创意发展的典型。多年来，"那达慕"大会的内容逐渐丰富，不仅是当地文化创意产业与体育旅游产业融合发展的典型项目，更为内蒙古地区创造了良好的经济收益，且传承与发扬了蒙古族独特的民族文化，也增强了我国的文化软实力。

（三）体育内涵创意游模式

随着体育产业的日益壮大，人们的视线已经不仅仅停留在日常的赛事、运动或表演的表象，其背后所蕴含的体育与文化的内涵与价值越发吸引消费者和游客。

1. 模式理念

体育内涵创意游是指对具有体育内涵的项目进行文化创意设计和包装，从而吸引游客观赏或参与相关项目，其核心正是对旅游项目的体育与文化内涵的挖掘及其表现手法的创意设计。由于消费者具有获取体育文化感受的需求，相关企业通过转化体育文化资源为获取效益的设计，以旅游为手段达成交易。另外，拥有源远流长的文化内涵的人文景观对于体育文化旅游而言，无疑是必不可少的重要资源，只有将文化底蕴通过文化创意设计与体育旅游有序结合，才能实现传统体育旅游产业结构的优化升级，不仅保护了传统体育文化，也能够吸引更多游客前来观赏游玩。

文化创意产业本身就是使与文化有关的创意消费和创意资源互动的市场现象，体育内涵创意游就是将文化创意与体育资源相结合，将体育项目背后所蕴含的文化通过一定的演绎手段表达出来，并通过旅游达成交易，让游客通过参观欣赏体会到各类型体育运动背后深厚的文化底蕴和内涵，从而引起游客的情感共鸣，推动文化创意产业和体育旅游产业的进一步融合发展。对体育内涵创意游的发展而言，最重要的还是内涵与创意的凝练，是否有丰富的文化内涵、价值创新的产品做支撑，将会直接影响产业融合的程度与效率。就目前形势分析，我国体育内涵创意游虽然已经有了一定的发展，但仍以旅游为主，创意元素涉及得较少，产品类型单一，不足以支撑此类旅游模式的高效发展。

2. 模式发展的元素

首先是创意及媒介支持。产品的创新、市场的满足以及文化内涵的发掘都需要创意的存在，更需要媒介的合理支持。需要将文化创业产业与体育旅游产业蕴含的核心价值进行优势互补，同时要合理使用创意来提升二者的关联度，让体育精神与文化合二为一，使体育内涵创意游的横向纵向同时快速发展。

其次是新型市场营销手段。数字化科技发展背景下的今天，纸媒等传统的营销手段已经远远不能传达出产品的内涵与新意。在"互联网+"时代，营销手段也大力发展，微博、微信及各大应用软件成为营销的重要途径，虚拟现实（VR）、增强现实（AR）以及人工智能（AI）的发展也为市场营销起到了良好的辅助作用。

最后是旅游产品体系化。在产业经济的背景下，产品体系化建设成为企业关注的重点。对于休闲养生健康游而言，游客无法通过一次旅游彻底改善身心的亚健康状态，许多行业内的龙头企业，针对客户的不同需求与实际状况，制订了一系列产品方案或课程计划，与消费者达成阶段性协议，提供连续服务。此类做法逐渐盛行，不仅为消费者提供了相对完善的健康调理方案，也为企业带来了持续性收入。

3. 模式代表

由谭盾、梅帅元、释永信、易中天和黄豆豆五位大师联袂打造的大型山地实景演出《禅宗少林·音乐大典》以经典的少林文化为背景，音乐恢弘大气、震撼人心，辅之以具有体育内涵和元素的五位大师行云流水的舞蹈和武术表演，给观众带来了极为震撼的视觉效果，以强烈的表现力和渲染力将传统的武林文化传达给观众。融合科技手段的《禅宗少林·音乐大典》实景演出场面恢弘、内涵丰富，已经成为河南文化旅游的新名片，是实景演出中富含中国传统武林文化的扛鼎之作。

四、文化创意产业与体育旅游产业融合发展的对策

（一）加强政府职能，建立可靠的产业融合发展保障

外部环境对文化创意产业与体育旅游产业的融合有巨大的影响，而政府正是外部影响因素之一，其对推动二者融合发展有着至关重要的作用。部分发达资本主义国家在全球化的进程中，为了最大限度地提高企业的利益，创造更好的环境，占有更多的资源以突显竞争优势，对各项经济管理制度进行了适当的改革。例如提供了一些相对宽松的政策环境，降低了部分被规制产业的准入门槛，部分价格、服务和投资等方面的限制被取消等。这些措施加速了其产业的国际化发展，为产业融合与发展营造了良好的外部环境。空间优化及创新可以为产业间的融合奠定基础，同时也体现了政府扶持力度之大。我国在产业融合和文化创意发展领域的政策还有待完善。首先，政府应通过建立一个较为可靠的政策支持和投资环境，吸引更多的相关企业与要素进入该市场，壮大市场规模；其次，提供完善的基础设施与公共服务平台，为产业融合解决后顾之忧；最后，强调服务意识，提升服务水平与行政效率，建立良好的政商关系，成为企业与企业之间沟通的桥梁。政府应着力发展我国文化创意产业，促进"文化＋"发展，发挥我国五千年历史文化的优势。

（二）注重历史文化内涵保护与传承，走可持续发展道路

文化创意产业的本质是内容产业，内容是实而不是名，真正决定产业核心竞争力的是其内容价值。而文化创意产业和体育旅游产业的结合，其核心就是文化。博大精深的中国历史造就了丰厚的文化底蕴，其中源远流长的体育文化更是不胜枚举。体育旅游正是"以人为本"的文化旅游资源外在价值的具体体现，因此融合了体育文化的旅游资源具备了知识经济时代的特征，即丰富的知识性、开发利用的持续性、形式多样的创造性。在发展产业融合的过程中，必须时刻注重对历史文化的保护，坚持走可持续发展道路，有序地开发体育人文资源，这有利于保护与开发文化资源，促进传统体育文化的传承，同时也可以增强体育文化创意旅游的吸引力。

（三）依靠科技进步加强创意开发，切实紧抓游客需求

从 20 世纪人类经济社会发展的过程中能明显看到，技术的科学性和创新性已融入各个生产要素中，在生产中得到了充分的应用，已经成为一种

真正的生产力。目前，创意已经成为世一些发达国家发展体育旅游产业的重要趋势，创新力是一种现实竞争能力，也是体育旅游产业发展的核心动力。当前是科技日益发展的时代，创意发展和科技进步紧密结合，适当运用科学技术能够促进创意元素的开发。同时，创意也可以促进科学技术的进步。因此，相关企业要有先进的管理理念，不断创新，更新技术，利用工艺和生产方式来保障和提升产品质量，并在此基础上拓展新的产品项目，不断为客户提供新的服务，从而提高市场占有率。

单纯依靠文化与普通旅游模式不能推进体育旅游的持续健康发展，只有紧密依靠科技进步加强创意开发。旅游业整体科学水平的提升，也就意味着旅游业的发展打开了新视角，找到了新的增长点。同时，时刻关注游客的消费需求也是创意开发的另一个重要落脚点，只有切实了解游客的一系列需求，才能生产出吸引游客参观消费的体育旅游产品。

（四）优化产业结构，加快完善产业融合与发展

在经济结构优化中，文化创意的渗透融合使得传统产业的边界变得模糊。在数字化技术的助力下，文化创意产业以跨界关联整合不断提升优化传统产业结构，在技术含量和内容增值的融合下，驱使文化产品不断升级换代，从而为大众消费提供有效供给。以文化创意为驱动力的融合发展，使域的传统产业交叉渗透，促使体育旅游业进行资源的优化配置，进而扩充产业结构，完善产业链条，推动整个产业的联动和更新，实现资源结构和产业成长模式创新。在经济新常态下的产业调整期，文化创意产业和体育旅游产业的发展应当由数量和规模的粗放式增长转向质量和效益的结构优化，必须增强其内生动力使两大产业产生多层面的融合，从而使其在深层次结构调整中培基固本，为可持续发展注入内生动力。

旅游产业除了涉及简单的吃住等的旅游行业，还包括信息、金融等在内的其他服务行业，形成了联系密切的产业集群。相关资料显示，在旅游业中新增任何一个岗位都有可能解决 7 个人的就业问题。另外，体育产业是文化产业的重要组成部分有着不可替代性，其具备的影响力和渗透性对旅游业有着非常明显的促进作用。目前，国内旅游和文化产业之间的融合还处于起步阶段，属于新兴业态，许多方面发展并不成熟，因此必须快速优化产业结构，大力推动完善产业融合的节奏，才能取得优异的产业成果。

五、文化创意产业与体育旅游产业融合发展的趋势

在全球文化创意产业与体育旅游产业飞速发展的过程中，两大产业的融合发展逐渐成为新的行业发展趋势。文化创意产业与体育旅游产业的融合不但丰富了文化创意产业的行业内涵，也极大地推进了体育旅游产业的发展。因此，立足于产业融合这一理论基础，科学分析其内在发展规律，总结和概括文化创意产业和体育旅游产业融合发展的趋势，对促进二者的融合发展有积极作用。文化创意产业与体育旅游产业的融合发展已有一段历程，以两大产业其中之一向另一产业的延伸为主要特点。本研究分别从两大产业入手，对其融合发展历程进行梳理，从而厘清其融合发展趋势的主要特点以及融合得以实现的关键环节。

（一）文化创意产业向体育旅游产业的延伸与渗透

文化创意产业的发展通常源于文化载体（如小说、电影等）本身的发展。但随着产业的发展，在市场竞争的作用下，吸引潜在消费者，给予其良好感官体验以及深刻影响的、具有设计性质的产业不断出现，如广告、艺术设计和服装设计等产业逐渐涌现且具有现实生命力，此类产业均具有明显的文化和创意设计的内涵。随后，更加纯粹的以文化创意及其设计推广为核心产品的产业不断出现，如源于国外的"创客"（Maker）和"极客"（Geek），其实质都是以自身创意为核心进行产品的市场化，而充分结合现实市场需求的文化创意自然是最具生命力，且发展前景最好。在这一背景下，许多针对其他产业的现实需求而进行的文化创意设计（包括产品、宣传等方面）产生便迎来了显著发展，而"创意旅游""体育旅游业的创意发展"等产业融合现象成了最具代表性的部分。

文化创意产业的发展与产业结构升级及产业融合紧密相关。首先，随着市场和产业的发展，文化艺术类产品生产者所具有的文化修养与创造能力促使纯粹的文化艺术类产品生产发展为具有应用性质的设计产业，并在不断发展完善的过程中出现了不同类型创意的产品化和市场化，即文化修养和创造能力融合升级为创意能力，并产生以创意为产品核心的产业升级现象。其次，在市场机制的引导下，创意产品要通过实际应用方能更具收益性，从而具有生命力，因此，文化创意设计得到长足发展。最后，文化创意设计水平和深度的不断提高，促成了文化创意产业与其他产业更加深度的融合延伸，而体育旅游业正是其中之一。

（二）体育旅游产业的文化创意化

体育旅游产业的实质是体育产业与旅游产业的融合。这一融合现象在19世纪中叶的英国已现萌芽，当时英国已出现登山俱乐部；至19世纪末，一些北欧国家依托其地理旅游资源创建了滑雪俱乐部；到20世纪80年代，美国洛杉矶依托奥运会发展其旅游业，其实质是体育赛事、奥运会文化以及城市旅游三者的融合，在奥运会文化方面开始体现出体育旅游产业的文化创意化，近年来更是沿着此趋势迅猛发展。对于国内来说，体育产业和旅游产业因其内容性和消费层级的高端性，均在我国经济高速发展的历程中获得了较大发展，如北京奥运会场馆旅游、少林寺武术文化旅游、各少数民族地区旅游中的体育项目表演与体验和西安国际马拉松赛等。

从发展历程来看，最初体育旅游产业仅以利用当地旅游相关资源禀赋创造体育项目的方式来发展。随着经济的发展和消费者消费需求层次的提高，类似洛杉矶奥运会场馆旅游、北京奥运会场馆旅游等通过赛事带动旅游业发展的现象逐渐普及化。这一阶段的体育旅游产业已体现出对以奥运会为代表的体育赛事文化的依赖，出现文化化现象。随后，体育旅游产业不仅仅依托赛事文化，更与地区特色体育文化相结合，如嵩山少林寺充分利用其武术相关文化对外宣传以吸引游客。在激烈的市场竞争中，不对既有文化进行创意化加工和宣传便无法持续吸引游客，因此，近年来体育旅游产业多对其体育文化进行创意性加工。例如，少林寺旅游通过互联网对其具有历史和武术内涵的人物、器械、功法和功夫研究等的具体内容进行宣传，并设置游客体验和教学项目以提高游客的体验感，本质上体现了对其既有体育文化的创意性加工。

第六章　影视文化与旅游产业的融合

第一节　影视文化与旅游产业发展的关系

一、影视文化的界定

"影视文化"这一概念的界定，包括两个方面的内涵与外延的界定，即作为一种客观存在形态的"影视"和作为一种影响人类生活的"影视文化"的界定。什么是电影？什么是电视？什么是影视？随着影视业的发展壮大和影视理论研究的不断深入，以上问题似乎无须赘述，但作为影视理论研究，这依然是一个基本命题；作为影视文化研究，这依然是一个不可回避的首要问题。

关于"电影"的界定，有很多不同的表述，但对其基本的客观存在形态的认识应该是一致的。《电影艺术词典》中关于电影是这样表述的："根据'视觉暂留'原理，运用照相（以及录音）手段，把外界事物的影像（以及声音）摄录在胶片上，通过放映（以及还音），在银幕上生成活动影像（以及声音），以表现一定内容的技术。电影是科学技术经过长时间的发展达到一定阶段的产物。"这一表述对目前电影基本的客观存在形态做了较为准确的把握，同时也对"电影"存在形态的历史沿革进行了详尽的阐释，如"视觉暂留"现象及理论的发现、照相技术的研发、胶卷的发明、"活动电影视镜"的发明、彩色电影与有声电影的创造等。

关于"电视"的界定，也是众说纷纭。尽管从客观存在形态看，电视未必比电影更复杂，但构成电视的元素、要素同样是丰富的。《中国广播电视百科全书》对"电视"做了这样的表述："使用电子技术手段传输图像和声音的现代化传播媒介。它通过光电变换系统使图像（含屏幕文字）、声音和色彩即时重现在覆盖范围内的接收机荧屏上。"这一表述进一步阐述了电视传播的全过程："一、电视台运用电视摄像管和话筒摄取景物图像及伴音，然后按一定的构思和顺序加以编辑组合，制作成各类电视节目；二、把电视节目的视频信号用电子扫描方式进行光电分解,即由发送端的摄像管把节目的图像、声音和色彩转变为脉冲信号,再通过电缆和天线发送出去;三、由接收端的显像管把接收到的电脉冲信号转换为光影图像声音和色彩,在荧屏上还原为完整的节目。"这一表述也注意到了电视吸收各种传统艺术样式及其他媒体样式的因素而呈现出的"综合性"特征。

"影视"的界定可以在上述电影、电视界定的基础上进行。从客观存在形态看,为什么将"影""视"放在一起进行表述?自然是因为电影、电视的相近性、共性的存在,而它们最集中、最突出、最直观的相近性或共性便是"有声有画的活动影像"。尽管电影、电视的技术特征、艺术特征、传播特征各不相同,但在"有声有画的活动影像"这一形态特征上是一致的。这是"影""视"并提的重要基础。尽管电影、电视各有其特定的规定性,但广义的"影视"概念包括电影、电视生产与传播的全部。

二、影视文化的内涵

影视的审美文化分析是要探寻影视艺术与人的生存的关联,对人的理想生命状态的揭示和回应。这种关联是双向的,一方面要探讨社会因素对影视艺术的影响,另一方面要寻觅影视艺术在社会中是如何贯彻和实现审美原则的,或者说是如何成为审美文化现象的。

相应地,审美文化就是人类审美活动的物化产品、观念体系和行为方式的总和。审美物化产品即艺术品和具有审美属性的人工制品(工艺品);审美观念体系主要是指审美意识,如审美趣味、审美理想、审美价值标准等;审美行为方式主要是指狭义的审美活动——审美创造和欣赏。

展开来说,影视艺术的观念体系指电影艺术家的电影观、艺术观、审美观及相应的审美趣味、审美理想、审美价值标准等;行为方式则指狭义的影视审美活动,主要含影视艺术创造和影视艺术接受两种行为;物化产品对影视艺术来说当然是指影视作品。在这三者中,影视艺术活动或行为方式无疑处于枢纽地位,它使影视艺术观念和电影作品连接起来,影视观念、影视艺术活动和影视作品形成了一个有机整体。

对影视的审美文化分析也应从这三个层面进行。换句话说,影视的审美文化分析就是在审美原则的指导下,探讨物质文化、制度文化和精神文化对影视的渗透和影响,以及影视是如何反映和展示物质文化、制度文化

155

和精神文化的审美精神的。^① 而且影视作为人类的一种精神产品，其审美文化分析应以制度文化和精神文化的分析为主。这样，我们的影视审美文化分析实际上就主要涉及影视与社会主题和社会价值观念的互动。而它们最终都归结到对人生意义的探索。

伟大的艺术作品都代表对人生意义的探索，它们提出的都是关于真、善、美和假、恶、丑的价值标准问题，其意义并不在于对这些问题的回答，而在于它们的提出。伟大的作品在更广阔的背景上探讨个人和社会的问题，使我们更好地理解自己和他人，激励我们"去改变我们的生活"，迫使我们审视自己并对自己做出判断。

所以，影视的审美文化分析实际上处在一个大的文化系统中，这一大文化系统基本上由三个层次组成。

首先是社会文化系统。它是具体文化研究的大背景和普遍规律，一切文化研究都必须在一定社会文化系统内进行。这一文化系统包括一定社会的政治、经济等组织制度和思想意识形态、民族特征和民族传统，基本内容也就是我们所说的一定社会的经济基础和上层建筑。

其次是审美文化系统。影视艺术属于社会的审美文化，或者说它是整体社会审美文化系统的子系统，因而电影审美文化分析也要受审美文化的制约，而且这种制约往往是直接的。

最后是具体的影视文化研究。它是整个社会文化系统及审美系统的组成部分，同时，电影审美文化分析又有其特殊的研究方法和途径，它的研究成果也反过来影响社会文化系统及审美系统。

以社会对影视的影响来说，至少有以下几个方面是应该提到的：一是原始文化母题对影视的影响。即影视表现人类某些文化经验和文化原型，基本上有成长、寻找、俄狄浦斯情结、爱和死亡等。如《黄土地》中，"腰鼓"和"求雨"两个镜头，就象征着中华民族的愚昧和觉醒。《红高粱》中，三个线索都引向"觉醒"或"成长"的母题：一个是"我爷爷""我奶奶"、伙计们的群体的觉醒——受不得欺负；一个是"我爷爷""我奶奶"的表现的生命力的觉醒——痛快地爱和恨；一个是"我"的成长。而"我奶奶"的死，则是一个象征，就如影片结尾雕塑般的父子的镜头——母亲死了，失去庇护的我们将"在路上"。《莫斯科不相信眼泪》的最后有句话："我找了

---

① 张慧瑜.风吹影动——中国影视文化评论[M].北京：中国言实出版社，2016.

你好久了。"其中"找"的绝不仅仅是一个具体的人，而是某种人生的意义和生活的命题。二是意识形态对影视的影响。意识形态的最基本含义是指支配个人心理及社会集团心理的，反映某一个阶级或社会集团的思想体系。这在所谓的"主旋律"作品中最为明显，如流行的一些"平民影视"——《没事偷着乐》《贫嘴张大民的幸福生活》《幸福时光》以及冯小刚的电影，都劝告人们"好好活着""随遇而安"，相信生活会好的，这是与社会的稳定要求紧密相关的。《阿甘正传》则是一个彻头彻尾的"美国梦"或美国人的缩影。三是商业化和艺术化与影视艺术的关系。影视是与商业联系最紧密的艺术种类，建立在现代科技和工业的基础上，直接原因是它的生存和发展需要雄厚的经济力量作保证，它需要市场回报，无此则没有影视。电影在美国是第三大产业。《侏罗纪公园》投资7500万美元，收入8亿；《泰坦尼克号》投资2亿，收入10亿多。电视也是如此，广告是其生产的基础，所以难免商业化。商业化的直接结果就是影视的商品属性与艺术属性的矛盾，如何解决这一矛盾，是影视艺术生存与发展的一大课题。四是民族性和世界性与影视艺术的关系。影视艺术一方面要成为民族文化的载体，有民族文化的烙印，另一方面又必须表达共性的东西。仅从技术的角度说，如日本电影的摄影机几乎不动、画面稳定、机位低至胸部，动作幅度不大、节奏缓慢、远景镜头多、少用特写镜头等，都是与日本人的生活习惯、身高特点及语言特点相联系的。

三、影视文化与旅游产业发展的基本关系

全域旅游的核心和关键就是立足于区域文化资源和旅游资源，以旅游业为引擎，推进文化旅游融合发展，推动区域经济社会发展进步。影视传播业本身就属于文化产业，同时影视传播与文化旅游融合也是推动旅游业发展的重要措施。因此，在全域旅游背景下，影视传播与文化旅游融合发展的关系就显得特别重要。著名经济学家于光远在《旅游与文化》一文中提出：旅游是经济生活的同时也是一种文化生活。当下，旅游业正处于一个大变革的时期，文化和旅游的关系变得越来越紧密。随着人们旅游动机的不断变化，旅游与文化深度融合已成为旅游地提升吸引力、拓宽旅游市场的重要推动力，同时也成为发展特色旅游和提升经济效益的重要支撑点。旅游与文化深度融合、一体化发展是社会经济发展到一定阶段必然要经历的过程，更是时代和社会进步的一个重要标志。因此文化与旅游是不可分

割的关系，是融合发展的关系。

（一）影视文化是文化产业的重要组成部分

文化产业划分为三大类：一是生产和销售环节都相对独立的行业，如报刊、影视、音像制品业；二是带有劳务性质的文化服务行业，如体育、娱乐、策划、经纪业都属其范畴；三是为其他商品和行业提供文化附加值的行业，如装潢、装饰、形象设计、文化旅游等。《文化及相关产业分类（2012）》明确指出：电影、电视作品和节目的制作、传播、服务都是文化产业。由此可以看出，影视与旅游同属于文化产业，两者具有天生的契合性。

影视传播包括电影、电视两种传播媒介。影视传播学对影视传播的内容进行了界定，主要是三个方面，即新闻资讯、社教和服务、文化娱乐。笔者认为，还应增加一个方面，即宣传与广告，包括典型宣传、广告宣传等。电视传播形态主要分为四种：一是新闻类节目形态。包括消息类新闻节目、专题类新闻节目、评论类新闻节目。其中专题类新闻节目又分为专题报道、专题调查、专题新闻、专题访问、专题系列跟踪等。二是社教类节目形态。一般以纪录片、谈话节目、杂志型节目的样式出现。如中央电视台科教频道的《探索·发现》和《社会经纬》就是以纪录片形态进行传播的。三是电视文艺类节目形态。分为电视艺术片、风光风情艺术片、音乐歌舞艺术片。电视艺术片是有"故事"情节的电视剧，如《血色湘西》《雍正王朝》等；风光风情艺术片是展示自然风光和人文风情的纪录片，如《西藏的诱惑》《长白山四季》等；音乐歌舞艺术片是以音乐和歌舞的方式表现的纪录片，如介绍恩施州自然风光的《四季清江》。因此，各种旅游资源、旅游产品、旅游活动都能够以电影、电视的形态进行宣传营销，可以开发创作为电影形态的故事片、美术片、科教片、纪录片，在影剧院进行放映；也可以开发创作为电视形态的电视剧、风光风情艺术片和音乐歌舞艺术片在电视台进行播放。

在文化产业相当发达的美国，其文化方面的产值就占到 GDP 的 20% 左右，因而美国在文化方面的总体竞争力常年居世界首位。其中影视业占有重要位置，美国更是控制了世界 75% 的电视节目的生产和制作，占据世界电影市场份额的 90% 以上，其科幻巨制《星球大战》系列电影在全球一共斩获了 18 亿美元的票房收入，实力可见一斑。

（二）影视传播是旅游产业跨越式发展的助推器

影视本身就是文化，而且是一种层次较高的文化。影视创作中所包含的题材有历史事件、民间习俗、生态环境等诸多类型，而这些题材又是旅游产业发展的吸引力和核心竞争力。因此，影视和旅游有着相互匹配的内核结合点。影视传播作为一种文化产业，对旅游业的影响和推动作用是很大的。影视作品中所呈现的自然风景、人文风貌在被观众所了解的同时，旅游目的地也随之被人们所知晓。在旅游景点拍摄影视作品，既可以看作一种旅游营销手段，同时拍摄所在地自身对大众也具有一定的吸引力。在影视作品推广的推动下，观众会进行"重新认知—转变态度—表现出游意愿"等一系列复杂的心理活动。在这一系列心理活动中，观众在影视作品中所接收的所有信息都会对出游决定产生影响。与恩施州毗邻的重庆市黔江区在2015年与国内知名影视公司合作，以黔江为背景拍摄了一部反映青年由农村进入城市淘金的励志电视剧集《侯天明的梦》。这部电视剧在中央电视台播出后，亲临《侯天明的梦》拍摄地就成为众多游客慕名而来的原因。2016年黔江区又组织在当地拍摄了旅游电影《蜜月》，因题材生动、感染力强，让人对拍摄地印象深刻。

云南省委、省政府出台的《关于建设民族文化强省的实施意见》中，把"广播影视业"确定为全省十大文化主导产业。自此意见出台后的十年时间内，拍摄出《千里走单骑》《山间铃响马帮来》等十多部云南题材的影视剧，播出后产生了广泛的社会影响，扩大了云南的知名度和美誉度，形成了云南影视创作高潮，建成了大理天龙八部影视城、丽江束河茶马古道影视城等八个影视拍摄基地，每年吸引近百个影视剧组来云南拍摄外景，既繁荣了文化产业，也带动了云南旅游业的突破性发展。

影视作品是各门艺术种类和艺术元素的综合，它作为一种新型传播媒介，有着特有的艺术特性，最突出和最明显的是逼真性、可视性。具体而言，它可以真实地记录和复现客观世界，从山川河流到声音色彩再到人物面部表情，都可以被真实地记录下来。也就是说，影视传播始终是运动的，它在时间的变迁和事物运动的过程中进行叙事、展开情节、塑造形象、表达思想情感，受众会不由自主地产生一种身临其境的感受。同时，影视画面是对现实时空的再现，具有较好的可视性。著名电影理论家巴赞说：影视作品不仅具有再现空间的功能，还可以同时记录时间，其真实性包括视听的"真实"和时空的"真实"。影视传播的逼真性、可视性和直接性、直观性特点，可以使受众从影像中吸取信息，强化记忆，还可以有意无意地对画面中的场景进行推广，刺激观众到相关拍摄地进行体验。2010年介绍恩施州自然风光的音乐纪录片《四季清江》在中央电视台播出后，引起了全国各地许多人士对土家族母亲河——清江的向往。重庆市黔江区邀请中央电视台4台、7台、8台和10台节目组，到黔江板夹溪摄制"板夹溪十三寨"民俗文化节目，该节目在央视播出后产生了较大的广告效应，极大地促进了板夹溪十三寨乡村民俗的整体保护与旅游传承。

（三）影视旅游是文化与旅游产业融合发展的重要途径

影视传播承载的影视文化作为文化产业与旅游产业相结合后催生出了一种新的复合式事物——影视旅游。显然，影视旅游是文化与旅游产业融合发展的重要途径。

当旅游产业发展到一定阶段时，旅游业与影视产业有机结合产生了一个专项旅游形式，即影视旅游。20世纪30年代影视旅游最早在美国出现，而后发展到世界各地。目前，影视旅游主要有五种形式：一是通过影视作品的传播宣传，推介旅游专题，开发旅游市场的影视旅游；二是依托影视基地（影视城）建立旅游景区的影视旅游；三是主办影视会展、创造旅游活动的影视旅游；四是开放拍摄场景、扩大游客需求的影视旅游；五是景区播放影视作品，延伸旅游内容的影视旅游。影视旅游的灵魂是文化，即影视作品。

在影视旅游发展过程中，影视作品发挥的作用有：

第一，可以提升旅游目的地的知名度。影视作品对旅游目的地的宣传推广起着巨大的作用。影视作品充当了旅游地和旅游者之间的"中间人"，在"中间人"的影响下，旅游地对旅游者有着更大的魅力和吸引力。从影视作品开拍造势的宣传起对旅游地的促销推广就已然开始了，一部高质量、口碑好、热度高的影视作品能够轻而易举地让一个旅游地"火"起来。影视作品还能够对旅游地进行长时间的展现，不仅可以增强自然景观的吸引力，而且影视作品的内涵、引人入胜的故事情节、参演的明星艺术家等也会引起人们的好奇心理，从而产生旅游的冲动和欲望。

第二，可以引导影视旅游资源的开发。想要制作出一部成熟优质的影视作品，必然需要有一个符合剧情的完美拍摄外景，而这样的拍摄外景往往能吸引人们的目光，进而激发人们对这一处景方的向往之情。为了满足旅游者的需求，旅游行业和其他行业将会进行无缝对接，开发各种旅游要素，延长和壮大旅游产业链条。

第三，可以扩展影视旅游资源的范畴。一方面，一部影视作品拍摄制作的动态过程就是旅游资源；另一方面，拍摄作品的场景，尤其是为了服务作品拍摄而生的影视基地，可以被开发成固定的主题旅游景点，是很重要的旅游资源。例如，大家所熟知的电视剧《西游记》的剧组，为了放置拍摄电视剧中所使用的道具、服装和相关设备设施，修建了西游记艺术宫，初衷是用来存放物品以备日后使用。出人意料的是，艺术宫在对外开放之后，竟然一跃成为无锡城中的一大旅游热门地点，当时门票定价为1元，每天的门票收入就突破了万元，仅用了一年时间就收回了成本。后无锡影视基地正式营业后，《唐明皇》剧组来到这里拍摄，并新建了"唐城"，后来在央视火爆播出的电视剧《杨贵妃》和《武则天》也都选择了无锡影视基地为取景地。受到这些热播大剧的影响，前来"印证"的游客数量大增，据统计，该影视基地一天接待游客最多达5万人次。有了之前的成功经验，为了拍摄《三国演义》又新建了"三国城"，接着凭借"唐城"和"三国城"的旅游收入又开始了"水浒城"的建设。可见，高水准电视剧在播出之后果然起到了令人满意的旅游推广作用，国内外游客络绎不绝。无锡影视基地一边进行影视拍摄，一边发展影视旅游，这一创新模式在对地方经济做出巨大贡献的同时，也赋予了无锡这座江南名城更多的文化内涵。同样，在影视城旅游领域取得成功的还有横店影视城，这座坐落在浙江中部东阳市的影视城于1996年建成，接着就拍摄了历史巨制《鸦片战争》，发展到2011年已有425家影视文化行业的企业入驻其中，在此期间拍摄出700多部影视作品。横店影视城在多年的发展中不断摸索，逐渐形成了从剧本的创作到影视作品的制作和发行的一整套成熟的产业链。在影视产业的推动下，横店影视城在旅游业方面也有了突飞猛进的发展，更是申请成为国家5A级旅游区，每年接待国内外游客超过1000万人次。无锡影视基地和横店影视城影视文化和文化旅游融合发展的成功案例，为今后其他地方的影视文化与文化旅游产业融合发展提供了非常宝贵的经验。

第二节 影视剧对旅游目的地文化传播的影响

一、影视旅游与文化传播

关于文化的定义古今中外都有不同的理解。在我国，"文化"一词也古已有之，《周易·贲卦·象辞》中就有"观乎天文，以察时变；观乎人文，以化成天下"的说法。其意为治国者须观察天道自然的运行规律，以明耕作渔猎之时序；必须把握现实社会中的人伦秩序，以明各种人际伦理关系，使人们均能遵从文明礼仪，并由此达到大化，推及天下。在这里，"人文"与"化成天下"紧密联系，说明"以文教化"的思想已十分明确。

据不完全统计，学术界对文化的定义已达数百种，其中，英国人类学家泰勒在《原始文化》一书中提出对"文化"较为权威且具有代表性的定义：文化是包含知识、信仰、艺术、道德、法律、习俗和任何人作为一名社会成员而获得的能力和习惯在内的复杂整体。文化又有狭义与广义之分，泰勒即是偏向对狭义文化概念的概括。广义的文化泛指人类创造活动的总和，恰如人类学家赫斯科维茨所说的，文化包括显性的人类可直接感知的"外在文化"和较为隐性的通过行为、态度、认识、观念等呈现的"内在文化"。简单来说，文化就是人类环境的人为制造部分，是相对于自然而存在的。所谓"人化自然"就是文化的结果。狭义的文化则是指在物质生活生产资料基础上产生的一切社会物质、精神生活的整体。它并非与自然相对应，而是相对于广义文化的精神面而存在的。意识形态可作为一种狭义的文化。

总体来说，文化是一个广泛的概念。广义的文化是指人类创造的一切物质产品和精神产品的总和；狭义的文化专指包含历史、语言、文学、艺术、风土人情、价值观念等一切意识形态在内的精神产品。旅游中的文化研究主要基于文化的广义定义。文化传播是指从一个社会向另一个社会、从一地向另一地传承传播一个国家或地区的包含历史、语言、文学、风土人情、价值观念等在内的物质产品和精神产品的过程。如17世纪意大利传教士对中国当时园林建筑艺术和宗教文化特征起了一定程度的刺激传播的作用。

李笑一认为："旅游，作为一种活动，具有社会性，同时又有着个性化的特征，其本身有着深层次的丰富的文化内涵，是文化传播的有效方式和表现形式。旅游活动是文化内涵和文化传播方式的统一，在文化传播机制中有着独特的意义和作用。"本书主要从文化的广义角度来论述影视文化对旅游活动在文化传播上的作用和影响。

"文化是旅游的灵魂"这一观念早已被不少学者和业界人士认可，早在1990年北京旅游学会先后组织过两次旅游文化的专题讨论，后在《旅游学刊》上明确提出，文化是旅游的基础，是旅游的内容；旅游是传播、宣传文化的载体和媒介。此外，在"2010博鳌国际旅游论坛"上，刘云山同志在讲话中提出"文化是旅游的灵魂，旅游是文化的载体"，一语道破文化与旅游之间的密切关系。

如果说文化是旅游的灵魂，那么传播就是作为旅游灵魂的文化的表达方式。因为没有不传播的文化，也没有无文化的传播，即文化与传播不可分离。在旅游的活动过程中，不管是旅游目的地及其风俗文化，还是旅游行业及其从业人员，或是旅游客源地及其旅游文化，都不知不觉地在旅游过程中得以传播。

影视旅游作为一种结合影视文化与旅游文化的复合式旅游产品，逐渐发展成"以影视基地（影视城）为依托、以影视文化为内涵、以旅游观光为业态、以休闲娱乐为目的"的具有独特运营模式、完整上下游产业链的跨行业、复合型的新兴产业。影视文化就是影视旅游产品中最主要的文化内涵，因此，本书通过挖掘影视作品中所包含的文化内涵来探讨影视文化营销中的文化传播。旅游活动作为文化传播的载体，对文化有着传播、储存和反馈的多种作用。而影视作品作为文化传播的媒介，具备受众庞大、社会效应高、时效性长等特点，已成为人们娱乐生活中不可或缺的一部分。因此，影视作品中出现的自然风光、人文资源被观众接收的同时，旅游目的地极具吸引力的文化内涵也被广泛传播。

本书按照影视作品中所包含的文化内涵，将对应的影视旅游目的地的文化传播类型分为历史文化传播、民俗文化传播、红色文化传播、自然生态文化传播和消费文化传播等。

二、影视旅游与历史文化传播

随着张艺谋导演拍摄的"中国电影第一巨制"——《英雄》的上映，其主要拍摄地点浙江横店影视城"秦王宫"和内蒙古自治区阿拉善盟额济纳旗成为热门的旅游景点。在气势恢宏的"秦王宫"前感受万人阅兵的威严，在电闪雷鸣的"漏顶棋馆"听雨下棋，在"书艺馆"以树枝为笔以朱砂为纸书写"剑"字，在"藏书阁"嗅着竹简的清香感受武侠片中的刀光剑影；额济纳旗胡杨怪树林因一袭红衣的张曼玉和章子怡一场树林决战而名扬天下；巍巍楼宇、漫漫黄沙、青山碧水、红墙绿瓦，无一不令人心生向往。众多游客涌入《英雄》的拍摄地和收官地，感受明星们演绎的英雄风采，释放心中的英雄情结。

电影《英雄》获得了空前的票房成绩（第一部在中国大陆地区获得两亿票房的国产电影，票房、收入数占据全年的1/4，缔造了当时中国电影界最高票房纪录），浙江横店影视城借此东风，在实景拍摄地"秦王宫"内恢复了《英雄》中的"漏顶棋馆""书艺馆""藏书阁"等经典拍摄场景，同时以电影声效、光影手法在现场真实再现了影片中的精彩片断，并在2003年农历新年的第一天正式对外开放。此项合作缘于2001年4月，张艺谋将《英雄》的绝大部分拍摄场景选择在"秦王宫"景区，并签下合约，郑重承诺待《英雄》公映后，所有拍摄场景全部按原样恢复，并向广大观众和游客开放，以此答谢各界对《英雄》的巨大支持。这可谓是中国电影史上可圈可点的旅游景点与电影联合营销的成功案例。

作为一部历史题材的影片，电影《英雄》的叙事背景来自中国历史长河中耳熟能详的"荆轲刺秦"的故事，由于导演的独具匠心，在叙事手法上借鉴了日本电影《罗生门》，但不同于《罗生门》的写实主义和对社会现实的讽刺，《英雄》通过几千年前的历史故事讲述了君臣之道及"英雄"情结。自《史记》以来，"荆轲刺秦"的故事一直被国人称颂，但在国际舞台上宣扬这种我国独有的武侠精神、以独立个体抵抗强权的英雄主义则是前所未有的。美国《华尔街日报》认为："《英雄》真正拉开了中国大片时代的帷幕。"

《英雄》在西方受到广泛好评并登顶首周票房冠军，但由于语言和文化的差异（在外国上映的《英雄》为汉语发音，外文字幕），电影本身的故事情节对于西方人来说比较复杂。尽管西方观众对电影所表达的内涵和精神实质感到困惑，但仍旧为电影的图像美感叹为观止，此片对中国历史、武侠文化的普及与传播都发挥了巨大的推动作用。

三、影视旅游与民俗文化传播

民俗文化作为民族文化的基础和重要组成部分，广义来说就是民间的风俗习惯，是一个国家或民族中广大民众所创造、享用和传承的生活文化，是普遍存在于社会生活中的一种文化现象。民俗文化在历史传承、生活文明建设上的作用都举足轻重。民俗文化作为一种民间文化，对旅游活动的发展和传播都具有极其重要的作用。由于我国幅员辽阔、地广人多、民族形态各异，即使同一地区的民俗文化也可能由于民族的不同而存在较大差异。有研究表明，文化的差异性会成为旅游活动关键的吸引因素，因此，民俗文化成为旅游目的地和旅游业主争相打造的"亮点"和文化营销"利器"。实际上，这种文化现象对旅游业的发展确实有利，不仅可以丰富旅游资源（特别是具有"土、俗、野、古"特色的旅游资源），还能增长旅游知识（包括休闲、探索、求知、审美）和弘扬传播民族文化。

我国的广西桂林是一座具有两千多年历史的古城，拥有丰富而多元的民俗文化内涵。在这个古老而美丽的土地上，孕育着壮、瑶、苗等在内的二十多个少数民族，"丰富多姿的民族风情、浑然天成的自然风光、质朴醇厚的历史文化"使桂林享有"桂林山水甲天下"的至高盛誉。美国前总统克林顿曾携夫人（后任美国国务卿的希拉里）及女儿于1998年7月2日来到他们向往已久的桂林，一睹漓江绝美风光和独具特色的风土人情。

谈到桂林，就不得不提到壮族文化的"代言人"——歌仙刘三姐，这个来自民间传说的传奇女子也因为长春电影制片厂在1960年摄制的故事片《刘三姐》而闻名遐迩。尽管这部影片距今已有半个世纪，但1960经典版《刘三姐》是新中国电影史上留给世人最深刻、最难忘、最优秀记忆的巅峰之作，刘三姐勤劳、勇敢、美丽的壮族姑娘形象给所有中国人留下了难忘的回忆。

影片《刘三姐》取景于风景如画的桂林，讲述了刘三姐反抗地主莫怀仁，与李示田对歌十天十夜后化作黄莺飞去的故事。作为新中国第一部音乐风光故事片，片中悦耳动听的歌声与美丽的桂林山水完美融合在一起，为影片增添了独特的艺术魅力。影片将故事情节与桂林的山水、文化特色紧密相连，既突显了桂林以民俗特色为灵魂的文化内涵，又形象地展示了"桂林山水甲天下"的灵秀风范。同时，城市旅游形象广告和民俗文化的有效传播给旅游产品带来了新的生机和活力。

时隔40多年，世界上最大的、最具魅力的山水实景剧《印象·刘三姐》在桂林阳朔开演。《印象·刘三姐》由我国著名导演张艺谋执导，是全世界首部集山水景观、音乐剧、舞蹈艺术、民族文化于一体的"山水实景演出"。笔者有幸亲眼观赏到了这场在全世界史无前例的大型演出。《印象·刘三姐》的演出舞台位于桂林阳朔县的漓江山水剧场，是一处在漓江下游地段天然形成的平静水域地形，此地也是电影《刘三姐》的拍摄场景之一。

《印象·刘三姐》以《刘三姐》为主要故事背景，从始至终贯穿了电影《刘三姐》中的经典山歌，以民族舞蹈的形式演绎了"刘三姐"和壮族人民一起生息繁衍并与恶势力勇敢斗争的民间传说，并加以烟火、灯光等舞台特效，创造了一个美轮美奂的山水世界。演出融山水、人文于一体，完美诠释了人与自然和谐相处的生动画卷，让自然景观与人文情怀交相辉映。同时，桂林独有的音乐舞蹈艺术、自然生态资源和民俗风情都呈现在演出中，让人们看到的不仅仅是桂林山水，还有桂林的风土人情。

《印象·刘三姐》至今已演出 1500 多场，观众达 270 万人次，为主办方赢得了近一亿元收入。除此之外，演出不仅仅使演出的主办单位、投资方获益，还带动了当地的旅游、交通、酒店及零售业的发展。仅以阳朔县为例，在《印象·刘三姐》公映的两年时间内，阳朔县的旅游总收入增加了5亿多元。《印象·刘三姐》作为影视剧、民间传说的衍生品，它最大的成就不在于所创造的社会经济效益和旅游营销的神话，而在于其整合了广西民族文化资源，并赋予其时代内涵，用现代化的艺术包装和营销手段，在原生态的自然环境中使更多年轻人了解到广西民族的民俗文化，对广西民族传统文化的传播、创新发挥了重要作用。世界旅游组织官员看过演出后做出如是评价："这是全世界看不到的演出，从地球上任何地方买张飞机票飞来看再飞回去都值得。"

四、影视旅游与红色文化传播

红色文化是指在中国共产党的领导下，中国人民在实现中华民族的解放、自由与伟大复兴的历史过程中所形成的一系列文化现象的总和。红色文化包括战争年代的井冈山精神、长征精神和延安精神，它是中国先进文化的组成部分。[①] 红色文化的核心即是对马克思列宁主义创造性的延伸，以及毛泽东思想的精髓和中国革命实践相结合的产物，在中国新民主主义革命的历史进程中具有极其重要的地位。

主旋律文化相比红色文化的范围更加宽泛，它指代的是符合"双百"

---

① 周自祥.文化创意理论生发[M].北京：光明日报出版社，2019.

和"两为"方针，能够以科学的理论知识武装人、以正确的舆论引导人、以高尚的精神塑造人、以优秀的作品鼓舞人的文化圈。主旋律文化不只包含红色文化中所宣扬的"井冈山精神""长征精神"，世界各民族的优秀文化、被赋予时代精神的传统文化精华、西方文明中的科学文化等只要能被我们吸收、学习并升华的都能称为主旋律文化。

不同于过去类似《林海雪原》《小兵张嘎》《七七事变》《红色娘子军》等千篇一律的历史、抗战主题、伟人传记式的红色文化电影，在 20 世纪 80 年代后，出现了弘扬"红色文化"与"爱国主义文化"的主旋律电影，其较为轻松、没有说教气息且融入艺术的形式更能引发民众广泛的讨论和共鸣。譬如载入吉尼斯世界纪录的《庐山恋》，迄今还在庐山电影院里放映，是全世界放映场次最多、单片放映时间最长、拷贝数最多的电影。

电影讲述了侨居美国的前国民党将军周振武的女儿周筠在庐山时，初遇因父亲遭"四人帮"迫害而陪母亲在山上养病的耿桦，二人一见如故，但因当时的政治原因未能修成正果，几年后两人在庐山的重逢时不愿再错失良机，约定成婚。耿桦的父亲在周筠的全家照中认出其父亲正是他昔日黄埔军校的同学周振武，经过一番波折，两位旧识终于怀着对祖国统一的期盼冲破政治立场化解恩怨，在庐山相会，周筠和耿桦也终成眷属。在那个必须弘扬主旋律的年代，电影《庐山恋》利用一个轰轰烈烈、曲折动人的爱情故事，既弘扬了爱国传统的主旋律，又赞美了刻骨铭心、至善至诚的爱情主题。

在电影之外，《庐山恋》不仅影响了整整一代中国人，还直接推动了整个庐山旅游业的发展。电影上映之后，四面八方的游客慕名而来，特别是影片中出现过的场景都成为人们争相游览的"宝地"。庐山不再仅仅是"飞流直下三千尺，疑是银河落九天"的代言人，也不仅仅是中央领导的疗养地，而成为一处标志着浪漫旷世爱情的圣地。譬如影片中周筠教耿桦说英语的小树林骤然间变得闻名遐迩，许多观众纷纷到此留影。实际上这个场景根本就是在摄影棚里拍摄的。

近些年引起热议的新型主旋律电影《云水谣》亦是在爱情主题之上宣扬红色文化、爱国主义的成功案例。故事发生于 20 世纪 40 年代，台湾青年陈秋水与王家千金王碧云一见钟情，两人很快坠入爱河并私定终身。但适逢台湾局势动荡，作为左翼人士的陈秋水为躲避迫害从台湾辗转来到大陆，两人被分隔两岸。此时朝鲜战争爆发，陈秋水作为军医奔赴朝鲜战场，一边怀着保卫家国的热血豪情，一边默默思念着海岸对面的亲人。战地护士王金娣爱上了陈秋水，并在战争结束后一直追随他到了西藏。由于海峡两岸的分隔，陈秋水几度寻找王碧云无果，在绝望中，王金娣的真情如同一道曙光照亮了陈秋水，陈秋水最终与她结婚了。而身在台湾的王碧云，终身未嫁，一生都在等待陈秋水。

电影集结两岸三地影星，横跨台北、西藏、福建、辽宁、上海五地拍摄，片中除了刻骨铭心的爱情令人动容之外，也带领观众置身于小资气息的台北、世外桃源般的苗栗和震撼人心的西藏雪山。《云水谣》还出现了在央视《新闻联播》的报道中，《新闻联播》对该片所蕴含的对两岸统一的殷切期望表示肯定。影片通过在特殊历史背景中发生的两段爱情故事来表现那个年代除却忠贞爱情以外更为深刻的中华传统文化和美好品质——爱国主义和坚贞勇敢。在电影之外，除了20世纪40年代台湾的精致风韵和西藏的苍凉绝美令人难忘之外，电影中陈秋水家乡的拍摄地"云水谣古镇"也成为热门旅游地。"云水谣古镇"原名长教村，拥有古老而优美的山水风光与人文古道，承载着百年历史的老榕树和神奇土楼都是闽南一绝。特别是在电影《云水谣》上映之后，游客们纷纷慕名而来，感受这悠长古道和青山绿水，以及浓浓的闽南风情。当地政府更是借势把村中一条长达十余千米的古道命名为"云水谣古栈道"。"云水谣"古镇也是因此而命名。

电影《云水深》中陈秋水和王金娣的解放军身份和为救人而殉难、在藏区庆典上大家合唱经典红歌《洗衣歌》的片段都无不传递着红色及主旋律文化的氛围。同样，电视连续剧《井冈山》反映了中国共产党在革命初期那段艰苦奋斗的岁月和战争年代视死如归、大无畏的红军精神。除此以外，中国第一部以红色文化为主题的大型实景演出《井冈山》也在拿山红军剧场开演。由600多名专业演员和红军后代倾情演绎的激情岁月在倾力打造的10万平米全景舞台上震撼上演，无论是熟悉的红旗、镰刀、斧头还是残酷的牢狱、刑场，都重现了80年前那段永不磨灭的峥嵘岁月，让观众们在观看演出的同时回顾往昔并真切地感受到今日的和平来之不易，不仅发挥了红色文化的普及和教育作用，还够吸引了更多旅游者来到红色文化旅游景区缅怀先烈、主动接受爱国主义熏陶。红色文化传播的价值不仅在于影视作品本身，更在于它能够提升红色旅游文化的知名度，发挥出比单纯的说教更有效的作用。

五、影视旅游与自然生态文化传播

自然生态是指各种生物以及生物与大自然之间互相作用、互为依存、相互影响的动态关联和生存状态，有着自给自足的内在发展规律。生态文化就是从人统治自然的文化过渡到人与自然和谐的文化，这是人的价值的根本转变，这种转变使人类中心主义的价值取向过渡到人与自然和谐的价值取向。

由好莱坞导演詹姆斯·卡梅隆指导的长达 2 小时 40 分钟的科幻电影《阿凡达》在中国市场创造了 6.8 亿的票房奇迹。然而，影片《阿凡达》引爆的不只是 3D 电影的视觉狂欢、蓝色风暴，它更大的成就无疑是对生态问题深刻、独到的思考，以及极具创造力的艺术表达。《阿凡达》并不仅仅是被人们所戏称的"开发商"与"钉子户"的故事，它实际表现的是人类中心主义与生态主义的斗争。潘多拉星球实际是地球的一面镜子，纳威人则是人类的影子。那些人造的巨型机器助纣为虐，曾经美丽的"潘多拉星球——一个完美的世界在丑陋的人类机器面前以毁灭造就了一部悲剧，这一切都不禁引发我们对生态文化的深刻解读和思考。

在我国，"天人合一"的思想早已流淌在中国古代文明的血液中，早已融入流经千年的传统艺术长河中。我国的影视创作者早已将生态文化作为艺术创作的对象。因此，如何继承我国数千年来流传的与自然和谐的理念、以人为本的核心价值观，让当代的影视作品体现生态文化的内涵，承担生态教育的职责，把视听娱乐和生态传播有机结合起来，让每一位观众通过镜头感受生态之美，唤醒大家对自然生态发自肺腑的热爱，从而从根本上改善人与自然之间的矛盾已成为当务之急。

我国第六代导演的代表人物陆川执导的电影《可可西里》讲述了记者尕玉和可可西里巡山队员为了追捕藏羚羊盗猎分子，保护藏羚羊和生态环境，顽强抗争甚至不惜放弃生命的经历。《可可西里》作为一部反映生命历险的故事片，通过猎杀藏羚羊和阻止猎杀藏羚羊这两个载体，讲述了人在绝境中的生存挣扎和人与自然的相互抗争。它不仅是一部信仰与生命的电影，也让人类与生态环境成为舆论焦点，极大地引发了人类对藏羚羊的生存问题、可可西里这个人类生存"禁区"的关注。

无独有偶，2013 年由冯小刚执导的贺岁片《私人订制》也在电影最后一章谈到生态问题，并让四位演员面对雾霾、污染、林毁、地陷等环境问题，分别向大自然郑重道歉。尽管这个略显社会责任感的"道歉环节"被不少影评人评价"生硬""做作"，但影片所引发的对生态文化的关注是不容小觑的。据不完全统计，《私人订制》上映四天票房飙至3.2亿，截至2014年1月份该影片票房已突破6亿，保守来算也就是有将近一千万中国人观看了此片。片中真实存在的场景——厚重的雾霾、被砍伐得只剩最后一片绿洲的山林、大草原上接连的煤坑、被污染的湖水，都引发了观众的反省和深思。

由此可见，影视剧已成为生态文化传播的天然载体，是我们今后亟需开拓的课题。面对越来越多的环境恶化问题，通过电影作品让人们自我警醒、重视生态文明，激发了人们的环境保护意识，重新唤起人们对大自然的热爱，由被动到主动保护环境，从而做到在影视作品中响应现实。

六、影视旅游与消费文化传播

消费文化是指消费者在消费行为中，除了消费产品以外，还要消费由这些产品所带来的象征意义以及该产品所代表的阶层、调性、品质和心情，是消费行为中所包含的深层含义。在影视植入式旅游广告的策划和制作中，策划者要注意将这些内涵意义巧妙地融合在影视剧情之中，使广告的痕迹更加隐形。而消费者购买的不仅仅是旅游这一活动本身，而是旅游文化、历史文化、饮食文化、民族宗教文化以及旅游给消费者带来的愉悦、趣味和享受。

消费文化包括物质消费文化、精神消费文化和生态消费文化，是社会文化的重要组成部分，是人们在物质、精神生活中所创造出来的，是社会文明建设的关键因素。一个社会或国家的经济、政治制度、生活水平、价值观念、风俗习惯和公民素质、法律制度等都会对消费文化造成影响。消费文化不等同于消费主义。消费主义是一种宣扬极端物质主义、追求无节制享乐、具有虚荣炫耀性的消费观念，是西方国家曾出现过的一种消费思潮。它与消费文化所追求的积极生活态度是完全相反的。

这里主要论述消费文化中的饮食文化在影视剧中的运用和传播。饮食文化在中国具有社交、亲和、宣传、养生四大功用，对中国文化具有根深蒂固的影响。古有云："饮食男女，人之大欲存焉"；常言道，"民以食为天"，都道出了中华文化重饮食的倾向和文化习俗。"吃"对我们的文化心理结构有深刻影响，存在于每个中国人的潜意识中。

　　华语电影有很多反映中国饮食文化的，其中著名的有《饮食男女》《食神》《满汉全席》等。央视出品的纪录片《舌尖上的中国》火爆荧屏，也让全国观众对着荧屏垂涎欲滴、赞不绝口。有学者认为，这部纪录片之所以火爆，原因在于：首先，其选题具有广泛的群众基础。所谓"食色，性也"，不论年龄、不论民族、不论阶层的人们都离不开饮食。其次，其在素材的编排与剪辑中无处不流露人文情怀。《舌尖上的中国》不同于一般的美食节目仅仅对食物的烹调、色香味进行形象的描述和捕捉，它更多地是把食物背后的历史、传承和地域的变迁融入更深层次的文中并传递给观众。正如其解说词中所表达的"这是山的味道、风的味道、阳光的味道，也是时间的味道、人情的味道"。

　　《舌尖上的中国》传播的不只是饮食文化，还有难以割舍的乡愁、记忆和人文情怀。

　　《饮食男女》是奥斯卡最佳导演奖得主李安早期的华语影片，它从中国传统饮食入手，表现了一个单亲家庭父女四人的情感生活，父亲郎雄曾是台北著名的圆山大饭店主厨，声名远扬，晚年竟然失去了味觉，母亲早逝，父亲一人照料着三个女儿的饮食起居。"饮食男女，人之大欲存焉"这句至理名言通过父亲郎雄之口，道出了全剧的核心思想。片中频频出镜的圆山大饭店，看似不经意却引起许多内地观众的好奇心和想一探究竟的冲动。

　　"好雨知时节，当春乃发生。随风潜入夜，润物细无声。"杜甫的这首关于春雨的诗在一千多年后的今天化为一部浪漫唯美的爱情电影——《好雨时节》。尽管这部电影由韩国导演许秦豪执导，却是中国第一部城市营销电影《成都，我爱你》的上集，独立成章，在成都拍摄完成。影片中韩国男子朴东河（郑雨盛饰）因工作来到成都，在杜甫草堂偶遇在美国留学时的大学同学 May（高圆圆饰），上演了一段城市浪漫爱情故事。影片借由高圆圆饰演的导游角色将成都的美景、美食、美雨娓娓呈现在故事中。喧闹的武侯祠，静雅的杜甫草堂，竹林雨后品茶，小河竹筏鲜鱼……有影评人形容该片是"一切润物，都在无声之中。而无声，确只在这个时节。"

　　《好雨时节》中有一场女主角 May 带男主角吃肥肠粉的戏，肥肠粉不同于韩国泡菜的辣味儿，朴东河一吃就呛到了，但他还是忍住大口吃了下去，只因为 May 说她喜欢爱吃肥肠粉的男人。其浪漫又不乏幽默的情节恰如其分地植入了成都标志性小吃——肥肠粉。

　　与《好雨时节》有异曲同工之妙的传播旅游目的地饮食文化的还有电

影《家有喜事》，片中角色沈敏用赞美的语调推荐："千岛湖风景优美，水产丰富，那里的水煮鱼头特别好吃。"影片以此直接拉开了发生在千岛湖的剧情。除此以外，电影《小小得月楼》通过一家知名饭店里的生动故事及鲜活的人物形象，活灵活现地将苏州的餐饮文化和普通市民的精神风貌呈现出来。再如电影《美食家》也通过精彩的人情故事，展示了苏州人的真实生活，强化了观众对苏州和苏州人的多层次理解。

第三节　影视文化产业与旅游产业融合发展的路径
——以重庆影视旅游为例

一、重庆影视业与旅游资源现状

（一）重庆影视业现状

国务院办公厅发布的《关于促进电影产业繁荣发展的指导意见》提出中国要努力从影视大国向影视强国转变。另外，全国影视创作座谈会定下了影视产业要实现跨越式发展的目标。政策的扶持、经济总体水平的提高、老百姓文化需求的增加，为影视产业的进一步发展创造了良好的条件。

国际国内影视市场的持续火爆带动了重庆影视市场的发展，重庆市电影业逐渐突破瓶颈，走上了发展的高速路，不管是影视的生产、放映，还是农村影视事业的建设都发展迅猛。重庆电视业特以资源整合为主线，取得了长足的发展，规模进一步扩大，体制改革稳步推行，发展全面提速。重庆广电集团已经形成了 11 个模拟传输电视频道。影视产业分别完成了资产剥离、业务重组、战略投资者引进工作；网络公司完成了主城区有线网络双向化改造，主城区数字电视用户突破百万，完成了全国领先的、以编辑为主的三套本地节目的开发及播出。值得一提的是，在广电产业方面，切实加强了规范管理，完善了法人治理结构，优化了产业结构，加强了经营能力，提高了生产效益，巩固和强化了核心竞争力，使产业发展稳步推进。

（二）迷人的重庆自然风光

重庆风光秀丽，人杰地灵，是一个不可多得的有山有水的美丽城市。其植物物种丰富，北碚缙云山、江津四面山、南川金佛山、武隆仙女山、永川箕山都是成片的原始森林，植物茂密，风景绮丽。全市森林覆盖率达到 20.49%，为重庆"山城"这张名片打下了基础。除此之外，长江贯穿重庆全境，同嘉陵江、綦江、乌江、大宁河及其他支流，在山地中切出众多峡谷，特别是长江横切巫山，形成了著名的长江三峡，使重庆成为一个山美水美的休闲城市。重庆地质多为喀斯特地貌，景观奇特，形成了武隆著名的天生三桥、地缝、黑山谷石林等多个游客如织的旅游胜地。

而重庆的旅游景点也非常丰富，有长江三峡、万州青龙瀑布、四面山、仙女山、缙云山、金佛山与綦江景区、万盛景区。神秘乌江和世外桃源芙蓉洞地质独特，有天然的温泉湖泊，东温暖、北温泉，长寿湖、龙水湖等都是旅游度假的好去处。

由于重庆群山环抱，有着独特的地理优势，几乎所有的房屋都依山而建，所以一到夜晚，站在南山的一棵树上或是乘坐在两江游轮中，观赏华灯初上的高楼大厦，错落有致的五彩灯火美不胜收，占尽山光水色。这些优美的自然风光也为影视外景地取景创造了物质条件。

走在大街小巷的美女们，也是重庆一道亮丽的风景线。重庆盛产美女，就像长白山盛产人参一样全国皆知，靳羽西曾说，全国最漂亮的女人在重庆。而重庆本来也出过许多有名的美女帅哥演员，比如琼瑶的御用女主角蒋勤勤，她出演过《白发魔女》中的练霓裳，饰演过倾国倾城的大美女西施，深受大家的喜爱，并获得多次国内影后奖项的提名。还有身材姣好的世界级名模于娜，也是出生于重庆。国内男演员陈坤从小也在重庆长大，他出过单曲，并拍摄了多部大家耳熟能详的经典影视剧，如《画皮》《龙门飞甲》《云水谣》等，并获得了华表奖、百花奖的双料影帝。不得不说，重庆人杰地灵，为影视产业的发展培养了众多优秀演员。

（三）重庆历史与民俗文化

重庆历史文化悠久，有着3000年的文明史，融巴渝文化、少数民族文化、红色文化、移民文化为一体。其中，抗战时期的革命文化更是家喻户晓，而重庆在民国时期作为"陪都"的那段历史也尤为出名。

1926年，朱德、陈毅和中共重庆地委曾在此掀起了声势浩大的反帝国主义运动。1929年，川东地下党在城口县和万源县边境建立了游击根据地。抗日战争时期，国民政府发表宣言称国民党移驻重庆，后来重庆成为战时的"陪都"。期间，中国共产党也在重庆设立了中央南方局，由周恩来、董必武等同志领导，重庆成为中国抗日民族统一战线的中心，重庆也变成了全国抗日的政治、军事、经济、外交和文化中心。

抗日战争胜利后，重庆曾成为重庆谈判和签订协议之地；修建了重庆国民政府礼堂；发生了震惊全国的校场口事件；更是在新中国解放时，经历了共产党员遭遇大屠杀的惨烈。这些中国现代史上悲壮的篇章，为全国人民留下了可歌可泣的英雄史迹和历史题材。

现在的重庆有着许多先烈们的革命遗迹。例如，"二战"时的远东指挥中心和红岩精神纪念地，是中国反法西斯的历史文化遗址，其中有"二战"时期中国人民的朋友美国陆军中将史迪威将军的故居。重庆也是革命的象征。例如，毛主席曾居住过、共产党人曾工作过的红岩村和红岩革命纪念馆；又名"周公馆"的、位于渝中区中山四路、周恩来总理曾居住过的曾家岩 50 号，曾是许多青年朋友、国际友人共商大事的聚集地；还有革命宣传的有力武器——《新华日报》营业部旧址，桂园、宋庆龄故居、林园、老舍旧居、陈独秀旧居、歌乐山烈士陵园等众多革命遗迹。

除了革命历史悠久，重庆还拥有丰富的民俗风情。比如重庆的三峡民歌、龙船调，渝东地区的喜歌、梁山灯戏、土家族踩踏戏、万州竹琴等，都是古老的巴渝文化中不可多得的遗产。

重庆是一个移民城市，除了现在的三峡移民，重庆在古代还有一次大规模的移民，即明末清初时期，"湖广填四川"的大移民，现在重庆还保留以前的湖广会馆作为纪念。

重庆码头文化丰富，以前就有"八门九开"的说法，现在仍有很多码头存在，其中最有名的就是朝天门码头，如今依然人来人往，是河上运输的交通要道。重庆许多古镇也保存完好，如磁器口古镇、松溉古镇等，并且还新修了大量仿古建筑，如北部新区的民国街等，都为重庆增添了许多色彩，给重庆蒙上了神秘面纱。

二、重庆影视产业对旅游资源的利用现状

（一）重庆旅游频道与旅游节目

1. 旅游频道与旅游节目加强了影视产业的竞争力

中国传媒业集团化行为分为组建和运作两部分，而中国广播影视业集团化行为从 1999 年开始，第一次明确提出组建广播电视集团。后广电总局又下发了《关于广播电影电视集团化发展试行工作的原则意见》，确定了电子媒体在以宣传为中心的前提下，"可兼经营其他相关产业，逐步发展为多媒体、多渠道、多品种、多层次、多功能的综合性传媒集团"。此后，中国的传媒组织不再是垄断行业，而是一个加入了大量私营企业的充满激烈竞

争的市场经济环境。

1841 年，托马斯·库克开展了首次火车旅游活动，并随后成立了第一家旅行社，旅游业的发展开始萌芽。再后来，随着国际局势的逐渐稳定，人们生活水平的不断提高，旅游业开始了空前的迅猛发展。

如今旅游业的内部竞争愈演愈烈。在当今信息社会的时代，信息的传递成为决定市场竞争成败的关键因素，没有一种产品可以把自己封闭在一个固有的空间里而得到受众的关注，特别是旅游业，更是一个典型的信息依赖型产业。由于旅游产品的无形性、不可储存性、生产和消费的同时性等特点，其对信息传播的依赖程度更强，甚至在某种程度上其在旅游市场上的宣传大多表现为信息形态。

在人们出游的动机中，文化方面的动机是关键。也就是人们对未知的地方充满好奇，渴望见识与所在地充满差异的风景和文化，了解其他地方的自然地理风貌、文化风俗及生活方式，希望通过去异地旅游增长见识开阔视野。

旅游的形成必须具备三个条件：一是有出游的欲望和动机，二是有充足的时间，三是有出游的经费。在当今时代，由于社会人口的增多、压力的增大，很多人都只具备了第一个条件，即强烈的旅游动机，却缺少时间和金钱。而旅游节目和旅游频道为这些不能外出的人提供了方便，让他们不花一分钱就可以了解与感受异国他乡的文化风情。

纵观国内外，旅游节目与旅游频道已经有了稳定的受众群体，他们大多是旅游爱好者，并希望从旅游节目中获取某地的旅游信息，比如北美洲的气候、印度人的饮食习惯、泰国游玩攻略玩、当地人的风俗习惯等。时间的有限性和人们对知识追求的无限性，造就了旅游频道和旅游节目的市场。在当今影视节目泛滥、信息量爆炸的时代，这种有着明确定位的旅游频道和旅游节目更有目标性，显然更容易受到特定人群的喜爱。

放眼我国，目前只有海南有一个经国家广电总局批准的旅游卫视，也是我国唯一的一家以休闲旅游为主要内容的综合性专业卫星电视频道。它是一个专业化的旅游频道，全天播出的内容几乎全是与旅游切身相关的信息与知识，主要节目包括《玩转地球》《旅游看今天》《旅游新观察》《行者》《世界游》等。这些节目通过介绍全球各地独具特色的人文风景、当地小吃等受到了观众的好评，收视率极高，其中《行者》这个栏目还在 2011 年获得了"最佳人文节目"称号。除此之外，旅游节目中的许多主持人也因此受到了全国人民的广泛关注，如胡可、史林子、李浩等，都深受大家的喜爱。

虽然重庆没有专门的旅游频道，但是在重庆卫视的都市频道和其他频道中确有大量的与旅游相关的栏目，并且形式多样、内容丰富、差异化明显。其中有些旅游栏目是向外地游客介绍重庆的一些景点，如瓷器口、中山古镇、渣滓洞、白公馆等，一来可以宣传重庆的形象，二来也为外来游客提供方便，便于他们寻找好玩的重庆旅游景点。也有针对本地观众的，比如《好吃嘴》这个节目就是由本地的主持人为电视机前的观众朋友们推荐各种各样的美食，如重庆排名前十的火锅店、小面店、烧烤摊等。通过这个节目的介绍，不论是喜欢到处寻找美食的达人，还是请客吃饭的主人，都不用再苦苦寻找就能知道哪里的鸡汤最纯正，哪家餐馆的价格最实惠，因此节目深受人们喜爱。除此之外，一些旅游服务类节目还会在不同季节推出一系列旅游线路，告诉观众哪个季节该去哪里旅游，需要带些什么物品。比如夏季适合去云南避暑，但是要记得带伞；冬季适合去海南晒太阳，但是要带防晒霜；等等。为了扩大产业发展，很多实体行业也加入到影视产业中，比如重庆的一些汽车摩托车厂家就通过资金赞助的形式，开设了和车有关的旅游栏目《在路上》，这个栏目主要记录有车族通过自驾游的方式寻找一些精品旅游景点的过程，以全新的视角来描述他们在旅途中的所见所闻，让观众感受不一样的旅游方式，以此为自己的产品做宣传。而旅游栏目组既推出了产品，又融合了资金，并且有了专业定位，可谓一举多得增加了影视产业的核心竞争力。

2. 旅游节目的发展为重庆影视产业的发展储备力量

重庆是一个人口聚集的国际大都市，全市人口 3000 多万，并且有几十所高等院校，就业压力严峻。旅游节目的设立，无疑为相关专业的学生创造了更多的实习条件和就业机会。

在重庆的十几所大学和一些职业中专中，基本都设有旅游、影视和新闻类专业，每年相关专业毕业的学生数量庞大，每年至少有 1/3 的学生会选择对口专业就业。面对如此巨大的就业人数，政府也感觉压力倍增，而重庆广电集团市场化经营的形态为学生减缓了就业压力。因为市场竞争导致电视频道的分类更加细化，种类更加多样，这不仅能打造本身的电视品牌，还可以为大量的专业大学生提供就业机会。因为一个栏目的运作需要各个部门的配合，也需要各种人才的支持，比如一个栏目组通常都会需要编剧、导演、主持人、视频后期加工人员、化妆师、服装造型师等。而旅游专业的学生可以凭借专业优势进入旅游栏目，为旅游节目的策划出谋划策。因此，重庆旅游节目的发展不仅增加了影视节目的类型，也为广大学生提供了就业岗位和实习机会。

重庆作为我国西部唯一一个直辖市，前途不可限量。除了经济上要走在世界前端之外，文化产业上的地位和排名也是成为国际大都市的关键一环。现如今，重庆文化创意产业的发展还比较薄弱，所以需要在政策上、经济上对文化创意产业进行扶持，大力培养后备人才，为文化创意产业的发展提供后备力量。影视产业作为文化产业的核心要素，其发展是文化产业发展的重要基础。如今影视旅游节目的繁荣与相关专业人才的培养正好为影视产业储备了大量后备人才，为重庆影视产业的蓬勃发展奠定了基础。[①]

（二）重庆影视外景地对旅游景区的环境利用

影片外景地可以说是影视旅游中最早出现，并最容易引起人们注意的资源。在国外，最早的影视外景地是意大利首都罗马，它因 1953 年经典爱情片《罗马假日》的上映而游客数量大增。影片中由奥黛丽·赫本饰演的天真率直的英国公主与幽默帅气的美国记者之间的短暂爱情故事引起了广大观众的无限遐想，而男女主人公在影片中所游历的西班牙阶梯、古罗马议院广场、许愿喷泉、斗兽场、万神殿等名胜古迹，就像是一部为观众介绍罗马的旅游手册，大大提升了罗马的旅游品质。

在国内，影视外景地的运用始于 20 世纪 80 年代。1980 年由上海电影制片厂出品的风光爱情故事片《庐山恋》的上映引起了全国人民的轰动。影片以风光秀丽的庐山为外景，讲述了男女主人公令人向往的爱情奇缘。此后，庐山成为许多年轻情侣向往的旅游胜地，《庐山恋》这部影片也在庐山景区反复放映。

今时今日，旅游景区和影片外景地因影片的热映一跃成为旅游的热点不再是难得一见的个别例子。的确，影视剧为相关外景地或旅游景区赋予人物、故事等创意以及文化投资，通过观众的自愿接受为相关外景地或旅游景区进行广告宣传，使影片外景地成为影视旅游景区并获得了较好的经济效益、文化效益和社会效益。同时，影视旅游外景地的形象提升和游客增长也可为电影产品的开发带来助力，形成了良性循环的影业生态系统。

---

① 周青.重庆市影视旅游开发研究[D].重庆：西南大学,2010.

当然，并非所有的旅游景区都可以成为影视外景地，也不是所有影视外景地都具有旅游开发的潜质。要让某部影片的外景地和旅游景区成为影视旅游的目的地，必须充分展示外景地和旅游景区相结合的独特的自然风光，努力挖掘其独有的历史文化资源，使之与影片的故事情节、影音画面和内在情境恰如其分地融合在一起。因此，影片本身的深度传播、传奇效应以及经典品质，同外景地的自然美景和文化魅力，是外景地和旅游景区作为影视旅游项目进行产业开发的基本条件。此外，通过特色经营、重点推介或定期影展，特定地域或城市的影视旅游资源也可以得到进一步利用和开发。

1.旅游风景完善了影视作品的画面美感

一个风光优美、山清水秀的旅游外景地能够大幅度提升影片的观赏效果，增加画面的美感。电影给人的享受有三种：一是视觉享受，二是听觉享受，三是情感享受。其中视觉享受包括人、物、景，一个优美的场景可以使整个电影画面亮丽起来。因此，外景地的选择对影视剧的拍摄非常重要。我们也可以看到很多影视颁奖典礼会设最佳摄影奖，而那些获得最佳摄影奖的影片通常都是在有美丽自然风光的地方拍摄的。如《大河恋》《傲慢与偏见》等，片中优美的自然风光给人们留下了深刻印象。

重庆武隆的天生三桥风景区作为《满城尽带黄金甲》唯一的外景拍摄地，对旅游环境的利用无疑是重庆本地最成功的案例之一。该景区自然风光秀丽，是重庆典型的喀斯特地貌，并且是国家5A级景区，也是我国的自然遗产。为了影片的拍摄，当地政府投资200多万之为修建"古驿道"，并在天生三桥的中心地带为修建了一座专业做旧、古朴风格浓厚的古代建筑作为影片的拍摄场景，建筑的屋顶、墙的颜色都采用了做旧处理，让建筑看上去有深厚的历史沉淀感，与景区的自然风光融为一体。

在该影片中，主角被行刺的小屋被四周地貌奇特的喀斯特山丘所包围，使影片的画面感更加雄伟，更具有美感，让人感觉影片中的一个个场景就像是一幅幅风光秀丽的山水画，更好地吸引了观众的兴趣与注意。

该影片的播出也为当地的旅游市场创造了机会。在外景地选址期间，随着影片的宣传，人们对外景地的选择格外关心，所以在该影片开拍之前，天生三桥景区就已经引起大众的关注。影片的上映更是提升了它的知名度。

影片拍摄遗留下来的古老建筑一直被旅游景区完好保存，它不是普通影视基地的随意搭建，而是全部采用可以用于长久居住的建筑材料，为日后游客的参观带来了方便。

2. 旅游外景地延续了影视作品的热度

通常一部影片热度的持续时间不会太长，人们对一部影片的记忆是有限的，但是长存的自然风景却能让一些影片成为经典和永恒，让人们每次来到这个地方的时候，都会想起这部影片。例如，电影《庐山恋》捧红了庐山之后，庐山为了造成持续的影响力，在影片播出之后的 40 年一直不间断地播放这部影片，既实现了对自身的宣传，也保持了影片的热度，所以如今已经有相关公司打算翻拍电影《庐山恋》了。

许多景区都借用了同样的宣传手法，比如《十面埋伏》的拍摄地重庆永川的茶山竹海，该景区在《十面埋伏》拍摄之前只是一个永川当地人假日爬山郊游的小景点，没有规范统一的管理、没有相关的配套设施，知名度低，外地游客寥寥无几。在《十面埋伏》拍摄之后，该地的游客数量剧增，为此，景区特意在拍摄地的竹林里修建了一个播影室，专门向游客播放《十面埋伏》。虽然景区的行为是为了发展自身的旅游、提高知名度，但也对影视作品传播起到了重要作用。

需要注意的是，景区在有影视业介入之后，不能单纯开发影视热点，必须挖掘景区自身的自然资源和人文内涵，这样才能在影视热消退后走得更远。

3. 旅游景区的成熟为影视拍摄带来了便利

一个影视剧的拍摄通常都有一个庞大的拍摄团体与漫长的拍摄过程，每次的拍摄都将涉及整个剧组中导演、演员、制片人、灯光师、造型师、服装师等的饮食起居，以及影视场景的布置与交通出行。所以一个成熟的外景地对影视拍摄相当重要，可以给剧组带来便利。同时，为了追求不一样的画面美感，许多影视剧会选择不同的外景地，而非在影视城拍摄。因此成熟的景区是剧组青睐的对象。

首先，成熟的景区有着良好的基础设施，能满足剧组人员的日常生活所需，良好的道路交通也为人员和器材的运输提供了方便。比如未开发前的天生三桥全是山路，交通不便不仅耽误拍摄进度，也给剧组人员的生活带来不便。但是修建后的景区有了观光电梯，剧组人员的出行更加便利，随时都可以乘坐电梯到周围的农家乐吃饭住宿。

其次，成熟的景区已经有良好的基础设施和一定的受众人群，符合大众审美观，而且通常风景迷人为大众所熟知，更易被接受。

最后，成熟的景区要有规范的管理制度和工作人员。剧组拍摄选址时，能和景区的沟通更加便利，拍摄过程也会更加顺利，并且一些景区为了自身的宣传，还会出资邀请影片前去拍摄，并自己搭建好外景基地，不用影视剧组操心。比如茶山竹海为了邀请到《十面埋伏》的拍摄，早早就做好准备，拍摄了大量竹海的美景照片给导演的助手送去。在被选中后，免费提供剧组拍摄期间的食宿，并主动搭建影视拍摄所需的小茅屋以示诚意。这种成熟的外景地是许多剧组所青睐的。

4.影视作品过于宣传旅游而降低了影视作品质量

由于在旅游景区中拍摄能享有许多好处，很多影视剧组都乐意受邀前去旅游景区或旅游城市进行拍摄，顺便为当地的旅游进行宣传。

然而，影视剧的拍摄应该首先以剧情需要为主，不能为了宣传旅游而故意加入许多并不需要的情节和场景，使得影片本末倒置，既不像一个旅游宣传片，也不像一部影视作品。比如畅销小说《失踪的上清寺》在改编成电视剧之前非常火，书中跌宕起伏的民国时期四小姐的迷离爱情、主人公寻找财宝过程中的各种惊险刺激，都深深吸引着广大读者的眼球，让读者自觉随着作者一起去了解重庆各个地区的历史文化，受到了广大读者的喜爱。但是该小说改编成电视剧后，人物的刻画和情节的设置显得粗糙，影片更多关心的是对重庆各个知名景点的宣传，完全失去了小说中本来最吸引受众的故事情节，所以播出以后一直反响平平，没有达到预期效果。

三、重庆市影视产业与旅游产业融合的对策

（一）加强影视主题公园产品的设计

影视主题公园是指不以影视拍摄功能为主，而是以影视拍摄场景、场地、道具、服饰、片段等为资源，以影视文化为主题的娱乐公园。这也是影视主题公园与影视城的主要区别。国外最著名的影视主题公园当数好莱坞的环球影城。在20世纪50年代电影产业低迷之时，环球影城采取少拍片以提高技术质量的方针，作为好莱坞的一个旅游中心向旅游者开放，从而增加了收入，进而更好地投入制片，引发了各国各地的影视主题公园热潮。好莱坞环球影城是世界上规模最大的围绕电影拍摄场景建立的主题娱乐公园，是一个能够让游客走入电影、亲身体验电影拍摄的神奇世界。经过不断完善和发展，好莱坞环球影城已经成为游客游览好莱坞必不可少的一个景点。目前我国国内影视城众多，但能称得上影视主题公园的很少，且很

难达到如好莱坞环球影城一样的规模和影响力。但仍有一些具有独特吸引力、发展较为成功的案例，如中国第一家世界级电影主题娱乐园——长影世纪城、全球规模最大的影视拍摄基地——横店影视城、主打西部文化且被誉为"中国一绝"的镇北堡西部影城。

纵观国内外影视主题公园的发展，不难发现其成功的要素有四点：一是准确的主题定位；二是优越的区位条件；三是富有吸引力和市场竞争力的产品；四是科学的管理和经营。四者缺一不可。

从影视旅游资源来看，重庆市的地形与横店影视城所在地一样多山，地势起伏不平，不适合农作物生长，却具备了建设影视实景基地和开展旅游活动的有利条件。加之近年来革命题材影视剧大热，作为国内红色影视旅游资源遗存最丰富的城市之一，重庆市的影视主题公园可考虑以红色文化为主，结合巴渝文化、三峡文化和时代文化等。

鉴于重庆市的红色影视旅游资源多集中在市区，可以考虑对其进行修复和重建，以适应影视剧拍摄和旅游的需要。如重庆市的"记忆之城"——渝中区下半城的改造已经开始。民盟重庆市委建议，可以在保护的基础上对历史遗迹相对集中的解放西路至白象街一带进行开发，建设"近代风情一条街"或"重庆市影视基地"，以旅游和影视剧拍摄作为这一带开发后新的可持续发展的经济增长点。这样既可以避免纯人工建设影视基地的高投入风险，也更真实，更具有旅游吸引力。市区近郊的大足石刻影视文化创意产业基地、茶园新区创意产业园等可围绕巴渝文化、三峡文化和时代文化，开发集参与性、体验性、娱乐性于一身的影视主题公园旅游产品。

从区位条件来看，重庆在西部得天独厚，拥有通江达海、承东启西的最好区位。目前，重庆作为西部最大的综合交通枢纽的功能已基本形成，是西部地区唯一拥有轨道交通的城市；铁路密度达到1.54公里/百平方公里，居西部第一；水路旅客周转量居全国第一；江北机场跻身全国十大、世界百强机场之列，并且拥有西部最多的跨省、呈放射状的高速公路和铁路。

从竞争对手来看，西南地区较有知名度的影视城只有云南大理天龙八部影视城。它是以金庸名著《天龙八部》为背景依据，结合《天龙八部》剧组的设计构想，融大理白族民居建筑特色和当地工匠巧夺天工的精湛技艺，按照"大理特点、宋代特色、参照《清明上河图》，影视拍摄与旅游观光相结合"的原则规划设计的独具地方民族特色、能满足影视拍摄要求、功能比较齐全的中国影视基地，和展示宋代大理国及西夏、女真、辽国历史文化的大型主题公园。重庆市建设的红色影视主题公园与大理天龙八部影视城的主题不同，它们并不是竞争关系，而是相互补充、共同发展的关系。

为了开发出具有吸引力和市场竞争力的影视主题公园产品，必须注重以下几个方面：一是紧跟时尚潮流，迎合大众需求，选择独特的主题构思，进行精心规划和设计将产品做精，并根据时代变化不断推陈出新；二是注重文化内涵的挖掘。在影视旅游开发过程中要实现差异化发展，推出个性化产品。通过城市元素的运用、特色活动的开发，营造本土影视文化氛围；三是注重高科技的运用，运用计算机、声光电、自控设备、数字技术、智能管理等高科技手段，以文化亮点与时尚科技互动的方式，带给旅游者丰富的体验；四是"主题公园产业化发展"。即打造主题公园产业链，把主题旅游与关联产业结合起来，突破单一的旅游盈利模式，开辟多元化的利润增长点，实现整体效益的最大化。

科学的管理和经营主要体现在：首先，要持续关注旅游者需求的变化，投入资金进行产品的深度开发和新产品的研发，不断创新旅游项目；其次，经营者要加强旅游目的地的服务管理，提升服务水平，最后，注重品牌建设，树立品牌形象，从而提高市场占有率。

（二）加强影视节庆产品的设计

影视节庆是以影视奖项评选、影视作品展演和影视交流活动等为主要内容的节庆活动。借助影视作品和影视明星的影响力，影视节庆活动能在短时间内吸引大量旅游者，在举办地进行快捷频繁的旅游消费，从而带动节庆举办地的旅游发展。知名国际影视节庆有戛纳国际电影节、柏林国际电影节、威尼斯电影节、纽约电影节、多伦多电影节、伦敦电影节、旧金山国际电影节、鹿特丹国际电影节、米兰国际电影节、西部电影展等。国内知名影视节庆有金鸡百花电影节、上海国际电影节、中国电影华表奖、香港金像奖、台湾金马奖、金鹰奖、飞天奖等。这些影视节庆活动为举办地积聚了眼球效应，推动了其影视旅游产业的迅速发展。

从重庆市的具体情况看，其还不具备自身举办全国性影视节庆活动的条件。要开发这一类型的影视旅游产品，有以下两种做法：

一是承办没有固定举办地的电影节。如金鸡百花电影节，每届由不同的城市申办。重庆市可以从这方面着手，优化自身的影视环境和旅游环境，争取获到这类影视节庆的主办权。金鸡百花电影节作为我国最早的影视旅游节庆，关注度高，人气旺，明星多，集聚效应强，如果能申请成功，会对重庆市的影视旅游业起到极大的推动作用。

二是举办区域性的影视旅游节庆。如重庆市大学生电影节、西部地区电影论坛等。通过举办这类节庆，既能夯实自身的影视基础，积累举办影视节庆的经验，又可以吸引区域性的影视旅游者，对于重庆市的影视旅游业是一种极大的提升。

在进行影视节庆旅游产品设计时，应注意以下几个方面：

首先，应努力打造节庆旅游产业链。主办方应积极与旅游企业加强沟通，通过各种方式深化合作，增强总体吸引力，实现利益共享。影视节庆期间，活动集中在重庆市内，可将重庆市特色的红色旅游、都市旅游、乡村旅游等与影视节庆活动结合起来推出相应的旅游产品。同时还要注重区域互动，利用节庆活动的集聚效应，积极向大众推介重庆市的影视旅游资源。

其次，要注重开发大众性、参与性和娱乐性的旅游活动。对于旅游者而言，参加节庆活动最重要的是感受节庆的氛围，所以主办方应在充分了解大众的欣赏爱好和审美情趣的基础上，开展具有大众性、参与性和娱乐性的旅游活动，如明星见面会、大众观影活动，或让旅游者参与影视奖项的评选等，让旅游者参与到影视节庆中真正感受浓郁的节庆氛围。

最后，要重视开发旅游商品，打造特色购物游。在节庆期间，短时间内聚集到一个特定环境的旅游者会进行快捷而频繁的消费，所以这是开展购物游的最佳时间。主办方可紧扣影视节庆主题，开发富有纪念意义的旅游商品，如电影节吉祥物、纪念海报以及出席电影节的所有明星的签名画册等。

（三）加强影视文化旅游产品的设计

影视文化是指以影视作品为载体传达出来的文化思想、价值观、生活方式、精神要领和意识趋向，以及由此给社会生活带来的影响。通过感官的刺激和情节的渲染，影视文化对现实中的人们有着极大的吸引力，从而促使旅游者去领略影视文化。《少林寺》向人们传达的中国武术文化和宗教文化、《乔家大院》中的晋商文化，都为拍摄地吸引了大量旅游者。影视文化旅游产品是对影视文化进行提炼、对相关旅游资源进行整合的旅游产品。它的主要载体是影视剧的拍摄地和拍摄地的文化。

重庆市的文化主要有以下四类：

一是"陪都"文化。从 1937 年 11 月国民政府发布《国民政府移驻重庆市宣言》到 1946 年 5 月发布《还都令》的八年半时间里，重庆市一直是中国的"战时首都"。此外，从国民政府于 1940 年 9 月定重庆市为"陪都"，至解放军于 1949 年 11 月解放重庆的九年多时间里，重庆市也是中国的"陪都"。在这期间，重庆市除了是"战时首都"，还是世界反法西斯战争的远东军事指挥中心。不仅如此，重庆市还是中国的经济中心，沿海地区的成百上千家工厂辗转迁移到重庆市，实现了近代中国历史上规模空前、意义深远的"铁血西迁"，成为支撑中国抗战的工业脊梁，并形成了以重庆市为中心的新工业区。与此同时，大批文人学士为了躲避战争来到重庆，使重庆市的文化教育事业迅猛发展，成为战时中国的文教中心，"陪都文化"即形成于这一时期。

二是巴渝文化。巴渝文化是中国传统文化源远流长的一部分，也是长江一带富有鲜明个性的民族文化之一。巴渝文化起源于巴文化，它是指巴族和巴国在历史的发展中所形成的地域性文化。重庆市是这一文化的中心。"炎黄"的始迹在黄河流域，从大禹开始，先民开始南移。禹的出生地相传有三处，都在长江流域，即四川、江西九江和安徽。据大量史籍记载："禹本汶山广柔县人 也，生于石纽。"也就是说禹出生在四川境内的汶山郡广柔县石纽乡，"娶江州涂山"。古时江州即今日之重庆市。秦灭巴国设巴郡后，巴人步入了汉化的过程。隋朝时，嘉陵江称渝水，重庆市因位于嘉陵江畔而置渝州，故简称"渝"，巴渝文化由此得名。巴人一直生活在大山大川之间，在大自然的熏陶下、在险恶的环境中练就了一种顽强、坚韧和彪悍的性格，所以巴人以勇猛、善战著称。独特的巴渝文化铸就了重庆这块土地深厚的文化底蕴，文化英才不断涌现，文化佳作业绩辉煌，文化艺术空前活跃。涪陵周易园是"程朱理学"的发祥地；大足石刻汇集了中国唐、宋时期石刻艺术的大量珍品；合川钓鱼城保存着南宋军民抗击蒙古军队入侵的古战场遗址。历代诗人如李白、杜甫、刘禹锡、苏轼、陆游、郭沫若等，都在这里写有许多脍炙人口的名篇佳句。时至今日，重庆市丰富多彩的地方戏剧、曲艺、绘画、手工艺品及节庆活动等都成了巴渝民俗风情的典型代表。

三是长江三峡文化。长江文化是人类历史上的巨龙文化，而最能展示它神韵的是长江三峡文化。长江三峡文化不仅历史悠久，而且地域文化异彩纷呈，素以山水文化、名人文化和历史文化著称于世。长江三峡雄奇神秘的山川风貌曾吸引屈原、李白、杜甫、白居易、刘禹锡等无数文化英杰，在这里留下了不朽的诗篇和游踪墨迹。另外，从古代战争史考察，长江沿岸，特别是三峡地区是历代兵家必争之地，是大展军事才能的战争舞台，由此留下了众多文化遗产，三国文化便是其中之一，这些遗产大多集中在重庆市，是不可多得的文化旅游资源。

四是时代文化。新中国成立以后，重庆市承担了许多重大的时代任务，包括三线建设、三峡移民，成为西部地区首个直辖市、成为国家综合配套改革试验区等，这些都是时代赋予重庆市的历史任务。在这些历史进程中，重庆人发扬勤劳、勇敢、坚韧、开拓、进取、创新的时代精神，面对历史赋予的使命和机遇，圆满地完成了任务，取得了不俗的成就，也形成了独特的时代文化。

重庆市拥有如此丰富的文化旅游资源，而影视剧是整合利用这些资源的最佳方式。近年来，重庆市的影视剧确实繁荣了不少，本土的影视剧产业开始起步，拍摄了一系列反映普通民众生活的影视剧，如《山城棒棒军》《都市俏辣妹》《麻辣冤家》《重庆美女》等，但是能很好地反映重庆文化特色的影视剧很少。影视文化旅游产品的基础是文化内涵深厚的影视作品，所以要开发出有吸引力的影视文化旅游产品，就一定要搞好影视剧的创作。重庆市应成立相应的影视创作机构，承担影视创作人才的聚集、影视作品创作题材库的建立、影视创作的筹划和集资、影视市场信息调研等责任。在影视剧创作中，首先应根据重庆市的实际情况，深度挖掘重庆市丰富的历史和文化底蕴，弘扬巴渝文化，显示重庆人民的真善美，展示别具特色的山城风光。如改革开放后，重庆市取得的成就、市民的精神面貌和生活的变化等都是很好的创作素材。在影视剧的制作过程中，应把以上诸种特色结合起来，通过影视作品生动曲折的故事情节、鲜活感人的艺术形象、醇厚浓郁的山水风情、酣畅淋漓的视听冲击，达到感染观众、震撼观众的心灵、赢得市场的目的。当年风靡一时的《山城棒棒军》《国家行动》就很好地贴合了时代主题，受到了观众的欢迎，是其中成功的典范。以此为基础进行影视文化旅游产品的开发时，要抓住影视文化的精髓，寻找影视文化的载体，并加以整合和创造，形成旅游线路，打造别具特色的影视文化旅游产品。

（四）加强重庆影视博物馆的建设

国外游客对博物馆和文化艺术展览的参观有着浓厚的兴趣，这些场所为游客提供了一个集科教和旅游为一体的场所，是追求高品位生活的游客到某城市时重点到访的场所之一。

1895 年，最早的电影在巴黎问世；1936 年，法国电影博物馆建立，它是一个叫朗瓦的大叔建立的私人场馆，名叫"法国电影馆"。建立这个电影馆的初衷只是因为他自身喜爱电影，想更好地保存电影而已。1938 年，这个电影馆与伦敦、纽约、柏林的电影博物馆共同组成了"国际电影资料馆联盟"。虽然后来这个"法国电影馆"一波三折，到处搬迁，但是它还是具有了现代电影博物馆的初步形态，除了放映影片之外，还展示电影里的各种戏服和道具以及各式各样的剧本手稿等。现在，这个面积 1100 万平方米的"法国电影馆"里收藏了 4 万余部电影拷贝光盘、4000 多件器材道具 000 余名演员的戏服，以及无数电影的草图、海报剧照、剧本、报道、相关出版物等。这个"法国电影馆"现在由图书馆、书店、电影院三部分组成。

除了法国这个"电影博物馆"之外，全球很多国家也拥有自己的博物馆，并且都具有独特的风格。比如日本东京的"国家电影中心"，它附属于东京国立近代美术馆，包括电影院、大型映演厅、图书馆和展览厅等，是一座安静做研究的电影资料馆；宫崎骏的美术馆极大满足了广大动漫爱好者的需求；柏林电影博物馆的创建是为了替影迷举办各种活动，以娱乐为主；还有把美术馆与电影馆相融合的台北市立美术馆。它们都表现了影视与旅游的融合，代表着未来影视旅游发展的新气象，并显示出蓬勃的生机。

我国随着经济的发展，文化产业的建设也跟上了时代的潮流，2007 年在北京开放的中国电影博物馆就是目前世界上最大的国家级电影专业博物馆。中国电影博物馆的建筑面积接近 38000 平方米，内有电影 1500 余部、图片 4300 余张、介绍电影工作者 450 多位，是展示中国电影百年发展历程、博览电影科技、传播电影文化和进行学术交流的艺术殿堂。

2012 年，上海也在原上海电影制片厂修建上海首座电影博物馆。它的宗旨是通过一系列电影活动的举行，让这个电影博物馆成为不仅仅是收藏作品的"活化石"，更是人们进行交流、产生思想火花的艺术圣地。

从全球及我国的形势来看，电影博物馆的建立是一个大趋势，对电影业有着极大的保护与宣传作用。重庆作为一个有着古老历史的直辖市，没有理由不跟随时代的步伐，创建一个关于重庆的电影博物馆。

重庆电影博物馆的创建，有着良好的物质基础和文化基础，也将成为重庆影视旅游文化产业的一个新出路、新亮点。

1. 产品定位

首先，重庆有着丰厚的历史文化底蕴，民国时期有大量的电影在此拍摄，有大量电影可用于展览。现如今的重庆保留了很多民国时期的物件，有着很好的文化基础。

其次，重庆现在已有的重庆中国三峡博物馆为影视博物馆的创建提供了良好的物质基础。重庆中国三峡博物馆总共三层，有多个展厅，通过实物原件，模型，多媒体画面、导游讲解等多个方面充分展示了重庆丰富的历史人文，受到了广大游客的喜爱。重庆影视博物馆可以以重庆中国三峡博物馆为依附，借用重庆中国三峡博物馆的名气及丰富的资源，在其中增加影视馆或在附近创建影视馆，实现资源互补和共用，节约成本。

2. 市场竞争

旅游产生的一个必要条件就是差异性，是游客为了追求差异而去到另外一个地方。但是如今旅游产品的同质化越来越严重，特别是地理位置临近、自然风光相似的地区。因此，人力对旅游资源的影响就显得越来越重要。放眼国内，影视博物馆的发展才刚刚起步，有名的也就是北京和上海的两座电影博物馆，而且都是才成立不久，地理位置也相隔较远。因此，重庆影视博物馆在西南片区一定是一枝独秀，没有了同质产品的竞争，市场占有率会更大。而且就算没有达到预想的经济效益，也会有很好的社会文化效益，也可以记录重庆的影视发展，保护好一些珍贵的影视资料等。

3. 活动的开展

对于影视博物馆而言，设计与经营是至关重要的。为此，我们可以借鉴其他国家或地区的经验。如增设影视资料图书馆、放映老电影、进行影视艺术交流等。

（五）加强影视旅游开发保障体系建设

1. 发挥政府的主导作用

影视旅游作为新兴产业，要加快产业化进程，必须要依赖政府特有的推动作用，大力倡导"政府搭台、企业唱戏"的运作模式。从20世纪上半叶美国好莱坞的扩张和20世纪末韩国文化产业迅猛发展的实践中可以看出，政府政策的导向和扶持都起着极其重要的作用。而且我国还存在企业自主性和市场化程度较低的情况，更离不开政府的主导作用。有政府参与的开发、营销行为往往能在短时间内打破许多行业壁垒和障碍，使影视旅游开发的成效更加显著。因此，在影视旅游开发之初，企业首先必须赢得政府的重视和支持，这样才能为以后的发展打下恒久、稳定、坚实的政策和资金基础。

（1）资金支持

影视旅游产业是高投入产业，政府直接投资是产业扶持最直接的手段。但从实际情况来看，政府直接介入经济活动大多难以适应市场机制的要求和变化，效果往往不尽如人意。政府的资金支持应该是通过政策法规，发挥导向、协助和支持作用，吸引更深更广的资本市场的介入。具体措施有：一是取消对民资、外资的投资限制，建立公平的市场环境。二是加强信用担保体系和评估体系的建设。一方面，扶持有一定条件的影视基地企业上市，通过金融机构以股票的形式直接向社会募资；另一方面，可制定优惠政策鼓励金融业对影视基地放贷。三是制定免税等优惠政策，鼓励和吸引更多资本投资影视旅游产业。

（2）市场调控

在转变政府职能、加快市场化进程这个大方向的基础上，政府的职能应体现在完善监管体制、优化市场环境等方面。

第一，协助产业集群的形成。同一行业或相关联产业中的许多个企业聚集到同一区位、形成产业集群，对优化市场环境、加快产业化进程有重要意义。政府可考虑设立影视产业园，制定包括基金扶持、专项财政补贴、减免所得税等各种税项以及鼓励出口与再投资的政策等在内的优惠政策，吸引国内外有实力的影视旅游企业落户重庆市，同时积极扶持培养本地的优秀影视旅游企业，形成产业集群。

第二，整合现有资源，加强横向协作。重庆市现有的影视旅游资源种类和数量都很多，且有不同的特征。因此，在影视旅游开发中，应当寻求合理的差异化经营和市场分工。这就要求政府和企业表现得更加理性，不要盲目扩大规模，而应整合现有资源，加强横向协作，把地域接近或种类相同的资源联合起来，在信息和资源上互通有无，发挥各自优势，走差异化经营的道路，并形成一个整体，以便应对市场竞争，这样不仅有利于提高综合竞争力，避免无序竞争带来的巨大浪费，使得影视旅游产业尽快进入有序阶段，更能使各地找准自身的定位，发挥自身优势，实现特色化经营。例如，重庆市的红色影视旅游资源可以整合起来共同发展；主城区的红色影视旅游资源和影视文化旅游资源可以整合起来，形成互补的整体。

第三，举办影视文化交流活动，为影视旅游的宣传推广搭建平台。对于影视旅游这样一个新兴的文化产业而言，政府应考虑在宣传和市场开拓上给予必要支持，举办相关的影视文化交流活动是有效途径，众多的影视节庆正是这方面的典型代表、在影视节庆上，影视剧可以得到宣传，影视旅游产品也可以得到旅游者的了解和认可。

第四，协助成立行业协会等民间组织，促使集群内企业自律、合作和互补。产业发展到一定规模，就需要建立产业内企业沟通平台，即行业协会。政府应协助产业内企业加强交流和沟通，促进市场秩序的完善和产业自律机制的形成。这对于优化市场环境具有重要意义。

（3）法律法规支持

环境问题是发挥政府职能的重要领域。市场化运营、追逐利益最大化极有可能带来环境破坏的恶果，而影视旅游产品很容易给环境和生态造成恶劣后果。其中最严重的当数外景地产品，因其往往和旅游景区、风景名胜相关，环境污染带来的影响更大，并且对产业自身的可持续发展也造成了严重威胁；加上产业处于发展初期，行业自律尚未形成，环境污染问题缺乏有效控制。近年来，影视拍摄造成旅游地生态和环境破坏的现象时有发生。目前政府已经制定了针对在风景名胜区进行影视拍摄的法律法规，还应建立影视拍摄的环境影响评价机制，发挥监督管理职能，制定相应的政策来约束相关企业的行为，并拨款治理已被破坏的生态和环境实现产业的可持续发展。

2.社会各界积极参与，构建影视旅游产业链

这里所说社会各界主要是指影视旅游相关行业。在影视旅游开发中，重庆市应构建一条"影视—文化—旅游经济"的影视旅游产业链。在这条产业链中，影视部门是最重要的基础，是发展一切后续产业的保障。

影视旅游产业各部门是相互联系和相互促进的。影视剧产生的巨大商业影响力，可以在短时间内形成文化影响力，引发旅游热潮，实现经济收入。同时，文化、旅游、经济部门的联合、参与有利于整合各部门的资源，降低运营成本，优化影视业的发展环境，实现将影视旅游做大做强的目标。所以加强影视、文化、旅游和经济部门间的联合、参与来构建影视产业链是非常必要的。

构建这个产业链要从以下几个方面入手。首先，构建影视产业基地。

强大的影视产业基地是影视旅游开展的基础。影视产业基地应该是电影业的人才孕育基地与产业聚集地，不仅局限于提供拍摄场景，更重要的是集影视策划、创作、拍摄、后期制作、发行、后产品开发等于一身，成为影视剧拍摄的环境和技术支撑。其次，积极举办影视文化交流活动，实现影视向文化的转变。这一转变能强化影视文化在观众心目中的宣传效应，塑造重庆市的影视文化特色。再次，整合影视文化，配套影视相关旅游产品，设计充满重庆特色的影视旅游线路，如新农村之旅、"陪都文化"之旅、巴渝人家体验游等。最后，鼓励各经济部门的参与，实现经济效益。影视作品中的拍摄地点、演员服装、饮食文化等都可以加以利用，可以根据影视情节将其开发成旅游产品。同时影视剧的拍摄、制作、销售等需要众多经济部门的参与和支持，应鼓励这些部门参与到影视旅游中来，积极实现经济效益最大化。

关于产业链建设，有几个问题需要重点关注：一是产业链并不是要素的简单汇聚，更不是影视城的盲目投资扩张，关键在于各部门进行和谐、顺畅、高效的市场化合作和运营，建构影视工业流水线，产供销一条龙，降低运作成本，提高运作效率。如果景点越建越多，收益永远赶不上投资，那么资产总额再庞大也是低效劣质资产，这正是上个阶段影视基地经营者，也包括横店影视城等大型影视基地经营者的梦魇，而产业链建设正是要摆脱这个怪圈。简言之，产业链的价值正是在于摆脱对规模化扩张的单纯依赖，更多地依靠整合、合作、共享来提高现有资产的盈利能力。

二是在影视产业链的建设中，特别要注意市场，即加强电影院线建设，拥有对发行部门的控制权。这是影视产品得以传播的物质基础，也为影视旅游的开展奠定了群众基础。因此，不仅要注重影视产品的制作缓解，还要高度重视影视产品的发行环节，即电视台和电影院线，以及影视类衍生产品的销售环节。影视基地应建立自身稳定的发行销售渠道，打造和谐的影视文化环境，赢得投资者和制作人的青睐。

三是要正确处理影视和旅游的关系。影视带动旅游，旅游对影视的反作用是相对隐性的。因此，对于影视产业链的构建而言，重点应放在影视部门，利用影视的人气带动旅游的人气，为旅游者带来满意的旅游体验。而在我国的影视旅游开发实践中，经常出现本末倒置的做法，即不在影视作品内涵和质量上下功夫，而是斥巨资修建影视拍摄基地，着力开发影视城旅游。体验向来是旅游的核心价值所在。对于影视旅游者而言，人造的古代建筑并不能带来任何体验，而影视作品能让旅游者在游览过程中穿越时光，打破虚幻与现实的界限，遨游于银幕世界。

3.夯实重庆市影视产业基础

重庆市影视产业基础薄弱，要改变这一局面，需要下大力气，从各个方面加以改善：

首先，加大影视产业基地建设力度。重庆市影视产业基地建设已经起步。在这方面，政府应出台更多的优惠政策，鼓励企业投资影视产业，为影视产业拓宽融资渠道，同时完善市场监管体制，优化市场环境，吸引国内外有实力的影视企业落户重庆市，着力打造成熟的影视产业基地和龙头企业。

其次，注重影视剧的创作。影视创作需要团队合作，所以需要建立相应的影视创作机构来进行组织协调，聚集影视创作人才，进行影视市场信息调研，策划和统筹影视创作，建立影视作品创作流水线。同时对相应的影视创作素材和剧本进行分类、筛选和管理，以便对它们进行进一步加工和开发利用。

再次，保证影视剧的制作质量。在影视剧的制作过程中，要注重采用国际先进技术，对画面、表演、音乐和道具等精雕细琢，追求表现形式的完美。

最后，积极吸纳编剧、导演、音乐、美术、造型、表演等方面的人才，建立优秀的人才队伍，打造自身的核心竞争力。

4.建立市场运作机制

（1）正确运用旅游地生命周期理论

影视旅游地的发展遵循旅游地生命周期理论。根据巴特勒的旅游地生命周期理论，影视旅游产品的生命周期可以简单地分成引入期、成长期、成熟期和衰退期四个阶段。

引入期是从影视剧筹拍到初期拍摄这一时期。在这一时期内，要做到事前介入、精心策划。首先，要有主动出击的意识，关注各种新生事物和流行时尚，预测主流文化，找准广受欢迎、符合现代人心理、会掀起人们共鸣的文学作品，促使其拍成影视剧，推动影视流行文化的形成，从而掀起影视旅游热潮。对重庆市来说，应积极关注各方筹拍的影视剧，寻找其中与重庆市有契合点的影视剧，努力使重庆市成为其背景地或拍摄地。影视剧制作方需要广告费用来弥补制作费用，而影视旅社地需要更有效的宣传方式，所以要找准双方的需求进行合作。其次，与影视剧拍摄方积极合作，以各种优惠条件极力吸引影视剧摄制组。同时各影视旅游地应积极与影视剧摄制组配合，熟知剧本，在此基础上确定如何与影视剧摄制组合作，确保在主要场景以恰当的方式出境，赚取较高的曝光率和关注度。这一时期应利用影视剧和影视明星的巨大宣传效应，利用各种媒体，抓住每一次机会进行宣传，同时开发与影视相关的旅游产品并将其推向市场，尽可能提升重庆市的知名度。

成长期是指从影视剧的拍摄直到完成并播出的阶段。这一时期，随着影视剧的热播，影视旅游地已拥有较高的知名度，应着力提升其美誉度。首先，应提高影视旅游产品的质量，通过深入挖掘文化内涵、丰富旅游内容、增加旅游项目、改善旅游环境等一系列手段，增加游客体验，提升影视旅游地的核心竞争力。其次，进行市场细分。通过市场细分，找到新的尚未满足的细分市场，并开发相应的旅游产品，如针对追星族开发的"明星见面会"。再次，注重打造影视旅游地的品牌形象，培养旅游者的品牌忠诚。最后，通过降价的方式让利给顾客，激发价格敏感型旅游者的旅游动机，并实现旅游。

成熟期是指影视剧热播后的文化流行期。这个时期，游客数量达到顶峰，个别影视旅游地甚至出现了应接不暇的火爆场面。成熟期内，影视旅游地应通过各种措施尽量延长成熟期。首先，寻找新的市场增长点，创新营销方式，刺激和促进销售，扩大影视旅游地的游客量。其次，不断推出新的旅游产品，满足旅游者不断变化的旅游需求。

衰退期是指影视文化已不再流行的时期。随着时间的推移，影视剧的效应逐渐减弱，大众对该影视剧文化逐渐失去热情，刺激观众去影视旅游地旅游的因素越来越少，游客数量迅速降低。这一时期，影视旅游地一要收缩经营，尽量减少营销费用，节省开支；二要发展新的主题，努力预测时代主流文化，创造新的影视文化，即吸引新的影视剧的拍摄创造出新的影视旅游热潮。做到以上这两点，可顺利将影视旅游地的衰退期与引入期衔接，开始新一轮的生命周期。

（2）加强影视旅游产品的营销策划

在影视剧的拍摄期，应做好旅游目的地植入工作。旅游目的地植入是指将旅游目的地的产品和信息通过影视剧的镜头语言、道具场景、人物台词等手段展示给观众达到宣传目标的操作手法。要使植入工作取得较好的宣传效果，要注意以下几个方面。

在影视剧拍摄之前，要深入了解剧本。在此基础上，确定在什么场景植入以及如何植入。力求做到在主要场景和反复出现的场景中植入，避免在后期剪辑中被剪掉，以便给观众留下深刻的印象。同时在植入时，要选择适合的切入方式，尽量做到"不着痕迹"，达到"润物细无声"的效果，避免引起观众的反感。中国导演冯小刚是影片植入的高手，其影片中经常会出现观众熟悉的产品广告，但因其幽默诙谐、不着痕迹的处理方式，不但没有引起观众的反感，反而为品牌提升了人气。影片《非诚勿扰》中杭州西溪和日本北海道的植入方式值得借鉴。

在影视剧拍摄过程中，应与导演和摄影师保持良好沟通，力争在拍摄过程中让旅游地出现清晰的画面和正面的形象，让观众在欣赏影视剧时能关注到旅游地的画面，认知到旅游地的形象。

在影视剧拍摄完成后，要注意剪辑环节。要适时与片方和导演沟通，在剪辑时尽量保留这些镜头。

在影视剧的放映期，应借助这一具有极强说服力的"旅游宣传片"，制造影视焦点效应，进行充分、积极、有效的旅游营销。要做到这一点，影视旅游目的地应做好以下三项工作：

首先，充分发挥影视剧贴片广告的宣传作用。影视剧贴片广告是指影视剧正式播放前粘贴于片前的商业广告，一般以电影居多。影视剧贴片广告是一种简便、有效的宣传方式。因为在观看影视剧之前，怀着对影视剧的期待，观众都处于兴奋状态，此时对外界事物的刺激较为敏感，产生的记忆更加牢靠。如果是在电影院这样的特定环境，加上优良的影音效果，更能增加广告的记忆程度。通过这种方式，能有针对性地进行旅游营销，刺激潜在影视旅游者的出游动机。

其次，影视旅游目的地可以向影视剧出品方申请授权，进行自身的宣传和推广。因为影视旅游目的地是影视剧的赞助企业，在一定时间段内，可以申请使用与影视剧相关的资料进行自身的宣传和推广。通过这种方式，影视旅游目的地获得的资源有影视剧海报、剧照、片花、段落、人物形象和场景等，利用这些资源，影视旅游目的地可以将自身的形象、产品融入其中，并开发相应的影视后产品，借助影视剧宣传的注意力旋风，引起消费者产生共鸣、形成记忆。

最后，影视旅游目的地可以跟随影视剧的宣传进行宣传。借助影视剧的宣传活动，如开机礼、关机礼、首映礼、庆功宴等的明星效应和话题效应为影视旅游地宣传造势。

影视剧放映之后，应配套相关影视旅游产品，大力推广影视旅游地。随着影视剧的热播，其中的美景和文化将会在观众心中留下难以磨灭的印象。旅游目的地应该利用这个大好时机，配合影视内容，联合各方大力推广。在开发影视旅游产品时，应配合影视内容，并大打明星牌，利用两者的眼球效应扩大旅游目的地的知名度。在设计影视旅游线路时，首先，应充分利用影视文化，对相关旅游资源进行选择、设计和整合，打造出能吸引旅游者的影视旅游线路，并联合影视旅游其他部门，对该旅游产品进行营销策划。其次，在影视剧的选择上，要注重影视剧的影响力和受关注程度。应选择影响力大、受关注程度度高的影视剧作为影视旅游开发的蓝本。再次，完善影视旅游解说系统。影视旅游因其文化特性，对解说系统的依赖性较大。如果没有解说系统，旅游者不一定能发现旅游地拍过影视剧的场景、蕴含的影视文化等。因此，影视旅游地应着力完善影视旅游解说系统，如建立专业的影视旅游网站，或者在旅游官方网站上开辟专门的影视旅游栏目，对影视剧和影视明星进行动态介绍，并附上相关的吃、住、行、游、购、娱等各方面的详细情况。同时还要针对旅游地设计出影视旅游地图、影视旅游标识，辅之以导游的讲解，向旅游者详细介绍拍摄地、场景、演员、拍摄路线、场次、影片名称等，增加旅游者对影视文化的领悟。

（3）重视人才的引进和培养

随着影视旅游产业的发展，产业的性质正在发生改变，已从最初的服务行业转变为创意产业，对人才的要求也发生了变化。因为影视旅游产品需要优秀的创意和推陈出新，所以不仅需要专业的影视和服务人才，还需要资深的旅游开发和创意人才。影视旅游地应该注重吸引和培养跨行业的影视旅游开发人才，积蓄优秀的人力资源，增强产业的软实力。人才可以通过引进和培养两种途径获得。对于创意领域的高素质人才，无法在短期培养出来，应考虑直接引进，或与高校、科研院所合作，获得人才支持。对于影视技术人才和旅游服务人才，因培养成本较低，耗时较短，可以考虑就近培养、就近使用。通过人才的引进和培养，为高水平的影视旅游开发提供人才支持。

参考文献

[1] 岑加欢,刘威,尹训强,等.互联网背景下贵州民族传统体育文化与旅游资源融合发展研究 [J].商展经济,2021(8):19–21.

[2] 陈萍.影视旅游发展研究 [M].成都:四川大学出版社,2017.

[3] 陈炜.民族地区传统体育文化与旅游产业融合发展的驱动机制研究 [J].广西社会科学,2015(08):194–198.

[4] 陈莹."田园综合体"模式下的乡村景观规划设计研究 [D].杭州:浙江大学,2020.

[5] 冯瑞萍.新时期文化与旅游融合发展的路径探究 [J].大众文艺,2019(07):224–225.

[6] 付琦.旅游产业融合动因与过程研究 [D].开封河南大学,2014.

[7] 傅晓.文化创意旅游产品研究 [D].广州:华南师范大学,2007.

[8] 巩妮.旅游发展对乡村文化保护的研究 [D].西安:陕西师范大学,2015.

[9] 郭际,易魁,肖君实.中国影视文化与旅游产业耦合发展研究特点、脉络及趋势——基于 Citespace 计量分析 [J].声屏世界,2020(16):9–12.

[10] 韩宜轩.文化创意景区游客满意度研究 [D].扬州:扬州大学,2019.

[11] 何叶,张芸,徐徐.影视文化与旅游概论 [M].北京:现代出版社,2015.

[12] 侯爽,刘爱利,黄鸿.中国文化旅游产业的发展趋势探讨 [J].首都师范大学学报(自然科学版),2019,40(04):58–66.

[13] 黄河.广西少数民族体育文化与旅游资源综合发展研究 [J].体育科技,2007(03):1–4,9.

[14] 黄素云.南宁民族传统体育文化与旅游业融合发展研究 [J].大众科技,2017,19(04):125–127.

[15] 黄震方,陆林,苏勤,等.新型城镇化背景下的乡村旅游发展——理论反思与困境突破 [J].地理研究,2015,34(08):1409–1421.

[16] 黄震方，祝晔，袁林旺，等．休闲旅游资源的内涵、分类与评价——以江苏省常州市为例 [J]. 地理研究，2011, 30（09）：1543-1553.

[17] 贾荣．乡村旅游经营与管理 [M]. 北京：北京理工大学出版社，2016.

[18] 蒋瞻．中国乡村旅游的人文模式：传统田园文化心理与现代乡村旅游需求响应 [J]. 旅游规划与设计，2013（02）：72-79.

[19] 李先跃．中国文化产业与旅游产业融合研究进展及趋势——基于 Citespace 计量分析 [J]. 经济地理，2019, 39（12）：212-220, 229.

[20] 李欣．河北省旅游产业与文化产业融合发展研究 [D]. 石家庄：河北经贸大学，2016.

[21] 栗悦．基于融合视角下的桂林市文化旅游产业发展研究 [D]. 桂林：广西师范大学，2014.

[22] 刘凤．新型城镇化背景下文化产业与旅游产业融合发展研究 [D]. 长沙：湖南师范大学，2019.

[23] 刘曙霞．乡村旅游创新发展研究 [M]. 北京：中国经济出版社，2017.

[24] 刘奕灵．乡村旅游视角下"田园综合体"设计策略与表达 [J]. 现代园艺，2018（16）：100.

[25] 刘玉堂，高睿霞．文旅融合视域下乡村旅游核心竞争力研究 [J]. 理论月刊，2020（01）：92-100.

[26] 罗茜，金丹，李颖．时尚休闲与旅游管理 [M]. 北京：九州出版社，2017.

[27] 亓鹏．旅游文化创意产业园区发展的协同机制研究 [D]. 昆明：云南财经大学，2014.

[28] 任莉莉，王金叶，张立斌，等．民族传统体育文化与旅游融合发展的效应与创新机制分析 [J]. 百色学院学报，2020, 33（03）：106-111.

[29] 沈晰琦．文化创意视角下乡村旅游开发的策略 [D]. 成都：四川省社会科学院，2017.

[30] 释永信，张毅兵，钱大梁，等．创意旅游 开启新业态蓝海战略 [M]. 郑州：河南人民出版社，2014.

[31] 陶丽萍，徐自立．文化与旅游产业融合发展的模式与路径 [J]. 武汉轻工大学学报，2019, 38（06）：85-90.

[32] 王镕．旅游背景下乡村文化资源的资本化空间规划探讨 [D]. 重庆：重庆大学，2016.

[33] 王占华 . 影视文化与旅游目的地发展初探 [J]. 电影文学 , 2009（21）: 64–65.

[34] 夏杰长，计金标，魏翔，等 . 休闲旅游的环境与人群研究 [M]. 北京：中国经济出版社 , 016.

[35] 夏兰，王娟，刘斌 . 民族传统体育文化与旅游产业融合发展研究：机制、模式与对策 [J]. 广东开放大学学报 , 2016, 25（05）: 86–90.

[36] 肖萍 . 文化与旅游产业的耦合与协同发展研究 [D]. 南京：南京师范大学 , 2015.

[37] 杨睿 . 文化创意产业与旅游产业融合发展研究 [D]. 昆明：云南财经大学 , 2018.

[38] 杨岳刚 . 县域乡村休闲旅游规划研究 [D]. 杭州：浙江农林大学 , 2014.

[39] 袁志方 . 自然与人文景观在乡村休闲旅游规划中的开发与利用 [D]. 上海：华东师范大学 , 2017.

[40] 翟向坤，郭凌 . 乡村旅游开发中乡村文化生态建设研究 [J]. 农业现代化研究 , 2016, 37（04）: 635–640.

[41] 翟永真 . 乡村文化旅游景观设计中的地域文化研究 [D]. 西安：西安建筑科技大学 , 2015.

[42] 张琰飞，朱海英 . 信息化视角下文化与旅游产业融合发展的机理与途径——以武陵山片区为例 [J]. 江西社会科学 , 2013, 33（05）: 72–76.

[43] 张焱华 . 国外影视文化旅游营销运作模式对我国影视旅游发展的影响 [D]. 大连：辽宁师范大学 , 2008.

[44] 张颖 . 文化创意视角下山东乡村旅游优化升级研究 [J]. 中国农业资源与区划 , 2017, 38（10）: 192–197.

[45] 钟家雨，熊伯坚 . 乡村文化复兴促进乡村旅游可持续发展的策略探讨 [J]. 江西科技师范大学学报 , 2018（05）: 57–61, 56.

[46] 钟晟 . 基于文化意象的旅游产业与文化产业融合发展研究 [D]. 武汉：武汉大学 , 2013.

[47] 周春波 . 文化与旅游产业融合动力机制与协同效应 [J]. 社会科学家 , 2018（02）: 99–103.

[48] 周春波 . 文化与旅游产业融合对旅游产业结构升级的影响效应 [J]. 当代经济管理 , 2018, 40（10）: 69–75.

[49] 左伟 . 贵州影视文化产业与旅游产业融合发展的态势与路径 [J]. 贵州师范学院

学报, 2016, 32（02）: 54–57.

[50] 左伟. 国内外影视文化与旅游产业融合发展研究述评 [J]. 贵州师范学院学报, 2015, 31（08）: 49–51.